MANUELS-ROI

NOUVEAU MANUEL COMPLET

POUR

LA CORRESPONDANCE

COMMERCIALE,

CONTENANT :

UN DICTIONNAIRE DES TERMES DU COMMERCE, DES MODÈLES ET
DES FORMULES ÉPISTOLAIRES ET DE COMPTABILITÉ, POUR TOUS
LES CAS QUI SE PRÉSENTENT DANS LES OPÉRATIONS COMMER-
CIALES, AVEC DES NOTIONS GÉNÉRALES ET PARTICULIÈRES SUR
LEUR EMPLOI.

OUVRAGE

Utile aux personnes qui se destinent aux affaires, ainsi qu'à celles qui
en professent l'enseignement, et adopté dans plusieurs Maisons de
Commerce.

Par MM. REESS-LESTIENNE et TRÉMERY.

NOUVELLE ÉDITION,

REVUE CORRIGÉE ET AUGMENTÉE.

Probité, prudence,
Discrétion et célérité.

—◦❂◦—

PARIS,

A LA LIBRAIRIE ENCYCLOPÉDIQUE DE RORET,
RUE HAUTEFEUILLE, NO 10 BIS.

1840.

AVIS.

Le mérite des ouvrages de l'*Encyclopédie-Roret* leur a
valu les honneurs de la traduction, de l'imitation et de la
contrefaçon. Pour distinguer ce volume, il portera, à l'avenir, la *véritable signature* de l'Editeur.

ENCYCLOPÉDIE-RORET

CORRESPONDANCE

COMMERCIALE.

COURS D'ÉTUDE DE COMPTABILITÉ COMMERCIALE,

RENFERMANT LES OUVRAGES SUIVANTS :

MANUEL D'ARITHMÉTIQUE DÉMONTRÉE, à l'usage des jeunes gens qui se destinent au commerce; par M. Collin. Nouvelle édit. 1 vol. Prix : 2 fr. 50 c.

MANUEL DU BANQUIER, DE L'AGENT DE CHANGE ET DU COURTIER, renfermant les lois, règlements qui s'y rapportent, les diverses opérations de change, courtage et négociation des effets de la bourse; par MM. Peuchet et Trémery. 1 vol. Prix : 2 fr. 50 cent.

MANUEL DU NÉGOCIANT ET DU MANUFACTURIER, contenant les lois et règlements relatifs au commerce, aux fabriques et à l'industrie; la connaissance des marchandises, les usages dans les ventes et achats; les poids, mesures, monnaies étrangères, les douanes et les tarifs des droits; par M. Peuchet. 1 vol. Prix : 2 fr. 50 cent.

MANUEL DES POIDS ET MESURES, *approuvé par le Ministre du Commerce, l'Université, etc., etc.;* par M. Tarbé. Nouvelle édition. 1 vol. Prix : 5 fr.

MANUEL COMPLET DU TENEUR DE LIVRES, ou la Tenue des Livres enseignée en peu de leçons, contenant les diverses manières d'établir les comptes courants avec ou sans nombres rouges, de calculer les époques communes, les intérêts, les escomptes, etc., etc.; ouvrage *autorisé par l'Université,* et à l'aide duquel on peut apprendre sans maître; par M. Trémery, professeur. Nouvelle édition. 1 gros vol. Prix : 3 fr.

MANUEL DE LA CORRESPONDANCE COMMERCIALE; par MM. Reess-Lestienne et Trémery. Nouvelle édition. 1 vol. Prix : 2 fr. 50 cent.

AVANT-PROPOS.

L'accueil favorable fait par le public au *Manuel de Correspondance Commerciale* nous a fait un devoir de le compléter. Cette collection de lettres, due à des praticiens éclairés, se recommande par la simplicité, la concision et la clarté du style, qualités si essentielles dans les lettres d'affaires; de plus, plusieurs de ces lettres indiquent les précautions que doit prendre le commerçant avant de former un établissement, les circonstances dans lesquelles il doit le faire pour ne pas exposer sa fortune, son crédit et son honneur. D'autres offrent aux jeunes gens qui embrassent la carrière honorable du commerce, des documents utiles sur les connaissances nécessaires qu'ils doivent préalablement acquérir.

Quelques-unes de ces connaissances, telles par exemple que l'échange, l'escompte, y sont traitées à fond.

Tout en conservant le plan de cet ouvrage, nous avons cru pouvoir apporter quelques modifications dans l'ordre que nous avions suivi antérieurement, et nous y avons ajouté un certain nombre de lettres dont les sujets n'avaient pas été traités dans les deux premières éditions.

Nous avons fait précéder ce livre de plusieurs lettres d'affaires écrites par des écrivains célèbres, pour démontrer à ceux qui seraient tentés de reprocher le laconisme et la simplicité de nos lettres, que les personnages les plus éloquents ont senti que, dans cette partie de l'art épistolaire, c'est moins le style fleuri qu'il faut rechercher qu'une rédaction claire et précise. Il serait déplacé de se faire remarquer par des expressions recherchées : l'élégance du style de celui qui écrit intéresserait fort peu le négociant qui, entièrement occupé de ses affaires, y rattache ses craintes et ses espérances. Énoncer clairement ses idées, passer sans transition d'un sujet à un autre, tel est le moyen de ne pas détourner l'attention de la personne à laquelle on écrit.

Nous ne saurions trop recommander aux jeunes gens d'éviter l'emploi de certaines locutions encore employées dans quelques comptoirs : telles sont les suivantes : *En réponse à la très-chère vôtre ; nous vous avons marqué par la nôtre du 15 expiré ; nous avons reçu la très-honorée vôtre ; vous m'avisez m'avoir expédié ; je vous ai facturé*, et autres tout aussi vicieuses. Le style de la correspondance commerciale, en raison de l'instruction aujourd'hui plus généralement répandue, doit s'affranchir de ces expressions banales qui naguère étaient considérées par quelques commerçants comme la formule obligée des lettres de commerce.

LETTRES D'AFFAIRES

EXTRAITES DE LA CORRESPONDANCE DE VOLTAIRE ET
DE Mme DE MAINTENON.

Lettre de Voltaire à M. Collini.

Monsieur,

Je vous prie d'ordonner qu'on refasse le talus que les eaux avaient emporté vers la *Brandie*, qu'on le sème de fenasse et qu'on laisse deux petites rigoles pour l'écoulement des eaux à travers les haies : c'est *Loup* qui doit prendre ce soin. Il faut que les charpentiers fassent en diligence le berceau qui doit être posé vis-à-vis la *Brandie*, et que l'on prépare des couleurs pour le peindre. Je vous prie d'ordonner au jardinier d'arroser les fleurs et les gazons de la terrasse.

Il faut que *Loup* fasse venir du gros gravier, qu'on en répande, et qu'on l'affermisse depuis le pavé de la cour jusqu'à la grille qui mène aux allées des vignes. Ce gravier ne doit être répandu que dans un espace de la largeur de la grille : les jardiniers devraient avoir déjà fait deux boulingrins carrés à droite et à gauche de cette allée de sable, en laissant trois pieds à sabler aux deux extrémités de ce gazon, comme je l'avais ordonné.

Je prie M. Collini de renvoyer les maçons au reçu de ma lettre, ils n'ont plus rien à faire; mais je voudrais que les charpentiers pussent se mettre tout de suite après le berceau du côté de la *Brandie*.

Il faut que les domestiques aient grand soin de remuer les marronniers, d'en faire tomber les hannetons et de les donner à manger aux poules.

Lettre de Voltaire à M. l'abbé Moussinot.

M. de Brezé est-il bien solide? Qu'en pensez-vous, mon prudent ami. Cet article d'intérêt nettement examiné, prenez 20,000 livres chez M. Michel, et donnez-les à M. de Brezé en rentes viagères à 10 pour cent. Cet emploi sera d'autant plus agréable, qu'on sera payé aisément et régulièrement sur ses maisons à Paris. Arrangez cette affaire pour le mieux, et une fois arrangée, si la terre de Spoy peut se donner pour 50,000 livres, nous les trouverons vers le mois d'avril. Nous vendrons des actions, nous emprunterons au denier vingt etc.

Lettre du même.

Je vous prie, mon cher abbé, de faire chercher une montre à secondes chez Le Roi ou chez Lebon, ou chez Tioul ; enfin la meilleure montre, soit d'or ou d'argent, il n'importe ; le prix n'importe pas davantage. Si vous pouvez charger l'honnête Savoyard que vous nous avez déjà envoyé ici à cinquante sous par jour, et que nous récompenserons encore outre le prix convenu de cette montre à répétition, vous l'expédierez tout de suite, et vous ferez là une affaire dont je serai très-satisfait.

D'Hombre, que vous connaissez, a fait banqueroute ; il me devait 15,000 fr. Il vient de faire un contrat avec ses créanciers que je n'ai point signé. Parlez, je vous prie, à un procureur, et qu'on m'exploite ce drôle-là dont je suis fort mécontent.

J'ai lu l'épître de d'Arnaud : je ne crois pas que cela soit imprimé ni doive l'être. Dites-lui que ma santé ne me permet pas d'écrire à personne, mais que je l'aime beaucoup. Retenez-le quelquefois à dîner chez M. Dubreuil. Je paierai les poulardes très-volontiers. Eprouvez son esprit, sa probité, afin que je puisse le placer. Je vous le répète, mon cher ami, vous avez carte blanche sur tout, et je n'ai que des remercîments à vous faire.

Lettre de Madame de Maintenon à Madame de Villette.

Je vous prie, Madame, de donner vingt louis par extraordinaire à Mme de Scudery et dix à Mme de Conflans. Si vous ne savez où les prendre, Mme de Caylus est en grand commerce avec elle. De la manière dont on nous a parlé hier de Mme de Ponchartrain, je la crois morte présentement. Vous savez mes sentiments là-dessus pour la personne qui la perd, et en particulier pour Mme la chancelière : acquittez-moi donc de tous mes devoirs. Tant que vous serez à Paris, vous devriez me mander des nouvelles, nous aurions besoin qu'elles fussent divertissantes, car je vous assure que nous mourons d'ennui.

AVERTISSEMENT.

—

DÉTAIL SUCCINCT DU CONTENU DE L'OUVRAGE ET DE SA DIVISION.

Nous avons dû, pour l'ordre des matières, diviser cet ouvrage en trois parties.

La première partie contient des lettres de tous les genres, concernant le commerce, avec des réponses à quelques-unes, ce qui ne forme point un ensemble de correspondance régulière, mais un recueil de lettres dans lequel on peut puiser quelques renseignements pour les lettres qu'on a à écrire dans le même genre, en y faisant les changements que l'on désire, car le style ne se commande pas.

Nous avons joint des formules aux diverses lettres qui les concernent, telles que : compte de vente, facture, certificat d'origine, lettre de crédit, charte-partie, contrat d'assurance, connaissement, contrat de société, procuration, compte de rechange, redressement de compte, compte simulé, etc. Nous avons pensé que cette méthode serait utile aux jeunes gens, en leur inculquant de suite dans l'idée la formule de l'acte dont la lettre qu'ils lisent fait mention.

Cette première partie est précédée d'un petit dictionnaire contenant les termes les plus utiles dans le commerce.

La seconde partie contient des copies de lettres tenus régulièrement, avec les réponses qui les suivent immédiatement.

Nous avons placé un tableau indiquant les proportions que l'on observe dans la construction des vaisseaux de guerre ; leur valeur approximative, le nombre d'hommes et de canons qu'ils portent, leur port, etc.

La troisième partie contient la théorie et la pratique de tout ce qui concerne les lettres de change, billets et autres effets de commerce; de plus les formules qui s'y rattachent; *et en outre un nouveau mode simplifié pour dresser les comptes d'intérêts.*

Nous ne nous étendrons pas davantage sur le contenu de cet ouvrage, on aura recours à la table qui le termine pour avoir de plus grands détails sur ce qui s'y trouve renfermé.

Du Copie de Lettres missives.

Le livre de copies de lettres missives est un de ceux recommandés par le Code de Commerce, l'article 8 de ce Code porte : « Il est tenu (le commerçant) de mettre en liasse les lettres missives qu'il reçoit, et de copier sur un registre celles qu'il envoie. »

Ce livre sert donc à copier littéralement toutes les lettres qu'un négociant écrit à ses correspondants, afin de savoir en tout temps ce qu'il a pu leur écrire, les ordres qu'il a pu leur donner , etc. , etc. Il est muni d'un répertoire, afin de retrouver facilement les lettres qui ont été écrites à chaque correspondant. Ce répertoire se tient de diverses manières , mais la plus usitée est conforme à celui qui se trouve joint aux copies de lettres de la seconde partie de cet ouvrage.

Il y a des maisons de commerce où la correspondance étant très-multipliée, un seul copiste ne pourrait suffire pour transcrire toutes les lettres; alors on se sert de deux livres pour les transcrire : l'un de ces livres contient les folios pairs, et l'autre les folios impairs; mais dans ce cas il faut un seul répertoire pour ces deux livres.

D'autres maisons qui travaillent avec plusieurs nations différentes, ont un copie de lettres pour chaque nation. Enfin d'autres maisons tiennent des copies de lettres pour le nord et pour le midi, et ceci par rapport à leur situation.

Quelques commerçants tiennent ce livre ainsi que leur correspondance, avec une légèreté inconcevable; cependant le livre de *copies de lettres* et *le journal* sont les deux livres les plus essentiels des *négociants;* leur fortune et surtout leur honneur en dépendent presque toujours.

Ordre à observer lors de la réception des lettres et lorsqu'on y répond.

A la réception des lettres, c'est ordinairement le chef ou négociant qui en fait lui-même l'ouverture. Si elles renferment des lettres de change, billets, avis de traites, factures et autres objets où il y a des écritures à passer, il les remet au teneur de livres. Celui-ci, après en avoir passé les écritures nécessaires, les plie en deux dans leur longueur pour en former un carré long, et il met sur le dos, vers le haut, le nom de la ville où la lettre a été écrite, la date, le mois et l'année sur la même ligne; et un peu plus bas, le nom du correspondant qui a écrit la lettre; et, immédiatement en dessous, le jour de la réception, de cette manière :

PARIS, 1er octobre 18

THOMAS.

Reçue le 3 dit.

Répondue le . . . (1).

(1) Le jour de la réponse se met par celui qui répond à la lettre.

Après que le teneur de livres a fini ce qui précède, il remet les lettres au négociant ou au chef de correspondance, ou bien dans un carton à ce destiné.

Des liasses qu'on fait dans les comptoirs.

On appelle liasse des papiers cotés et liés ensemble par espèce, comme : lettres missives, comptes courants, factures, mémoires, lettres de voiture, connaissements, lettres de change, billets, etc.

1° *Liasses des lettres missives, leur classement.*

Les lettres répondues se mettent dans des cases de bois ou dans des cartons destinés pour cet objet. Chaque case ou carton porte un mois de l'année, en commençant par janvier et finissant par décembre.

A la fin de l'année on rassemble toutes les lettres du mois de janvier, en les classant date par date, sans faire attention aux noms des correspondants (1), en ayant soin de mettre les dates les plus anciennes en dessous et les plus récentes en dessus, ainsi successivement, jusqu'à ce que tout le mois soit épuisé, après quoi on lie le paquet par le milieu. On en fait ensuite autant pour le mois de février, autant pour le mois de mars, et de même pour tous les autres mois de l'année.

Lorsque les douze mois de l'année sont ainsi arrangés, on rassemble les douze paquets pour n'en former qu'un seul ; on l'enveloppe d'un papier qu'on lie, et l'on écrit dessus : lettres du 1er janvier 18...., jusqu'au 31 décembre même année.

(1) D'autres rassemblent les lettres de chaque correspondant, et en font autant de paquets qu'il y a de correspondants; ils les rassemblent ensuite par ordre alphabétique, pour n'en former qu'un paquet de chaque côté, comme A, B, etc., et ensuite les rassemblent tous pour n'en former qu'un seul sur lequel ils écrivent ce qu'il contient et l'année, comme : lettres du 1er janvier 18.. jusqu'au 31 décembre même année.

2º *Liasses des autres papiers.*

On met ordinairement dans un carton, les comptes courants que l'on reçoit; dans un autre les factures, etc.; c'est-à-dire un carton pour chaque genre d'objets. Dans chaque carton il y a un lacet terminé par le bas avec un gros nœud ou un morceau de carton, pour servir à arrêter les papiers qu'on enfile l'un après l'autre avec le lacet.

A la fin de l'année on réunit les différentes liasses, pour n'en former qu'un paquet, sur l'enveloppe duquel on écrit ce qu'il contient, ainsi que l'année.

Ces différents papiers ne se classent pas par mois commé les lettres, mais par paquets pour l'année entière; tels enfin qu'ils existent dans chaque carton (1).

(1) Rien n'empêche cependant de les classer mois par mois.

Monsieur **BARBARIN** fils, *de Marseille, son compte courant et d'intérêts avec*

DOIT   **RODOLPHE**, *de Lille, fixé au 5 Juin, à 6 p. % l'an.*   AVOIR

DATES.			Échéances	Jours.	Nombres.	Capitaux.		DATES.			Échéances	Jours.	Nombres.	Capitaux.	
18 avril	20	Ses traites sur moi. . . .	au 11 mai.	25	50000	2000	»	18 mars	27	Son envoi de coton.. . .	au 15 mai.	21	214872	10232	59
mai	1	Ses traites sur Finguerlin, de Paris, p/ m/ c/	au 16 dit. au 25 dit. au 30 dit. au 5 juin.	20 11 6 »	40000 22000 12000 »	2000 2000 2000 2000	» » » »	mai	31	Intérêts sur le nombre 90872 diviseur 6000	. . . .	»	»	15	15
	31	Bal. des nomb.		»	90872	»	»								
	»	Solde en sa faveur, valeur au	5 juin.		»	247	74								
					214872	10247	74						214872	10247	74
								mai	31	Pour solde en sa faveur, val.	au 5 juin.	»	»	247	74

Sauf erreurs ou omissions, à Lille, le 31 mai 18 .

RODOLPHE.

LA CORRESPONDANCE

COMMERCIALE.

—◦◦◦◦◉◦◦◦◦—

PREMIÈRE PARTIE

CONTENANT UN PETIT DICTIONNAIRE DES TERMES LES PLUS USITÉS
DANS LE COMMERCE, ET DES LETTRES SUR DIVERS SUJETS,
AVEC DES RÉPONSES ANALOGUES A QUELQUE-UNES.

———

DICTIONNAIRE

DES TERMES DE COMMERCE LES PLUS USITÉS.

———

ABANDON. C'est l'acte d'un commerçant qui cède à ses
assureurs les marchandises qui ont été prises, perdues ou
détenues, au moyen de quoi ils doivent lui payer les sommes
assurées. Signifie aussi l'abandon volontaire que fait un
commerçant de ses biens à ses créanciers.

ABRÉVIATION. Retranchement de quelques lettres dans
un mot.

ACTIF. Tout ce que possède un commerçant.

ACCEPTATION. Engagement par écrit de payer une lettre
de change.

A-COMPTE. Donner quelque chose sur ce que l'on doit.

ACQUÉREUR. Celui qui acquiert.

ACQUIT. Quittance mise au bas d'une lettre de change,
d'un billet, d'une facture, d'un compte.

ACQUIT-A-CAUTION. Il sert à accompagner les marchandises auxquelles on veut éviter la visite dans la route;

pour cet effet les balles sont cordées et plombées au bureau de la douane du départ, ou au plus prochain bureau.

ACTION. Intérêt que l'on a dans une banque ou dans une
entreprise quelconque.

ACTIONNAIRE. Celui qui a une ou plusieurs actions dans
une entreprise, etc.

AFFRÉTEMENT ou NOLISSEMENT. Convention pour
le louage d'un vaisseau. (Voyez Charte-partie.)

AFFRÉTER. Prendre un vaisseau à louage.

AFFRÉTEUR. Celui qui prend un vaisseau en louage.

AGENT-DE-CHANGE. Celui qui s'entremet pour la négociation des effets de commerce et effets publics.

AGIO. Différence qui se trouve entre l'argent courant et
l'argent de banque. — Bénéfice que fait l'acheteur ou le
vendeur, sur des espèces d'or ou d'argent tarifées par le
gouvernement.

ALOI. Terme de monnaie, qui signifie le titre de fin ou de
bonté intérieure des espèces.

ALLONGE. Morceau de papier que l'on colle à une lettre
de change ou à un billet, lorsque le revers se trouve rempli d'endossements, afin qu'on puisse y en ajouter d'autres.

ALPHABET ou RÉPERTOIRE. Livre divisé en autant
de feuilles qu'il y a de lettres dans l'alphabet d'une lan-
gue, et adapté à différents livres pour retrouver facilement les noms des personnes ou des choses auxquelles il
est joint.

AMPLIATION. Double d'un acte, d'une quittance; signer
une quittance par ampliation, c'est en signer une seconde.

ANNULER. Rendre nul. (1)

ANONYME. (Voyez Société.)

APURER un compte, le vérifier et le solder.

APPOINT. C'est une somme qui fait le solde d'un compte
ou le montant de quelque article qu'on tire juste ou qu'on
paie en monnaie.

___

(1) Voyez le *Manuel du Teneur de Livres*, faisant partie de l'*Encyclopédie-Roret*.

ARBITRAGE. Se dit de la discussion d'une affaire ou du jugement qui est porté par les arbitres.

ARBITRAGE. En matière de banque, est une combinaison que l'on fait de plusieurs prix de change pour connaître quelle place est la plus avantageuse pour tirer ou pour remettre.

ARBITRAL. Se dit d'un jugement rendu par des arbitres.

ARBITRE. Est un juge nommé par le magistrat ou choisi volontairement par les parties, auquel elles donnent pouvoir, par un compromis, de juger leurs différends. Toutes difficultés en matière de société doivent être jugées par des arbitres.

ARGENT. Espèces monnayées de ce métal.

ARMATEUR. C'est celui qui fait construire, équiper et armer un vaisseau, un corsaire, etc.

ARRHES. Argent donné pour l'assurance de l'exécution d'un marché fait verbalement.

ASSURANCE. Est un contrat par lequel on promet indemnité des choses qui sont transportées par mer moyennant un prix convenu entre l'assuré qui fait ou fait faire le transport, et l'assureur qui prend sur lui les risques et le péril qui peuvent en résulter. (Voyez l'art. 332 et suivants qui traitent des assurances) (1).

ASSURÉ. Celui qui s'est fait assurer par un ou plusieurs assureurs.

ASSUREUR. Celui qui assure.

ATERMOIEMENT. Délai que les créanciers accordent à un débiteur pour effectuer le paiement.

AVAL. Celui qui veut garantir une lettre de change ou un billet, met: *Pour aval*, et signe son nom. On fait aussi des avals par acte séparé.

AVARIES. Dommages qui arrivent aux vaisseaux ou aux marchandises.

AVENTURE. Mettre de l'argent à la grosse aventure, c'est-à-dire prêter de l'argent à tant pour cent à un capitaine

(1) Voyez le *Manuel du Teneur de Livres*, faisant partie de l'*Encyclopédie-Roret*.

ou propriétaire de vaisseau et n'être remboursé qu'au retour, avec un bénéfice assez considérable pour courir les chances d'un pareil contrat.

AVITAILLEMENT. Provision de vivres que l'on fait sur un vaisseau.

AVOIR ou CRÉDIT. On met l'un ou l'autre de ces mots sur la page à main droite d'un compte ouvert sur le grand-livre, pour indiquer que tous les articles qui sont écrits sur cette page sont dus à la personne pour laquelle ce compte est ouvert.

BALANCE. État final ou solde des comptes au grand-livre : ce mot est synonyme à Inventaire ; il se dit aussi du commerce actif et passif d'une nation.

BANQUE. Caisse publique dans laquelle l'argent des particuliers est mis en dépôt, lequel est représenté par des billets.

BANQUEROUTE. Impossibilité absolue ou feinte de faire face à ses engagements. Le banqueroutier est toujours criminel, tandis que le failli est innocent.

BANQUIER. Celui qui fait le commerce de lettres de change, billets, etc.

BESOIN. *Au besoin chez M..* (*tel*). Locution usitée indiquant qu'au défaut de paiement d'une lettre de change, le porteur de la lettre peut se présenter chez telle autre personne désignée.

BILAN. Ce terme est synonyme à balance ou inventaire, mais le mot de bilan est plutôt réservé pour l'état de situation de quelqu'un qui est en faillite.

BILLET. Promesse de payer à quelqu'un, ou à son ordre, la somme qui s'y trouve relatée, avec l'époque du paiement.

BORDEREAU. Détail des différentes espèces qui composent une somme.

BOURSE. Lieu où s'assemblent les commerçants pour traiter de leurs affaires.

BROUILLON ou BROUILLARD. Livre où l'on écrit jour par jour toutes les opérations quelconques de son commerce, dont le journal est la copie.

BRUT ou **ORT**. Le poids brut ou ort, est celui de la marchandise pesée avec son emballage.

CABOTAGE. Navigation le long des côtes.

CAISSE. Coffre en fer ou en bois qui contient l'argent.

CAISSIER. Est celui qui a le maniement des espèces et qui tient un registre pour leur entrée et leur sortie; ce registre s'appelle livre de caisse.

CAMBISTE. Celui qui fait le commerce des lettres de change; on appelle place cambiste, une ville où il se traite beaucoup d'opérations de banque, comme Paris, Londres, etc.

CAPITAL. Le capital du commerçant est ce qu'il possède de fortune.

CARAT. Poids de quatre grains, en parlant des diamants et des perles. Titre ancien pour l'or.

CARGAISON. Ensemble des marchandises chargées sur un navire.

CARNET. Petit registre que portent les négociants, les agents de change pour prendre note des affaires qu'ils font.

CARNET D'ÉCHÉANGE. Livre ordinairement distribué en douze parties, dont chacune sert à un des douze mois de l'année.

CASCADE. Terme de commissionnaire de roulage, une marchandise qu'on expédie pour un lieu quelconque et qui est déchargée, en route, de la voiture où elle avait été chargée primitivement pour la charger sur une autre voiture pour que celle-ci la conduise à destination, est ce que l'on nomme *Cascade*.

CERTAIN. C'est la quantité fixe de monnaies qu'une nation donne toujours à une autre qui en donne un prix plus ou moins grand que l'on appelle l'*incertain*.

CÉDANT. Celui qui cède quelque chose à quelqu'un, comme une lettre de change, un billet à ordre, etc.

CERTIFICAT D'ORIGINE. Écrit par lequel on déclare que telle marchandise est de fabrique nationale; fabriquée dans tel ou tel endroit. — Ce certificat est revêtu du *visa* des autorités compétentes.

CENSAL. (Voyez Courtier.)

CHANGE. Echange des monnaies d'un état avec un autre état, ou d'une ville avec une autre ville.

CHARTE-PARTIE. C'est un contrat ou convention pour le loûage d'un vaisseau. L'affrêtement ou le nolissement est le prix que l'on paie pour le louage de quelque vaisseau.

CHEMISE. Première enveloppe d'un ballot de marchandises.

COLLECTIF. (Société en nom collectif, voyez Société.)

COLIS. Terme synonyme à balle, tonneau, caisse, etc. On dit un colis, pour dire une balle, un tonneau, etc.

COMMANDITE. (Voyez Société.)

COMMERÇANT. Celui qui fait le commerce.

COMMERCE. Echange de certaines marchandises contre d'autres. — Ventes, achats de marchandises et autres opérations qui s'y rattachent.

COMMETTANT. Celui qui commet, qui donne ordre d'acheter ou de vendre telle marchandise ou toute autre chose.

COMMISSION. Droit à tant pour cent qui est dû au commissionnaire, pour le salaire des opérations qu'il fait par commission.

COMMISSIONNAIRE. Celui qui fait des opérations quelconques pour le compte d'un autre.

COMPAGNIE. Société de commerçants, de gens d'affaires, etc.

COMPROMIS. Acte par lequel on remet de part et d'autre le jugement de ses différends à un ou plusieurs arbitres.

COMPTANT. Ce que l'on paie ou ce qui est payable de suite.

COMPTE. Supputation de ce qu'on a reçu ou donné, de ce qu'on doit ou de ce qui nous est dû. Profit. Avantage. Paiement partiel.

COMPTE en PARTICIPATION. On appelle ainsi le compte qui résulte d'une société momentanée, faite pour une ou quelques opérations de commerce,

COMPTE SIMULÉ. Facture que l'on envoie à un correspondant pour lui faire connaître les frais au juste, soit pour la vente ou pour l'achat de certaines marchandises.

COMPTOIR. Ce mot a deux acceptions différentes, l'une simple et l'autre figurée. COMPTOIR au simple, est une table ou bureau sur lequel le négociant écrit, expose ses marchandises, paie ou reçoit de l'argent, etc. Au figuré, il se dit d'un lieu que les Européens regardent comme le centre de leur commerce dans l'Inde, en Afrique, etc.

CONNAISSEMENT. Reconnaissance de chargement donnée par le capitaine de vaisseau, qui indique la nature et la quantité ainsi que les espèces ou qualités des objets à transporter. Le connaissement, d'après l'art. 281 du Code de Commerce, peut être à ordre, où au porteur, ou à personne dénommée. D'après l'art. 282 du même Code, chaque connaissement est fait en quatre originaux au moins :

Un pour le chargeur,
Un pour celui à qui les marchandises sont adressées,
Un pour le capitaine,
Un pour l'armateur du bâtiment.

Les quatre originaux sont signés par le chargeur et par le capitaine, dans les vingt-quatre heures après le chargement.

Le chargeur est tenu de fournir au capitaine, dans le même délai, les acquits des marchandises chargées.

CONSIGNER. *Remettre, adresser.* Les marchandises que je vous ai consignées sont-elles bientôt vendues?

CONSUL. Officier envoyé dans les ports étrangers pour juger des affaires de négoce entre les commerçants de sa nation, et veiller aux intérêts du commerce de sa nation.

CONTRAT A LA GROSSE. Quand on risque une certaine somme sur une expédition maritime, dont la réussite peut être incertaine, on appelle cela donner de l'argent à la grosse aventure. Le contrat qui en résulte est appelé contrat à la grosse. — Tout dépend du succès de l'expédition; elle rapporte beaucoup ou rien. (Voyez l'art. 311 et suivants du Code de Commerce, concernant les contrats à la grosse). Le contrat à la grosse, lorsqu'il est à ordre, est transmissible comme les autres effets de commerce.

CONTRAT ou **POLICE D'ASSURANCE.** C'est une convention écrite, par laquelle une ou plusieurs personnes, quelquefois une compagnie, se chargent du péril et des risques que courent des marchandises ou un navire pour un voyage déterminé, moyennant une rétribution à tant pour cent, que paie l'assuré à l'assureur, cette rétribution se nomme prime. (Voyez l'art. 332 et suivants du Code de Commerce, au titre **X**, traitant des assurances.)

CONTRE-PARTIE. Article que l'on écrit pour en annuler un autre mal porté.

CORRESPONDANT. Celui qui est en commerce réglé d'affaires avec un autre.

COPIE DE LETTRES. Registre sur lequel on copie les lettres que l'on a écrites à ses correspondants. (V. p. **VI**.)

COURTAGE. Salaire dû au courtier.

COURTIER DE COMMERCE. Entremetteur pour ventes et achats de marchandises.

CRÉANCE. Dette active qui nous est due,

CRÉANCIER. Celui à qui l'on doit.

CRÉDIT ou **AVOIR.** (Voyez Avoir.)

CRÉDITER. C'est écrire sur les livres que l'on doit à quelqu'un.

CRÉDITEUR. (Voyez Créancier.)

DÉBET. Ce qu'un comptable redoit après l'arrêté de son compte.

DÉBIT ou **DOIT.** On met l'un ou l'autre de ces mots à la page gauche d'un compte, pour indiquer que tous les articles écrits sur cette page sont dus par la personne pour laquelle ce compte est ouvert.

DÉBITER UN PARTICULIER. C'est écrire sur les livres qu'il doit.

DÉBITEUR. — DÉBITRICE. C'est celui ou celle qui doit.

DÉBOURS. Diverses sommes que l'on débourse pour quelqu'un.

DÉCLARATION AUX DOUANES. Écrit que l'on fait au bureau des douanes, avec les qualités, quantités et poids des marchandises qu'on se propose d'expédier, afin d'obtenir un passavant.

DÉLAISSEMENT. Acte par lequel un commerçant qui a fait assurer des marchandises sur quelques vaisseaux, notifie la perte de ces vaisseaux à l'assureur, et lui abandonne les effets pour lesquels l'assurance a été faite, et le somme de lui payer la somme assurée.

DENIER. Titre ancien pour l'argent. Le titre le plus fin était divisé en douze deniers.

DÉTAILLANT. Marchand qui vend en détail.

DETTE. Les dettes actives se composent de tout ce qui nous est dû, etc. Les dettes passives se composent de tout ce que nous devons.

DIFFÉREND ou DIFFÉRENT. Débat, contestation. Chose contestée.

DIVIDENDE. Portion d'intérêt qui revient à chacun des bailleurs de fonds dans une société ou autre entreprise.

DOIT. (Voyez Débit.)

DUCROIRE. Demeurer ducroire, c'est être garant des ventes que l'on fait pour quelqu'un.

ÉCHÉANCE. Terme où échoit le paiement d'une chose due.

ÉCHELLES DU LEVANT. On donne ce nom aux ports de la mer Méditerranée, où les Français, Anglais, Hollandais et autres peuples vont commercer, et où ils entretiennent des consuls, facteurs et commissionnaires.

CES PRINCIPAUX PORTS SONT :

Smyrne.	Le Caire.
Alexandrette.	Naxis et Paros.
Alep.	Tripoli de Syrie.
Sayde ou Seïde.	Tunis.
Chypre.	Alger.
Constantinople.	Napoli-de-Romanie.
Alexandrie, Egypte.	La Morée.

L'île de Négrepont, île et ville de Grèce.
L'île de Candie.
Durazzo, ville d'Alba-
nie, Turquie.
Scio et autres îles de l'Archipel.

ÉCRITURES. Passer écritures de telle ou telle opération, c'est la coucher sur les livres.

EFFETS. On entend par ce mot toutes les choses qui appartiennent à quelqu'un, tant en marchandises que biens, meubles et immeubles, obligations, lettres de change, billets, et généralement tout ce qui est à lui ou en son pouvoir.

ENDOSSEMENT. Transmission d'une lettre de change ou d'un billet à quelqu'un.

ERREUR. Défaut de calcul, omission de partie, article mal porté sur un livre, dans un compte et dans une facture. Lorsque les banquiers, négociants, etc., envoient des extraits de leurs comptes courants, il est d'usage d'y mettre au bas, avant de signer : Sauf erreurs ou omissions, et la date.

ESCOMPTE. Remise que fait un vendeur à l'acheteur. Ce qu'on paie avant l'échéance.

ESCOMPTER. Faire l'escompte.

EXPÉDITEUR. Celui qui expédie des marchandises pour le compte d'un autre ; on nomme aussi l'expéditeur commissionnaire de roulage.

EXPÉDITIONNAIRE. (Voyez expéditeur.)

EXPORTATION. C'est le transport des marchandises d'un pays dans un autre pays.

EXTRAIT DE COMPTE. C'est la copie d'un compte courant qu'on envoie à son correspondant.

FACTEUR. Celui qui travaille pour un autre.

FACTURE. État détaillé de plusieurs marchandises, accompagné des quantités, prix et sommes à quoi elles se montent.

FAVEUR, JOURS DE FAVEUR. Quantité de jours que l'on accorde dans certaines places après l'échéance des effets de commerce pour en recevoir le paiement, ce qui forme une nouvelle échéance.

FAILLITE. Etat de celui qui cesse ses paiements.

FONDS. Ce mot signifie les sommes qu'il faut pour faire un paiement. Le fond capital du négociant est tout ce qu'il possède.

FORFAIT. Marché par lequel on s'oblige à faire une chose moyennant un prix déterminé et suivant les conventions convenues réciproquement.

FOURNIR des lettres de change, c'est les tirer soi-même, ou en céder d'autres qui ont été tirées à notre ordre, ou enfin en céder d'autres qui ont été endossées en notre faveur.

FRET. Prix du transport par mer des marchandises d'un lieu à un autre. Ce qu'on appelle **FRET** sur l'Océan se nomme **NOLIS** sur la Méditerranée.

FRÉTER. Donner ou prendre un vaisseau en louage.

FRÉTEUR. Propriétaire d'un vaisseau qu'il donne en louage.

GRACE. Jour de grâce. (Voyez Faveur.)

GROSSE AVENTURE. (Voyez Aventure.)

GROUPE. Paquet qui contient des espèces d'or ou d'argent, qu'on envoie par les messageries ou par voie d'ami.

HONNEUR. Un banquier fait honneur à une lettre de change qui est tirée sur lui, lorsqu'il l'accepte à sa présentation et qu'il la paie à son échéance.

Un banquier qui accepte, ou qui paie par intervention une lettre tirée sur quelqu'autre commerçant qui ne trouve pas à propos de le faire lui-même, ce banquier peut accepter et payer pour l'honneur ou du tireur de la lettre, ou pour celui d'un des endosseurs.

HYPOTHÈQUE. Droit acquis à un créancier sur les biens que son débiteur lui a affectés pour la sûreté de sa dette.

JET EN MER. L'action de jeter à la mer, pour alléger un vaisseau lorsqu'il est en péril.

IMAGINAIRE. Terme de banque, monnaie qui n'est point réelle.

INCERTAIN. Terme de banque, prix variable dans les changes.

INTÉRÊT. Bénéfice que rapporte un capital prêté. L'intérèt augmente toujours la dette, et l'escompte la diminue.

INTERVENIR. Se présenter pour accepter ou pour payer une lettre de change pour l'honneur de la signature de quelqu'un.

INTERVENTION. Acte joint au protêt, qui contient le nom de celui qui intervient pour accepter une lettre de change ou pour la payer pour l'honneur de la signature de quelqu'un.

INTRINSÈQUE. Valeur effective des métaux sans aucun alliage de matière étrangère à ces mêmes métaux.

INVENTAIRE. L'inventaire d'un négociant contient tout ce qui lui est dû, tout ce qu'il possède et tout ce qu'il doit. Dans le commerce, le mot inventaire est synonyme à balance ou bilan.

JOURNAL. C'est le brouillon ou brouillard mis au net.

LETTRE DE CHANGE. Écrit succinct souscrit par un commerçant pour faire passer ou pour retirer de l'argent d'une ville nationale ou étrangère.

MANIFESTE. État du chargement d'un vaisseau.

MANUFACTURE. Ce sont des lieux où l'on travaille à une même sorte d'ouvrage; on dit : une manufacture de draps, une fabrique d'étoffes de soie, une fabrique de savon, une fabrique d'indiennes.

MARC. Ancien poids pour peser l'or ou l'argent.

MOIS. Les mois pour le paiement des effets de commerce sont comptés tels qu'ils se trouvent fixés par le calendrier grégorien.

MONNAIE. Outre la monnaie réelle, comme le franc en France, la guinée en Angleterre, il existe chez plusieurs nations de l'Europe une monnaie fictive qui n'est représentée par aucune pièce de monnaie réelle. Telle est la livre sterling en Angleterre, qui, bien qu'elle n'existe pas matériellement, se subdivise en sous et en deniers.

MONNAIES. Pièce de métal représentant la valeur de toutes les marchandises.

NAVIRE. (Voyez Vaisseau.)

NÉCESSAIRE. Lorsque les banquiers, négociants, etc., remettent des lettres de change à leurs correspondants, soit pour les faire accepter, soit pour en recevoir le paiement, ils leur écrivent : *Je vous remets tel ou tel effet, veuillez* en procurer le *nécessaire.* On entend dans le commerce par ce mot *nécessaire,* de procurer l'acceptation, ou de recevoir le paiement de ces effets; et à défaut d'acceptation ou de paiement, de les faire protester.

NET. Poids net, c'est lorsque la marchandise est pesée sans emballage, tonneaux, etc.

NOLIS. (Voyez Fret.)

NOLISSEMENT. (Voyez Affrétement.)

OMISSION. (Voyez Erreur.)

OPTION. Pouvoir, action d'opter, choisir entre plusieurs choses que l'on ne peut avoir ensemble.

ORDRE. Transmission d'une lettre de change ou d'un billet.

ORT. Peser ort, c'est peser la marchandise avec son emballage. Ce mot est synonyme à brut.

OUVRIR UN COMPTE. C'est écrire au haut de deux pages de regard au grand-livre, le nom du particulier ou de l'effet pour lequel ce compte est destiné.

PARÈRE. Avis de négociants sur quelques difficultés de commerce.

PAIR. On dit qu'une lettre de change est négociée au pair quand on reçoit la somme portée sur la lettre. Pair se dit aussi de l'égalité des monnaies entre elles. Pair intrinsèque se dit de l'égalité des monnaies, en ayant seulement égard au degré de pureté de l'or ou de l'argent et au poids.

PARTIES DOUBLES. Manière de tenir les livres, où chaque article contient un débiteur et un créditeur.

PARTICIPATION. Intérêt commun que l'on a dans une chose.

PARTIE. Écrire une partie ou un post au journal, c'est débiter ou créditer un particulier, un compte, etc.; annoter une vente, un achat ou quelqu'autre opération de commerce.

PARTIES SIMPLES. Manières de tenir les livres, chaque article n'ayant qu'un débiteur ou un créditeur.

PASSAVANT. Ordre par écrit de laisser passer les marchandises qui ont payé le droit aux douanes, aux octrois, etc., ou celles qui en sont exemptes.

PASSIF. Le passif d'un commerçant ou d'un autre particulier, est composé de tout ce qu'il doit.

PASSIVES. Dettes passives, sont celles que nous devons.

PATRON. Celui qui commande aux matelots; on appelle aussi patron le chef d'une maison de commerce.

PIRATE. Celui qui vole, pille les vaisseaux.

POINTER. C'est vérifier si tous les articles du brouillon ou de quelqu'autre livre sont bien transportés au journal, et si ceux du journal sont bien transportés au grand-livre.

POLICE. (Voyez contrat d'assurance.)

PORTEUR. Se dit, en matière de lettres de change, de celui qui les a en mains, et en faveur duquel le dernier ordre est passé.

PRIME D'ASSURANCE. Somme que celui qui fait assurer paie à l'assureur.

PRINCIPAL. Capital d'une lettre de change, d'une créance, etc.

PRODUIT NET. (Voyez Provenu.)

PROTÊT. Acte de sommation que le porteur d'une lettre de change, etc., est indispensablement obligé de faire, suivant l'usage de la place où la lettre doit être payée, à celui sur qui la lettre est tirée, s'il refuse, 1° ou de l'accepter lorsqu'elle lui est présentée; 2° ou de la payer à son échéance.

PROVISION. Somme qui doit être liquide pour payer une lettre de change à son échéance.

PROVENU. Net provenu, ou net produit. Lorsqu'on a vendu des marchandises pour compte d'ami, on lui envoie le compte de vente, au bas duquel on déduit les frais et la commission, et on le crédite du restant : c'est ce qu'on appelle *net provenu ou net produit*.

RABAIS. Diminution accordée à un acheteur sur le prix de la marchandise.

RACCOURS. C'est la diminution de longueur qu'éprouve une pièce d'étoffe dans la fabrication.

RAISON. Lorsque deux, ou plusieurs négociants contractent une société, ils conviennent par leur contrat de société des noms sous laquelle elle doit être connue; *comme :* RODOLPHE et GUILLAUME, etc.

RECHANGE. Prix d'un nouveau change que l'on fait payer par celui qui a tiré une lettre de change lorsqu'elle a été protestée. (Voyez l'art. 179 du Code de Commerce.)

RÉFACTION. Ce terme est synonyme à rabais, lorsqu'il s'agit du poids ou de la tare des marchandises.

RÉFRACTION. Se dit lorsqu'un marchand s'étant trompé dans un compte à son préjudice ou au désavantage d'un autre, demande ou fait restitution des sommes omises ou ajoutées par erreur. *Il faut me faire réfraction de 40 francs que vous avez oubliés dans mon compte. Je vous ferai réfraction des 40 francs que j'ai mis de trop dans ma facture.*

REMISE. Lettre de change ou billet que l'on remet à quelqu'un.

RÉPERTOIRE. Table alphabétique.

RETOUR. Le compte de retour comprend le principal de la lettre de change protestée, les frais de protêt et autres frais légitimes. (Voyez l'art. 181 et suivants du Code de Commerce.)

RETRAITE. La retraite est une nouvelle traite que l'on tire sur le tireur ou sur l'un des endosseurs, pour se rembourser d'un effet protesté. On y comprend le capital et autres frais. La retraite est accompagnée d'un compte de retour. (Voyez art. 180 du Code de Commerce.)

RÉTROCÉDER. Céder ce que nous avions reçu de la même personne, comme une lettre de change, billet, etc.

SOCIÉTÉ. Union de personnes qui se joignent par quelqu'intérêt, pour quelqu'affaire.

SOLDE. Le solde est la différence du débit au crédit, ou du crédit au débit d'un compte.

SOLDER un compte, c'est en payer le reliquat.

SOLIDAIRE. Etre solidaire, c'est garantir le paiement d'une dette, conjointement avec une ou plusieurs personnes.

SORTIE. On solde par balance de sortie, lorsqu'on veut quitter un grand-livre pour en prendre un nouveau.

SPÉCULATEUR. Celui qui spécule, qui fait des spéculations de commerce, de banque, etc.

SPÉCULATION. Action de spéculer, acheter par soi-même ou faire acheter par d'autres des marchandises pour les vendre ou les faire revendre ensuite. On spécule ordinairement sur des marchandises à bas prix dans l'espoir qu'elles augmenteront, pour y avoir du bénéfice.

SUBRÉCARGUE. Celui qui vend dans les comptoirs de la compagnie des Indes les marchandises qu'elle y a fait porter et qui en achète d'autres pour le retour des vaisseaux. Les vaisseaux marchands ont aussi des subrécargues faisant les mêmes fonctions.

SYNDICS. Nom donné aux personnes chargées par le tribunal de commerce de suivre la liquidation des affaires d'un failli.

TARE. C'est le poids des emballages, tonneaux; etc., dans lesquels la marchandise est renfermée; tare signifie encore déchets, diminution dans la qualité ou quantité des marchandises.

TIREUR. C'est celui qui tire une lettre de change sur quelqu'un.

TITRE. Signifie le degré de fin de l'or ou de l'argent.

TRAITE. Lettre de change que tire un négociant sur un autre, et que ce dernier a ordre de payer.

TROQUER. Echanger une chose contre une autre.

USANCE. En France, c'est le terme de trente jours pour le paiement des effets de commerce.

VAISSEAU. Bâtiment de mer armé de canons.

VALEUR INTRINSÈQUE. Valeur réelle des monnaies d'or ou d'argent suivant leurs titres.

VALEUR. En fait de lettre de change ou billet, c'est ce qu'on donne en échange pour acquérir l'un ou l'autre, soit en argent, en marchandises, en compensation, en compte, ou de toute autre manière.

VEDETTE. s. f. Terme épistolaire, place du titre de la personne à qui l'on écrit.

VOITURE (LETTRE DE). Ecrit qui accompagne les marchandises qu'on expédie, avec les marques, les numéros, le prix de la voiture, le nombre de jours de route, avec indemnité de la part du voiturier. Voir à cet égard l'art. 102 du Code de Commerce.

FORMULE D'UNE LETTRE DE VOITURE.

Dunkerque, 7 mai 18. .

Monsieur,

R. N° 1-1100 k.
     2-1000
     3-1150
     4-1200
       4450 k.

A la garde de Dieu, par l'entremise de N. N., *Commissionnaire en cette ville*, et sous la conduite de *Pierre François*, voiturier de *cette ville*, je vous envoie *quatre tonneaux Potasse de Dantzick*, marqués et numérotés comme en marge, pesant ensemble *quatre mille quatre cent cinquante kilogrammes bruts*, lesquels ayant reçus bien conditionnés, devant la porte de votre magasin, vous lui en paierez la voiture à raison de *deux francs soixante-cinq centimes* du cent de kilogrammes, pour vous être rendus en *deux jours*, à peine de perdre un tiers du montant de sa voiture, s'il ne vous les rend dans ledit temps. Vous lui rembourserez........ et........ centimes pour le timbre de la présente, suivant l'avis de

Votre dévoué serviteur,

(Signé) EMMERY.

A Monsieur
Monsieur RODOLPHE, Négociant
à Lille.

LETTRES DE COMMERCE

SUR DIVERS SUJETS.

Lettre d un jeune homme qui demandait des conseils, pour entrer dans la carrière du commerce.

A Lorient, le 3 janvier 18...

Monsieur Dormeuil, au Hàvre,

Vous me consultez, mon ami, sur l'intention que vous avez de vous établir, et vous me demandez quels sont les moyens sûrs de devenir un bon et honnète négociant pour le reste de la vie. Voici mon sentiment sur cet objet.

Tàchez d'abord d'acquérir toutes les connaissances possibles, et surtout celles qui sont relatives au commerce; joignez-y une conduite irréprochable qui vous procure d'avance de la confiance et un grand crédit.

Ne vous avisez pas de faire votre établissement trop tôt; car un jeune homme n'a ni l'expérience ni le savoir qu'il faut pour une telle entreprise : ne le faites pas non plus dans un âge trop avancé où, dénué du feu et du courage qu'on doit mettre dans les affaires, on néglige les plus belles occasions, par apathie et par lenteur, et trop de circonspection nous entraîne quelquefois dans une ruine imprévue.

Ne commencez pas dans des conjectures critiques et fatales au commerce : consultez les évènements politiques et publics; attendez l'issue d'une guerre, si elle existe, et surtout d'une guerre maritime.

Gardez-vous aussi de vous établir avant d'avoir des fonds proportionnés à l'étendue de vos affaires, à vos besoins personnels et à l'entretien de votre maison. Souvenez-vous bien que, dans l'ordre de la nature, rien ne se fait de rien, et qu'en puisant dans la bourse d'autrui, on recule au lieu d'avancer, et on finit par se perdre.

Gardez toujours dans votre caisse quelque argent pour subvenir et faire face aux évènements accidentels qui peuvent arriver, tels que retours d'effets protestés, etc.

A moins d'une perspective fort avantageuse, n'érigez de société avec personne, afin de débourser et gagner pour vous seul.

Que l'arrangement de tous vos livres précède votre travail : continuez toujours à les tenir ou à les faire tenir dans un ordre exact.

Soignez surtout votre correspondance; car c'est un talent très-rare et très-précieux dans toutes sortes d'affaires, surtout dans le commerce, que celui de savoir bien tenir une correspondance.

Ne soyez pas paresseux pour répondre aux lettres qni vous sont écrites, cela prouvèra votre exactitude et vous attirera une multitude d'opérations.

Cherchez partout des correspondants aisés, d'une probité, d'une ponctualité et d'une solidité reconnues, dont le commerce soit surtout analogue au vôtre; car un commerçant en vin, par exemple, ne s'entendra pas toujours aux affaires de manufacture ou de grains. Soyez en garde contre ceux dont le caractère est équivoque et la réputation suspecte : votre crédit croîtra visiblement à mesure qu'on verra que vous ne traitez qu'avec des maisons bien choisies.

Comportez-vous envers tout le monde, et en toute occasion, honnêtement et en homme prudent et sage : cela vous rendra aimable et vous préparera un appui dans le temps du besoin et de la détresse.

Ne vous oubliez pas dans la prospérité, ne vous enflez pas de votre bonheur et ne méprisez pas les malheureux. Songez que la mauvaise fortune peut réduire des millions à rien.

Soyez exact et ponctuel à remplir vos engagements autant qu'il est possible; n'achetez ni ne vendez rien qu'au comptant ou aux plus courts termes possibles qui seront en votre pouvoir; vous éviterez par là de vous mêler d'affaires trop compliquées, qui deviennent pour l'ordinaire ruineuses.

N'entreprenez jamais rien sans réflexion; mais pe-

sez bien mûrement toutes vos démarches : il est fort
rare que des étourdis prospèrent.

Menez une vie sage : réglez votre dépense, cela
soutient le crédit ; il est plus facile d'économiser que
de gagner, et le denier épargné est un gain réel.

Si vous vous trouvez dans l'embarras ou dans quelque situation critique, commencez par demander conseil ; mais faites un choix éclairé de vos consultants :
tâchez d'en trouver parmi ceux qui ont justement été
dans le même cas, et joignez-y l'avis de quelques
autres personnes. C'est pour ne s'être confiés à personne, ou pour avoir mis trop de confiance en eux-
mêmes, que plusieurs négociants se sont perdus.

Soyez actif, laborieux, honnête et intègre ; mais
n'allez pas croire que vos talents et vos vertus vous
soient de sûrs garants d'une heureuse réussite, non ;
mais il vous restera du moins le témoignage secret
d'une conscience pure et irréprochable, celui d'avoir
agi conformément aux règles de la prudence et de la
raison ; et, quelle que soit l'issue de vos affaires, vous
aurez toujours pour vous l'estime des gens sensés et
l'approbation du ciel.

Votre ami le plus affectionné, N. N.

---

*Autre lettre écrite au même, contenant des maximes pour
faire suite à la précédente.*

A Lorient, le 16 janvier 18. .

Monsieur Dormeuil, au Hâvre,

J'ai l'avantage, mon ami, de vous confirmer ma
lettre du 5 courant, qui vous donnait quelques avis
propres à ceux qui désirent entrer dans la carrière
du commerce. Depuis, j'ai eu occasion de relire des
maximes relatives à la conduite que doit tenir un négociant, dans l'ouvrage d'un philosophe célèbre (1) :
je ne puis mieux faire que de vous les transcrire ici ;
elles ont toujours été et seront toujours vraies. Si

(s) M. Raynal.

toutes cependant ne peuvent être suivies à la rigueur,
tâchons d'y atteindre ou au moins d'en approcher le
plus près qu'il nous sera possible ; les voici :

« Ayez de la bonne foi, parce que la mauvaise foi,
en vous nuisant à vous-même, nuirait aussi à vos
concitoyens et calomnierait votre nation. »

« N'abusez point de votre crédit, c'est-à-dire,
qu'en cas de revers inattendus, vos propres fonds
puissent remplacer les fonds que vous avez obtenus
de la confiance de vos correspondants dans vos lu-
mières, dans vos talents et votre probité. »

« Si vous êtes opulent, vous serez toujours honoré
aux yeux de la multitude ; mais le serez-vous aux
vôtres ? Si votre propre estime vous touche peu, en-
tassez des monceaux d'or sur des monceaux d'or, et
soyez heureux, si l'homme immoral peut l'être. »

« Il vous reste, et il doit vous rester des principes
religieux. Songez donc qu'il viendrait un moment où
vous vous reprocheriez des richesses mal acquises,
qu'il faudrait restituer ; à moins que vous ne braviez, en
insensé, un juge prêt à vous en demander un compte
sévère. »

« Servez toutes les nations, mais quelqu'avantage
qu'une spéculation vous présente, renoncez-y si vous
nuisez à la vôtre. »

« Que votre parole soit sacrée. Ruinez-vous, s'il
le faut, plutôt que d'y manquer, et montrez que l'honneur vous est plus précieux que l'or. »

« N'embrassez pas trop d'objets à la fois. Quelque
forte que soit votre tête, quelqu'étendue de génie
que vous ayez, songez que la journée commune de
l'homme laborieux n'a guère plus de six heures, et
que toutes les affaires qui l'exigeraient plus longue,
seraient abandonnées nécessairement à vos coopéra-
teurs subalternes. Bientôt il se formerait autour de
vous un cahos au débrouillement duquel vous pourriez vous trouver précipité du sommet de la prospérité
où vous vous croyiez, dans l'abîme sans fond de l'infortune. »

« Ne cessez de vous crier : de l'ordre, de l'ordre !
Sans ordre, tout devient incertain : rien ne se fait, ou

tout se fait à la hâte et mal. La négligence et la précipitation rendent également les entreprises ruineuses. »

« Vous serez bien sage, si vous ne formez d'autres entreprises que celles qui peuvent échouer sans attrister votre famille et sans troubler votre repos. »

« Ne soyez ni pusillanime ni téméraire. La pusillanimité vous fixerait dans la médiocrité : la témérité vous ravirait un jour le fruit du travail de plusieurs années. »

« Le commerçant ne doit pas être moins jaloux de son crédit, que le militaire de son honneur. »

« Suivez une spéculation honnête de préférence à une spéculation lucrative. »

« On a dit que le banquier, le négociant, le commissionnaire, cosmopolites par état, n'étaient citoyens d'aucun pays. Faites cesser ces propos injurieux. »

« Si, quand vous quitterez le commerce, vous ne jouissez parmi vos concitoyens que de la considération accordée à de grandes richesses, vous n'aurez pas acquis tout ce que le commerce pouvait vous rendre. »

« Le mépris de la richesse est peut-être incompatible avec l'esprit du commerce; mais malheur à celui en qui cet esprit serait exclusif de celui de l'honneur! »

« Si le négociant ne se place pas lui-même au rang des citoyens les plus distingués, il ne s'estime pas assez. Il oublie que dans la matinée quelques traits de sa plume mettent en mouvement les quatre coins du monde pour leur bonheur mutuel. »

« Loin de vous toute basse jalousie de la prospérité d'un autre. Si vous traversez ses opérations sans motif, vous êtes un pervers. Si vous parvenez à découvrir ses opérations, et que vous vous les appropriez, vous l'aurez volé. »

« L'influence de l'or est aussi funeste aux particuliers qu'aux nations. Si vous n'y prenez garde, vous en aurez l'ivresse. Après avoir entassé, vous voudrez entasser encore, et vous deviendrez avare ou dissipateur. Avare, vous serez dur, et le sentiment de la commisération, de la bienfaisance s'éteindra en vous. Dissipateur, après avoir consumé vos belles années à acquérir la richesse, vous serez jeté dans l'indigence par des dépenses extravagantes; et si vous échappez à ce malheur, vous n'échapperez pas au mépris. »

« Ouvrez quelquefois votre bourse à l'homme in—
dustrieux et malheureux. »

« Voulez-vous être honoré pendant votre vie et
après votre mort, consacrez une partie de votre fortune à quelque monument d'une utilité publique. Malheur à vos héritiers, si cette dépense les afflige ! »

« Songez que quand celui qui n'a que des richesses
vient à mourir, il n'y a rien de perdu. »

Je pense que vous ne serez pas fâché d'avoir ces
maximes sous les yeux. Elles ne peuvent manquer
d'influer sur l'esprit du négociant intègre. Agréez de
nouveau l'assurance de ma parfaite amitié.

N. N.

A Lorient, le 23 janvier 18..

Monsieur Dormeuil, au Hâvre,

Je vois, mon ami, par votre lettre du 20 du courant, que vous êtes entièrement décidé à embrasser
la carrière commerciale; elle est honorable. Je vous
félicite du parti que vous prenez. En mon particulier
je ferai tout ce qui dépendra de moi pour que nos relations soient aussi agréables qu'utiles.

Je remarque que vous étudiez les changes, c'est une
chose très-essentielle.... Le bénéfice que le négociant
peut tirer du cours des changes, est une affaire d'attention et de calcul. La valeur des monnaies connues,
le pair du change et son cours actuel donnés, le négociant voit dans un moment sur quelle place il lui
est plus avantageux de remettre ou de tirer, ou dans
quelle place il lui convient mieux de donner des ordres pour faire tirer. (1)

Mais ce n'est pas le tout que de connaître ces com-
binaisons, un autre objet extrêmement nécessaire, c'est
de chercher à distinguer les effets solides de ceux qui
ne le sont pas, c'est une chose très-difficile et très-
délicate, car la plus grande partie de ces papiers ne
sont point une cession d'un fonds actuellement exis-

(1) Voyez pour ces objets les *Manuels du Banquier*, du *Négociant*, des *Poids et Mesures*, faisant partie de l'*Encyclopédie-
Roret*.

tant, mais un usage continuel du crédit ; et une lettre
de change, quoiqu'acceptée et endossée, ne mérite pas
toujours une pleine confiance ; parce que l'accepteur,
fondé sur l'apparence de la solidité du tireur, peut
avoir accepté au-dessus de ses forces ; ainsi, mon
ami, le négociant doit donc s'appliquer à connaître
toutes les bonnes maisons de commerce de sa place
et celles des places étrangères; il ne lui sera pas moins
utile pour juger de la solidité des lettres de change,
d'être informé du genre d'affaires dont chaque négociant s'occupe.

Il devra savoir, autant qu'il lui sera possible,
quelles sont les maisons intéressées dans les faillites ;
car quoiqu'une maison ait du crédit, elle ne doit plus
jouir de la même confiance, si elle a essuyé des pertes
qui peuvent absorber sa fortune apparente ; et ses
traites peuvent n'être qu'une ressource préparée dans
le secret de ses affaires, pour soutenir un crédit sur
le point d'expirer, ou des entreprises ruineuses. Un
négociant qui a eu soin de s'en instruire, les rejette
dans la négociation, mais il ne doit pas laisser péné-
trer les raisons de son refus.

Il faut donc distinguer, parmi les lettres de change,
celles qui sont tirées ou acceptées par les banquiers,
de celles qui sont tirées ou acceptées par les négociants qui ne font pas le commerce de banque. Celles
du banquier n'ont jamais que deux causes : le bénéfice
d'une commission ou le bénéfice du change, car c'est
à se procurer ces deux sortes de bénéfices que consiste le commerce de banque. Celles du négociant qui
ne fait pas le commerce de banque, n'ont pour cause
qu'un paiement ; les bénéfices de commission et du
change ne s'y trouvant que comme des accessoires et
comme une suite naturelle de l'opération ; mais en
donnant à ceci une attention plus particulière, vous
y verrez le fondement de la confiance.

Un banquier sage ne tire des lettres de change qu'à
son avantage, le bénéfice du change toujours en sa
faveur, et il n'accepte que pour des maisons réputées
solides, également à son bénéfice. Celui donc qui tire
à un change désavantageux, qui, séduit par l'appât

d'une commission ou engagé par de premières acceptations qui l'ont mis à découvert, continue d'accepter pour une maison qui fait des opérations forcées,
rend sa signature suspecte ; ce qui se reconnaît à des
acceptations de traites faites à part ; car un négociant
ne tire à un tel change que forcé par la nécessité de
se faire des fonds et par le besoin.' Cette opération
dangereuse se reconnaît encore aux retraites que fait
le banquier, ou sur la même maison, ou sur une
autre qui lui est indiquée pour se procurer son remboursement. Si dans ce cas on examine avec un peu
d'attention cette maison, on la trouve embarrassée ; car
cette situation transpire toujours un peu, et la maison
tierce qui se prête aux retraites est infailliblement
mauvaise ou associée aux embarras de la première.
Et la réputation du banquier qui a eu l'imprudence de
livrer sa signature est fortement compromise. Le négociant qui reconnaît ce caractère dangereux aux lettres de change qu'on lui présente, ne doit pas leur
donner sa confiance, tant à cause des risques de perdre, que pour sa tranquillité. Selon moi, il ne faut
cependant pas regarder cette observation comme une
règle générale et applicable à toutes les places sans
exception ; car les banquiers, après s'être assurés de
la solidité d'une maison, lui prêtent souvent leur crédit, sans avoir égard au change (c'est ce qu'on appelle un crédit à découvert), et l'usage de ce crédit
peut devenir nécessaire à une maison, dans les opérations de commerce dont les bénéfices pourraient être
bien supérieurs aux frais des traites et à la perte du
change. Alors la réputation du négociant, l'étendue et
la solidité de son commerce, et la sagesse du banquier,
assurent le crédit de ces lettres de change, et sont la
base de la confiance publique.

A l'égard des lettres de change tirées ou acceptées
par des négociants qui font le commerce de commission,
il a peu d'attention à faire aux avantages ou désavan-
tages du change. A l'égard des lettres de change acceptées par un négociant qui vend par commission
pour le compte du tireur, il est regardé comme ayant
provision en main, et le crédit de ces lettres est de

la plus grande solidité. Il importe peu que le tireur, propriétaire de la marchandise ou du fonds qui est entre les mains de l'accepteur, ait tiré par un besoin pressant à un change désavantageux, si les fonds de sa traite sont faits et l'accepteur solide.

Les traites du commissionnaire pour se rembourser sur le négociant qui lui a commis des achats, ont également une double sûreté, la solidité du commissionnaire tireur, et le fonds de la traite qui existe actuellement chez le négociant sur qui la traite a été faite. Mais il est rare que le négociant qui a commis des achats les rembourse autrement qu'en faisant tirer à son bénéfice ; parce que, pour s'acquitter, il a sur la place des moyens de remettre à son avantage, ou tout au moins au pair. S'il en arrive autrement, ou le négociant est gêné, ou il travaille mal. Mais dans l'un et l'autre cas, il faut considérer principalement la solidité de la signature du commissionnaire qui a fait la traite.

Les traites et les acceptations d'un négociant données en paiement de marchandises sont d'un ordre inférieur, mais cependant d'un crédit solide en général, parce qu'on en voit la cause dans l'achat des marchandises, qui sont chez le bon négociant le gage de la solvabilité.

Il résulte, comme vous le voyez, mon ami, de ces observations, qu'un négociant doit avoir sous la main la note des variations de tous les changes les plus récents, pour voir si les lettres de change qui lui sont présentées, ont été tirées à un change avantageux, ou désavantageux, ou au pair.

Néanmoins, dans le doute de la solidité du tireur, de l'accepteur et du premier endosseur, dans le cas même où les signatures lui seraient inconnues, un seul endossement connu rassure ou établit même la confiance.

Il faut encore observer, dans le choix des lettres de change, si elles sont conformes, par la date de leurs échéances, aux usages des places d'où elles sont tirées. Il y a peu de places dont les négociants tirent à plus de deux ou trois mois, alors les lettres à plus long terme ne méritent guère la confiance, à moins qu'on n'ait d'autres raisons de les juger solides.

Vous trouverez sûrement, mon ami, cette lettre bien longue, mais je la trouve encore bien courte pour le sujet intéressant qu'elle traite.

Tout à vous, N. N.

Lettres relatives aux Spéculations de Marchandises.

PREMIÈRE LETTRE.

P...., ce.......

Monsieur H......

Je vous envoie, Monsieur, quelques notions qui pourront vous servir sur la manière de spéculer.

Il y a deux manières principales de faire le commerce de spéculation : l'une, sans sortir de chez soi, en y achetant les marchandises qu'on y trouve lorsqu'elles sont à bas prix, et en les y vendant lorsque les prix haussent; l'autre, en pays étranger, soit en y envoyant les marchandises qu'on a chez soi, soit en faisant venir celles dont on a besoin.

Dans le premier cas, le spéculateur est maître de garder aussi long-temps qu'il veut sa marchandise, pour la vendre avec profit ou perte, suivant le prix de la place, à un négociant ou aux détailleurs. Il peut même, s'il travaille en commission, expédier cette marchandise à son commettant, au prix de la place, du jour qui lui en annonce l'achat, et se permettre un gain légitime sur cet article, en sus de sa commission; car, dans une occasion pareille il remplit deux rôles tout-à-fait différents, sans être incompatibles, celui d'acheteur et celui de vendeur. Il est vendeur de sa marchandise, parce qu'il l'avait achetée pour en tirer du bénéfice selon l'occurrence; et il en est acheteur, parce qu'en vertu de l'ordre de son commettant d'acheter une partie de la même marchandise au prix courant, il peut se donner la préférence, toutes choses égales d'ailleurs, entre sa propre marchandise et celle qu'il aurait pu se procurer d'un autre vendeur.

Avant de faire une spéculation quelconque en pays étranger, il importe de réfléchir mûrement, les premières idées étant presque toujours fort séduisantes

et propres à éblouir facilement le spéculateur qui ne
se donne pas la peine de considérer les choses sous
leurs différentes faces. Une spéculation superficielle
est la plupart du temps trompeuse : les avantages
qu'elle promet au premier coup-d'œil font tellement
illusion, qu'on s'abuse souvent sur les suites funestes
qu'elle peut avoir, de sorte que, si l'on succombe, on
a de la peine à concevoir le mauvais succès qu'on
éprouve, sans l'avoir même soupçonné.

Pour spéculer sûrement et avec sagesse, il faut
d'abord penser au temps que doit durer l'entreprise,
et aux révolutions qui peuvent arriver dans le prix
de l'article qui fait l'objet de la spéculation, avant
qu'il parvienne au lieu de sa destination. Il faut calculer ensuite le prix et les frais qu'il pourra coûter
dans l'endroit d'où on le tirera ; l'intérêt du montant
de la somme pour le temps qu'on en sera en débours ;
le déchet ou la diminution en valeur que la marchandise pourra éprouver entre l'époque de l'achat et
celle de la livraison et de la vente.

                                    Je, etc. R. L.

SECONDE LETTRE.

                                    P...., ce.......

Monsieur H.....

Je vous confirme, Monsieur, ma lettre du.... qui
vous donnait quelques notions sur les spéculations.
Je viens, par la présente, vous en entretenir de nouveau : je vous dirai donc que les négociants se livrent
d'ordinaire à trois genres de spéculations : ou ils
achètent dans leur propre pays des marchandises pour
les envoyer pour leur compte dans une ville étrangère où ils savent qu'elles sont beaucoup recherchées ;
ou ils en font acheter d'autres en pays étranger pour
les faire venir et vendre chez eux ; ou ils ordonnent
à leur commissionnaire, dans une ville étrangère,
d'expédier pour leur compte certain article en un autre
endroit où ils espèrent le faire vendre avec profit.

La première de ces spéculations a de quoi séduire.
Le négociant trouve quelquefois chez lui des moments

favorables pour acheter à très-bon marché une marchandise dont il sait que le débit est assez courant
dans une ville étrangère, lors même qu'on n'en a pas
un besoin pressant ; aussi il en fait l'objet d'une spéculation qui peut lui être très-avantageuse, mais qui
peut lui devenir aussi fatale, si elle n'est pas favorisée par les circonstances : il n'en faut qu'une seule
souvent pour décider du succès ; c'est l'abondance ou
la rareté plus ou moins grande de la marchandise
lorsqu'elle arrivera au lieu où doit s'en faire la vente.
Dans le cas de rareté, le bénéfice est certain, et il
est plus ou moins grand, selon qu'on a bien ou mal
combiné la spéculation relativement au prix d'achat
de la marchandise. Dans le cas d'abondance, au contraire, la perte est infaillible, si l'on veut brusquer la
vente de la marchandise, soit pour faire de l'argent,
soit dans la crainte qu'elle ne se gâte dans les magasins.

La seconde manière de spéculer offre à ce dernier
égard un avantage plus certain que. la première,
pourvu que le spéculateur ait soin de s'assurer de la
vente de la marchandise dont il y a disette chez lui,
avant d'en ordonner l'achat et l'expédition au lieu où
il compte se la procurer à meilleur marché ; mais s'il
néglige cette précaution, s'il se propose seulement de
tirer tout le parti qu'il pourra de la marchandise,
quand il l'aura en son pouvoir, il court le même risque pour la vente que celui qui envoie une marchandise hors de chez lui, quand la rareté ou l'abondance
en sont telles, que les prix s'en ressentent d'une manière sensible. Outre cet inconvénient, il peut s'en
trouver un autre dans la manière dont l'achat et l'expédition se font par le commissionnaire auquel le spéculateur s'adresse ; car si celui-ci ne lui a point limité
le prix qu'il doit payer des marchandises, ainsi que
du fret et de l'assurance, et que ces objets, loin de
répondre à l'attente du spéculateur, sont fort au-
dessus de ce qu'il a supposé qu'ils pourraient coûter,
la spéculation est dès-lors en défaut, et on peut la
regarder comme manquée.

Sans compter les inconvénients dont je viens de
parler, la troisième manière de spéculer en a deux

qui lui sont propres : d'un côté, elle met le négociant dans la nécessité d'employer deux commissionnaires, à la bonne foi desquels il est obligé de confier ses intérêts, tant pour la vente que pour l'achat
des marchandises ; d'un autre côté, il est contraint
de payer double commission, ce qui fait une différence sensible, qu'on ne peut réparer qu'au moyen
d'une grande économie dans les autres frais, et no-
tamment dans la manière de faire le paiement des
marchandises sur lesquelles on a spéculé (1). Ce dernier objet est un des plus importants pour le bon
succès d'une spéculation ; c'est dans les opérations de
banque qu'on trouve souvent des ressources très-fa-
vorables et d'autant plus lucratives pour ceux qui savent en profiter, qu'il y a peu de simples spéculateurs
qui y aient recours, soit qu'ils ne puissent ou ne
veuillent pas en user ; soit qu'ils ne soient pas à portée d'avoir, pour le choix du papier, les ressources
qu'ont les banquiers et les négociants.

Je, etc. **R. L.**

----

*Correspondance relative à des placements de jeunes gens
pour apprendre le commerce. — Placements de commis.*

LETTRE D'UN PÈRE POUR PLACER SON FILS.

Memmingen, ce 10 avril 18..

Monsieur B..., à Hambourg,

J'ai un fils, qui de tous temps a fait ma plus douce
consolation. Il s'est adonné au commerce pour ainsi
dire malgré mon aveu, car je le destinais à l'étude
des belles-lettres que j'ai professées jusqu'à présent.
J'aurais désiré le retenir près de moi, comme soutien
de ma vieillesse. Néanmoins, après lui avoir donné,
autant qu'il m'a été possible, des notions préliminaires de commerce, je l'ai fait entrer à l'âge de quinze
ans, comme apprenti, dans un des principaux ma-

----

(1) Voyez, pour cet objet intéressant, le *Manuel du Négociant,*
de l'*Encyclopédie-Roret.*

gasins d'Augsbourg, où il n'a depuis deux ans qu'un
traitement assez modique. Pendant ce temps, il a
appris le calcul et un peu la tenue des livres en parties doubles. Il n'a pas laissé que de gagner beaucoup à la lecture des livres qui traitent du commerce. En outre de ces lectures, je lui ai permis de
s'acheter des livres du professeur Büsch, qu'il lit
maintenant, comme il dit, avec succès, car je n'ai
pas le temps de les lire moi-même pour en juger. Il
y a maintenant deux motifs qui excitent en lui le désir de se rendre à Hambourg, pour s'y perfectionner.
Le premier est cette opinion généralement reçue sur
la diversité et l'importance des affaires qui se traitent
en cette ville. Le second, c'est qu'il a appris que le
susdit professeur donnait lui-même, pendant l'hiver,
des leçons sur ce même livre qu'il lit avec tant de
plaisir. Je ne doute pas qu'il ne trouve bientôt à Hambourg une place où il pourra déployer ses talents
avec utilité, les perfectionner et en tirer un bon traitement, qui me déchargera par la suite des frais de
son entretien; car je suis père d'une nombreuse famille dont il est l'aîné. Quoique je sois persuadé qu'il
faille aussi bien fournir aux dépenses qu'exige l'instruction d'un fils, dont on veut faire un bon négociant, qu'aux frais qu'occasionne son entretien, quand
on l'envoie à l'université, d'où il ne retire le plus souvent que de mauvais principes; je sens néanmoins
que mes moyens ne me permettent pas de lui être
d'un grand secours. N'ayant moi-même aucune connaissance à Hambourg, j'ai été très-satisfait de l'offre que M. N..., votre correspondant, a bien voulu
me faire de vous écrire à ce sujet, et d'insérer ma
lettre dans la sienne. Il connaît parfaitement mon fils,
et vous répondra surtout de son honnêteté. Il ne vous
en parlera qu'avec connaissance de cause, et ne vous
en dira pas plus de bien que le jeune homme n'en
mérite effectivement. Si la demande que je vous fais
en sa faveur pouvait vous intéresser pour un père qui
vous est absolument inconnu, mais néanmoins honnête et vertueux, et que vous daigniez vous employer
pour lui faire obtenir une place dans un comptoir,

rien ne pourrait égaler la reconnaissance de celui qui a l'honneur d'être,

Votre dévoué serviteur,

T.

Réponse à la lettre ci-dessus.

Hambourg, ce 4 mai 18. .

Monsieur T..., à Memmingen.

La recommandation de mon ami suffisait sans doute pour prendre le plus vif intérêt à vous, et pour produire sur moi la meilleure volonté de vous rendre service. Mais je doute que mon pouvoir puisse correspondre à ma bonne volonté. L'opinion que vous m'avez suggérée à l'égard de Monsieur votre fils me fait présumer qu'il pourra du moins devenir dans peu un bon commis très-utile à plus d'un négociant. J'aurais pu le prendre moi-même si je n'avais pas borné maintenant mes affaires au commerce de banque, ou de temps en temps d'escompte, quand je me trouve des fonds en oisiveté. Ces objets ne seraient pas d'une grande instruction pour Monsieur votre fils, et ne pourraient pas lui fournir des connaissances assez étendues pour qu'il devienne un grand négociant. Si je voulais charger un courtier de lui trouver une place, sa première demande serait de s'informer si le jeune homme se trouve ici, afin de pouvoir faire l'examen de ses talents. On ne se contente pas ici des témoignages qui viennent de l'étranger, et en cela je trouve qu'on n'a pas tort ; car un jeune homme qui n'a été employé que dans des comptoirs de l'étranger, surtout de l'Allemagne, doit se trouver absolument neuf dans un comptoir d'Hambourg, où il faut beaucoup de temps pour être en état d'y être employé avec utilité. Sur une bonne recommandation on prend un jeune homme comme un apprenti ; mais personne ne se résoudra de lui accorder de suite un traitement. Ce n'est pas une fort bonne recommandation auprès des négociants d'ici, de leur présenter un jeune homme qui veut s'instruire. Ce n'est que lorsqu'on est con-

vaincu de son savoir qu'on lui accorde un traitement;
et ce serait surtout pour lui une très-mauvaise recommandation, que d'aller encore faire mention de son
désir de vouloir apprendre quelque chose de notre
professeur Büsch. Sur dix négociants il n'y en aura
peut-être pas un à qui cela plaira, car, disent ceux-
ci, cet homme pourra fort bien élever des raisonne-
ments sur le commerce, mais jamais faire de bons
travailleurs, car lui-même n'a jamais travaillé dans
aucun comptoir. Toujours est-il vrai que le professeur
est généralement aimé ici, car il a continuellement
écrit pour le bien du commerce de notre ville, et surtout durant cette guerre. Mais beaucoup de personnes
ne savent cela que par ouï dire, car on ne lit presque jamais. Très-peu de commis fréquentent ses
leçons avec le consentement de leurs chefs, quoique,
trente ans auparavant, plusieurs l'écoutaient, qui
font maintenant l'ornement de notre bourse, et malgré l'estime et la vénération que lui témoigne à tous
égards notre honorable députation du commerce.

L'unique conseil que je puisse vous donner au sujet de Monsieur votre fils, est celui de venir ici es-
sayer d'obtenir une place dans un comptoir, ce qui
lui rapportera peut-être la première année quelques
centaines de marcs pour subvenir aux objets de première nécessité. Si pour lors, en se donnant beaucoup
de peine, il se montre capable d'être utile, il pourra
s'avancer, et peut-être même, au bout de trois ans,
avoir des appointements plus considérables. Mais avant
d'en venir là, il faut savoir sacrifier quelques centaines d'écus.

J'aurais désiré que vous m'eussiez envoyé quelque
peu de son écriture, car c'est à quoi nos négociants
font quelque attention.

Si vous vous décidez à envoyer Monsieur votre fils
ici, vous pouvez compter sur les services les plus em-
pressés d'un homme qui s'est senti inspiré de la plus
haute estime pour vous.

Agréez, je vous prie, l'assurance de ma parfaite
considération.

B....

ANNONCES D'ÉTABLISSEMENTS, CIRCULAIRES, RÉPONSES
A CES LETTRES, ETC.

***

*Annonce de l'établissement d'un Bureau de Procuration
à Neuchâtel en Suisse.*

Neuchâtel en Suisse, 28 avril 18..

Monsieur N. N., à....., etc.,

L'utilité générale dont nous ont paru être, spécialement pour le commerce, les bureaux de procuration
établis dans la plupart des villes commerçantes de
l'Europe, nous a engagés à en former un dans notre
patrie. L'étendue des relations commerciales de ce
petit état, les lois qui y sont établies, et qui lui sont
particulières, les difficultés qu'éprouvait l'étranger à
faire régler les affaires qu'il pouvait avoir à y traiter,
nous ont fait croire que cet établissement pouvait,
étant bien dirigé, avoir une utilité plus particulière
encore que dans les autres villes où il s'en est formé.
Nous avons donc l'honneur de vous prévenir, M....
que nous avons créé un établissement, sous la raison
de *Bureau de Procuration*, dont le but principal est
de se charger du règlement des affaires litigieuses ou
non litigieuses, que l'étranger pourrait avoir dans ce
pays, et qui recevra en conséquence toutes les procu-
rations dont on voudra bien le charger pour cet objet.
Nous ne pouvons rien vous dire, M..., sur ce qui
nous est personnel, si ce n'est que nous exerçons l'un
et l'autre, depuis plus de dix ans, l'état d'hommes de
loi devant nos tribunaux ; et que, sous ce rapport,
nous soignerons par nous-mêmes les affaires litigieuses
qui nous seront confiées ; mais nous espérons que les
négociants de cette ville, auxquels vous pourriez vous
adresser pour. obtenir des renseignements sur notre
compte, ne vous en donneront point qui puissent nuire
à la confiance dont nous avons besoin, et pour nous

rendre aussi utiles que nous le désirons, et pour la prospérité de notre établissement. Vous pouvez, M..., être pleinement assuré que tout en ne négligeant rien de ce qui sera nécessaire pour amener le meilleur et le plus prompt résultat des affaires qui nous seront remises, nous nous tiendrons toujours en état de rendre un compte exact et fidèle des valeurs dont nous pourrons devenir dépositaires par l'effet des commissions dont nous serons chargés.

Veuillez prendre note de nos signatures ci-bas, auxquelles seules vous devez ajouter foi, comme venant de notre bureau, et recevoir nos sincères salutations.

Signatures de nos sieurs {
Fs. Ls. JEANRENAU.
Pl. H. GADET.
T. F. GALLOT.
}

P. S. Nous vous prions d'adresser vos lettres, autant que possible, franches de port, à MM. Jeanrenau et Gadet, chefs du bureau de procuration établi à Neuchâtel en Suisse.

Circulaire pour annoncer l'établissement d'une Maison de Roulage.

Rouen, le 1er juillet 18. .

M...,

Nous avons l'honneur de vous annoncer que nous venons de former en cette ville une maison de roulage et d'entrepôt, sous la raison de *Gibbon et Roy*, dont les signatures sont ci-bas, vous priant d'en prendre note pour n'ajouter foi qu'à elles seules.

Aux connaissances que nous avons acquises dans cette partie, et qui nous mettent à même d'apprécier tout ce qui peut être avantageux aux intérêts de nos commettants, nous réunissons des magasins assez vastes, appropriés pour la conservation des marchandises qui nous seront confiées, des caves spacieuses, et généralement tout ce qui peut contribuer à nous attirer la bienveillance de nos amis.

Nous nous chargerons aussi de tout ce qui a rapport au roulage, comme recettes, encaissements et paiements pour les avances aux voituriers, les remboursements aux négociants, remise de marchandises en ville, ou réexpédition, etc., etc.

Si la loyauté, l'activité et la prudence peuvent mériter quelques droits à la confiance, nous osons espérer, M.., que vous nous accorderez la vôtre, car nos plus constants efforts seront dirigés de manière à nous en rendre dignes.

Veuillez, M.., en agréer l'assurance et celle de notre considération, et nous croire avec un entier dévoûment,

Vos très-humbles serviteurs,

GIBBON et ROY.

Circulaire pour annoncer la dissolution de société de la Maison de Roulage ci-dessus.

Rouen, le 1er août 18. .

M. . . .

Le terme de la société que nous avions formée pour le roulage, se trouvant expiré, notre intention n'est point de la renouveler, malgré l'amitié qui nous attache réciproquement et le succès de notre entreprise. Nous vous prions donc de prendre note qu'elle se trouve dissoute à dater de ce jour. La liquidation sera gérée par tous les deux, sous notre ancienne raison de commerce.

Nous vous remercions, M..., de la confiance que vous avez bien voulu avoir en nous; nous la réclamons de nouveau pour chacun de nous en particulier, et nous aimons à croire que vous n'aurez qu'à vous louer de nos soins particuliers, comme si nos deux maisons n'en formaient qu'une.

Nous avons l'honneur d'être, M.., avec une parfaite considération,

Vos dévoués serviteurs,

GIBBON et ROY.

Circulaire pour annoncer un établissement d'Apprêts dits Anglais.

St.-Quentin, 1er juillet 18.

M. . . .

Nous avons l'honneur de vous informer que nous venons de former à St.-Quentin un établissement pour donner à tous les tissus de coton, batiste, tulle, etc., les apprêts dits anglais, dont notre sieur G..... aîné a fait la découverte.

Ces apprêts ont l'avantage de donner aux tissus plus de finesse, un brillant soyeux et de les empêcher de devenir bourrus à l'usage, parce qu'ils sont même plus insolubles que ceux de l'Angleterre, et résistent par conséquent davantage au lavage.

La certitude que nous avons de la bonté de notre procédé nous engage à vous inviter d'en faire l'essai afin que vous puissiez juger par vous-même de la supériorité de ces apprêts.

Veuillez, nous vous en prions, nous favoriser de votre confiance, et soyez persuadé que nous ferons tous nos efforts pour la mériter.

Nous avons l'avantage de vous saluer avec une parfaite considération.

G..... *aîné et* L.

Lettre pour entrer en correspondance.

Rouen, le 15 janvier 18.

Mrs. T. et H., à Londres.

Messieurs,

Dans l'espoir d'augmenter le nombre de nos correspondants en Angleterre, nous avons prié plusieurs de nos amis de nous donner les adresses et les informations des maisons de ce pays-là, avec lesquelles nous pourrions travailler avec toute sécurité; comme on nous a fait part que vous êtes de ce nombre et des commissions nombreuses que vous donnez tant pour l'achat que pour la vente des marchandises, nous vous prions d'agréer nos services, que nous vous offrons... Notre commerce principal consistant dans l'achat et la vente de toutes les drogues concernant la teinture. Nous nous flattons que, lorsque vous connaîtrez notre façon de travailler et de ménager les intérêts de nos amis, vous vous prêterez volontiers à continuer une correspondance qui pourra nous être également utile et avantageuse. Vous pourrez de votre côté, prendre information sur notre maison de qui il vous plaira ; nous nous persuadons que personne ne pourra avec justice vous en parler à notre désavantage. Nous espérons que vous nous honorerez de vos commissions ou de vos consignations. Vous pouvez être persuadés de notre attention et de notre vigilance à vous bien servir, ne désirant rien plus que de vous prouver la parfaite considération avec laquelle nous avons l'honneur de nous dire, Messieurs,

Vos très-humbles serviteurs,

LESUEUR et GRAVEL.

Réponse à la lettre précédente.

Londres, le 10 février 18..

Messieurs Lesueur et Gravel, à Rouen,

Messieurs,

Répondant à la lettre que vous nous avez fait l'honneur de nous écrire le 15 janvier dernier, nous sommes infiniment flattés de l'opinion avantageuse que vous avez conçue de nous. C'est avec plaisir que nous saisissons l'occasion de faire une connaissance plus particulière avec vous, Messieurs, sans qu'il nous soit nécessaire de prendre d'autres informations ; et dans l'occasion nous nous prévaudrons de vos offres obligeantes.

Nous vous assurons que, pour le présent, nos opérations sont très-peu considérables, car il y a si long-temps que le commerce languit, et surtout depuis le commencement de la guerre, que nous n'osons rien entreprendre. Cependant, pour donner lieu à une correspondance qui, par suite, peut devenir avantageuse, envoyez-nous, S. V. P., le prix courant des drogueries, particulièrement des indigos ; donnez-nous aussi quelques renseignements sur la graine de trèfle, qui est un article essentiel de notre commerce.

Nous joignons ici un cours de notre place : vous pourrez voir par là les articles qui pourront offrir matière à quelques opérations ; nous verrons alors à vous consigner quelques parties de marchandises pour essai.

Agréez, en attendant, Messieurs, l'assurance de notre entier dévouement.

T. et H.

Lettre d'un Négociant qui, après la mort de son fils, reprend la maison de commerce qu'il lui avait cédée.

Monsieur Richard père a l'honneur de vous prévenir que, douloureusement pénétré de la perte malheureuse que sa bru et lui viennent de faire dans la personne de M. Alexis Richard, son fils, il a accepté la continuation des affaires du défunt dans l'intérêt de sa veuve et de ses enfants.

Monsieur Richard père et madame veuve Richard osent espérer que cette circonstance pénible ne diminuera en rien votre confiance, persuadés que leurs soins et leur zèle la justifieront.

Il a l'honneur d'être, avec le plus sincère dévouement et la plus parfaite considération,

Votre très-humble serviteur,

RICHARD,

Rue Saint-Martin.

Paris, 18 avril 18. .

Annonce d'un changement de domicile prochain.

M...,

Désirant donner plus d'extension à mon établissement, je viens de louer un nouveau local, rue Boucherot, n°.18, au Marais.

Devant entrer en jouissance le 20 juillet prochain, je m'empresse de vous en donner avis, afin que les commandes que vous pourriez m'adresser, passé cette époque, me parviennent directement, de manière à n'éprouver aucun retard.

'Si vous voulez m'honorer de vos ordres, je m'efforcerai toujours de mériter votre confiance, en vous servant avec exactitude et célérité.

Agréez, M..., l'assurance de mon respect.

LAMBERT,
Fabricant de bronze.

Paris , le

Nouvelles offres de service à une maison dont on n'a pas reçu d'ordres depuis plusieurs mois.

Plus de trois mois se sont écoulés depuis que nous n'avons reçu d'ordres de votre maison ; nous ne pensons cependant pas que la manière dont nous vous avons traité dans le dernier envoi, ait pu diminuer la confiance que vous nous avez accordée.

Nous n'ignorons pas que beaucoup de commis voyageurs se portent dans votre ville, et principalement dans votre maison, pour vous offrir leurs services ; mais croyez, Monsieur, que la diminution qu'ils vous offrent dans leurs prix, ne peut être attribuée qu'à la moindre qualité des marchandises ; sachant de quelle réputation jouit votre maison, nous nous serions gardés de vous faire des envois qui ne fussent pas du premier choix.

Nous pensons qu'il ne vous sera pas indifférent de connaître le cours de notre place : nous joignons ci-dessous quelques détails.

Le coton est assez calme et se maintient..

Le poivre est peu demandé.

Le café a pris faveur depuis un mois.

Le sucre brut s'est bien vendu, et il pourrait se faire qu'il y eût une augmentation.

Nous joignons à la présente le prix courant pour votre gouverne, en vous renouvelant l'assurance du désir que nous avons de vous servir de manière à mériter votre pleine confiance.

Nous sommes avec respect

Vos dévoués serviteurs.

Annonce d'un Commissionnaire-Entrepreneur de Roulage succédant à son oncle.

A la Ville de la Rochelle.

Maison de Roulage et de Commission pour tous pays, passage Ste.-Marie, rue du Bac, nº

Paris, ce 1er septembre 18....

M...,

Nous avons l'honneur de vous annoncer que, par arrangements pris avec M. Didier, notre oncle, nous nous chargeons, à partir de ce jour, de la conduite et de la gestion de la maison de roulage qu'il dirigeait sous la raison Didier et Cie, à Paris, rue du Bac, nº

Du reste rien n'est changé; notre même nom nous permet de continuer la même raison de commerce, *mais désormais pour notre propre compte*, dans le vaste local qu'occupaient nos prédécesseurs.

Nous continuerons d'exploiter le roulage accéléré établi sur la ville de la Rochelle, où notre sieur Didier, oncle, sous la raison Didier et Cie, gérera pour son propre compte, ou celui de ses co-associés, l'établissement de correspondance, situé rue des Gentilshommes.

Nous vous renouvelons nos offres de service pour

toutes vos expéditions pour Orléans, Nantes et toute
la Bretagne, ainsi que pour Troyes, Dijon, Lyon
et toutes les villes adjacentes.

Veuillez prendre note de notre signature et agréer
nos sincères salutations.

DIDIER ET Cie,

Rue du Bac.

Offres de service à MM. Leblanc et Cie., à Marseille.

A Messieurs Leblanc et Cie., à Marseille.

Paris, le 25 février 18..

Messieurs,

Notre sieur Lerouge, de retour de son voyage,
nous a appris la réception amicale qu'il avait reçue
de vous; il me charge de vous en renouveler ses remercîments; nous espérons que les offres de services
qu'il vous a faites seront acceptées par vous; nous
vous confirmons les conditions qu'il vous a fait connaître.

Nous ne doutons pas que vous n'acceptiez aujour-
d'hui les offres que nous vous avons faites, et désirons bien vivement voir s'établir entre nos deux
maisons des rapports suivis et avantageux, qui auront
d'autant plus de durée qu'ils seront fondés sur la confiance et l'estime réciproques.

Dans l'espoir de voir se réaliser les projets que
nous avons formés, je vous prie de me croire

Votre dévoué serviteur,

NOFFLEIN et Cie.

Offres de service.

Le 18 avril 18..

Monsieur Le Duc, à Paris,

Je vous remets ci-joint une traite qui me fut confiée par M. Lartien, pour vous être envoyée; je saisis

cette occasion pour vous offrir mes services sur la place de Bordeaux, tant pour la commission que pour la banque. Si je recevais vos ordres, ils seraient exécutés avec zèle et ponctualité.

J'ai l'honneur d'être, etc.

Avis de l'établissement d'un Commerce, tant en affaires de change qu'en achat de marchandises.

Francfort.....

Monsieur Falton, à Mulhouse.

Depuis dix ans à la tête d'une des plus fortes maisons de cette ville, je me suis appliqué à me procurer les connaissances les plus nécessaires dans le commerce, et j'ai maintenant résolu de former un établissement pour mon propre compte.

Je prends la liberté de vous offrir mes services : l'avantage que mon père a eu d'être au nombre de vos amis me servira, je l'espère, de recommandation auprès de vous.

Des fonds suffisants et l'expérience du commerce me font espérer de servir mes correspondants selon leurs désirs, tant en affaires de change qu'en achats de marchandises.

J'espère que vous daignerez bientôt m'honorer de vos commissions : alors, comme toujours, je tâcherai de me rendre digne de votre confiance.

Je vous prie de prendre note de ma signature, et de n'ajouter foi qu'à elle seule.

J'ai l'honneur, etc.

Rocu.

Autre lettre pour entrer en affaires.

Monsieur V., à L...,

Ayant résolu de faire un assortiment de draps anglais, je vous adresse la note ci-jointe, en vous priant de m'en envoyer le contenu, bien emballé, par R., à l'adresse de M. Viand; après avoir coté les articles au plus juste prix, vous pourrez tirer sur moi, pour le montant de la facture, à 90 jours.

J'ai l'honneur de vous saluer.

Avis de l'Etablissement d'un Commerce d'expédition.

Monsieur,

Depuis plusieurs années je travaillais dans de bonnes maisons de commerce, tant en France qu'en Angleterre, lorsque M. R., de cette ville, me proposa de m'établir et me céda la suite de ses affaires.

Les connaissances que j'ai acquises et des fonds suffisants me mettent à même de bien servir ceux qui m'honoreront de leur confiance; je serais charmé que quelqu'essai me mît à même de mériter la vôtre; mais avant de me l'accorder, vous pourrez prendre des renseignements chez MM. X. et Cie, chez lesquels j'ai travaillé pendant sept ans, et qui m'avaient chargé d'une grande partie de leurs affaires.

Veuillez prendre note de ma signature pour n'avoir égard qu'à elle seule.

B.

Avis de l'Etablissement d'un Commerce de Soie.

J'ai l'honneur de vous informer qu'après avoir travaillé pendant plusieurs années dans diverses maisons les plus respectables, je viens de former un établissement rue Vivienne, n° 17.

Je prends la liberté de vous offrir mes services et de solliciter votre confiance.

Les articles que je vous offre consistent en soies écrues et en marchandises de différentes sortes, tous articles de goût.

Si vous daignez m'adresser vos commissions, vous pouvez compter que vous serez servi promptement et avec la plus grande exactitude.

Dans l'espoir de recevoir vos ordres,

J'ai l'honneur, etc.

Avis de l'établissement d'un Commerce d'Epicerie.

Monsieur P., à Hambourg.

   Monsieur,

  Je viens d'établir un commerce d'épicerie en gros dans cette ville : y faisant des affaires considérables et en tirant une grande quantité de marchandises, je prends la liberté de vous offrir mes services.

  Ma maison s'occupera de la commission, d'expédition et de change; si le zèle le plus dévoué et une exactitude scrupuleuse vous sont un motif de m'accorder votre confiance, c'est à ces titres que je la réclame.

  Dans l'espoir d'en être bientôt honoré,

     Je suis, etc.

      Le Blanc.

Circulaire d'une veuve qui annonce la mort de son mari, et qui cède le commerce à son fils.

      Soleure, le 9 janvier 18. .

  M...,

  C'est avec la plus vive douleur que je viens vous annoncer la mort de mon respectable époux M. A. W.; il a terminé sa laborieuse carrière à l'âge de 65 ans. Modèle de probité, il est regretté de tous ceux qui ont pu le connaître.

  Heureusement, j'ai hérité de lui un fils, qui paraît marcher sur ses traces. Il a toujours travaillé sous ses yeux; et se trouvant à même, par son âge, de suivre le commerce de son père, je me suis déterminée à le lui céder. Vous avez ci-bas sa signature à laquelle seule je vous prie d'avoir égard.

  Je réclame pour mon fils l'amitié et la confiance dont a joui le père pendant tant d'années. Ce sera une

consolation pour moi (si toutefois je puis être consolée)
que dé le voir suivre avec vous les relations de son
père. C'est dans cet espoir que je demeure

Votre affectionnée,

Vᵉ A. W.

Signature dé mon fils : A. W.

---

*Circulaire relative aux 5 pour cent consolidés, qui contient
en même temps une table pour connaître l'intérêt.*

Paris , le 19 janvier 18. .

M...,

L'attention d'un grand nombre d'individus se portant plus particulièrement sur les fonds publics, il
peut leur être agréable de voir d'un coup-d'œil le
taux de l'intérêt qu'ils présentent, suivant les différentes variations de la bourse. Je joins ici une table
présentant le taux d'intérêt que donnent les 5 pour
cent consolidés, depuis le prix de 70 jusqu'à celui
de 106 francs.

Il faut avoir soin d'observer que l'intérêt que donnent 5 francs de rente ou 100 francs de capital, est
d'environ $1 \frac{1}{3}$ centime par jour, ou à peu près 40 centimes par mois. Il convient donc de déduire du prix
de la rente autant de fois $1 \frac{1}{3}$ centime qu'il y a de
jours écoulés depuis le dernier semestre.

Par exemple, si la rente se cotait aujourd'hui 75 fr.
60 centimes, il y a quatre mois d'échus depuis le 22
septembre, ce qui fait 1 franc 60 centimes de dividende acquis, reste 74 francs pour le prix de la rente,
ce qui, suivant la table, donne 6 francs 75 centimes
pour cent d'intérêt ou $6 \frac{3}{4}$ pour cent. Je vous offre
aussi mes services pour leur achat ou leur négociation.

J'ai l'honneur de vous saluer.

Tᴴ. B.

Table présentant le taux d'intérêt que donnent les 5 pour cent consolidés, depuis 70 jusqu'à 106 fr.

(1)

70.	7 $^{14}/_{100}$		89.	5 $^{56}/_{100}$
71.	7 $^{1}/_{25}$		90.	5 $^{55}/_{100}$
72.	6 $^{94}/_{100}$		91.	5 $^{1}/_{2}$
73.	6 $^{85}/_{100}$		92.	5 $^{43}/_{100}$
74.	6 $^{3}/_{4}$		93.	5 $^{38}/_{100}$
75.	6 $^{2}/_{3}$		94.	5 $^{32}/_{100}$
76.	6 $^{58}/_{100}$		95.	5 $^{26}/_{100}$
77.	6 $^{1}/_{2}$		96.	5 $^{21}/_{100}$
78.	6 $^{4}/_{100}$		97.	5 $^{16}/_{100}$
79.	6 $^{31}/_{100}$		98.	5 $^{1}/_{10}$
80.	6 $^{1}/_{4}$		99.	5 $^{1}/_{20}$
81.	6 $^{17}/_{100}$		100.	5
82	6 $^{9}/_{100}$		101.	4 $^{95}/_{100}$
83.	6 $^{1}/_{50}$		102.	4 $^{90}/_{100}$
84.	5 $^{95}/_{100}$		103.	4 $^{86}/_{100}$
85.	5 $^{86}/_{100}$		104.	4 $^{80}/_{100}$
86.	5 $^{8}/_{10}$		105.	4 $^{76}/_{100}$
87.	5 $^{74}/_{100}$		106.	4 $^{71}/_{100}$
88.	5 $^{68}/_{100}$			

(1) $70 : 5 :: 100 : x = 7 \,^{14}/_{100}$.

Circulaire ou avis sur la récolte des Vins de Bordeaux.

Bordeaux, le 1er novembre 18. .

Monsieur R. L., à Lille.

      Monsieur,

Je vous confirme ma circulaire du 1er août dernier, qui vous entretenait des apparences de la nouvelle récolte de nos vins.

Maintenant, je viens vous faire part des renseignements obtenus sur le résultat de nos divers crûs, ce dont je me suis bien convaincu par mes propres observations et celles que j'ai recueillies de nos meilleurs connaisseurs, afin de pouvoir vous mettre à même d'en juger comme si vous étiez sur les lieux, et par ce moyen vous décider à me favoriser de vos ordres.

D'après la grande inégalité des quantités de vins

qu'ont obtenus les propriétaires, il a été difficile de bien en déterminer l'ensemble ; cependant, on l'a jugé à un tiers de plus que l'an dernier ; c'est par divers accidents tels que la gelée et la grêle, qu'il en a été ainsi. Ces fléaux se sont fait sentir avec toute leur force dans certaines parties du Médoc, telles que Margaux et Cantenac, tandis que depuis Saussan à St.-Julien, y compris Pouillac, St.-Estèphe et St.-Seurin-de-Cadourne, il y a eu un tiers de plus que l'an dernier, et les communes situées dans le bas Médoc en ont eu le double. Les côtes ont une très-belle et abondante récolte ; les Palus ont beaucoup souffert de la gelée, comme tous les bas fonds en général. Dans celles de Queyries, Montferrand, Bacalan et Libourne, on n'a eu qu'un quart de la récolte ordinaire, et dans celles de Lassouy, Bouillac, Lastrène, Quinzac, Camblanes et Bègles, un tiers ; ce qui fait un grand vide en raison des fortes quantités que ces divers crûs nous donnent ordinairement. Quelques contrées de St-Emilion et Canon ont été également très-maltraitées ; cependant, dans l'ensemble, il y aura plus de vin que l'an dernier.

Quant à la qualité, les rouges en général ne laissent rien à désirer : ils possèdent des couleurs décidées, une bonne sève et beaucoup de corps. Il n'en est pas de même des vins blancs : il y aura un grand choix à faire sur les qualités communes ; cependant, les premiers crûs ont assez bien réussi, mais ils ont été très-endommagés par la grêle, ce qui en a beaucoup diminué la quantité.

Vous trouverez ci-inclus mon nouveau prix courant, que je recommande à votre attention particulière ; les prix y sont établis de manière à me concilier la préférence de vos demandes. Vous pouvez compter d'avance, Monsieur, sur tous mes soins, tant pour le choix des qualités que pour une prompte expédition, et enfin tout ce qui pourra contribuer à ce que vous m'accordiez la continuation de votre confiance. Dans cet espoir, je demeure

Votre dévoué serviteur,

M. B. J.

Avis sur l'apparence d'une hausse sur tissus. — Sollicitation d'ordres.

Roubaix, le 7 juillet 18. .

Messieurs V. L. B. et Cie., à Bordeaux.

Depuis ma lettre du 26 juin dernier, que j'ai l'avantage de vous confirmer dans tout son contenu, nos tissus prennent une tendance à la hausse; elle se trouve favorisée par le beau temps et par les nouvelles reçues du Hâvre, qui annoncent une augmentation majeure sur les cotons en laine, ce qui contribue à ce que les fabricants soutiennent leurs prix; et pour peu que quelques spéculateurs agissent, on ne sait pas trop jusqu'à quelle hauteur pourront s'élever les prix. Des maisons du midi demandent encore des articles pour la consommation de cet été ; tout ceci me fortifie dans l'opinion que les marchandises augmenteront; cela ne peut guère être autrement, vu les bas prix où elles se trouvent encore. Je vous fais part de mes vues, elles ne vous engagent à rien, mais je pense qu'il est temps de faire des achats. Veuillez, si vous me commettez une partie de marchandises, ne point me limiter pour les prix ; rapportez-vous-en à mes soins, et soyez persuadés que vos intérêts ne peuvent être en meilleures mains. Ci-bas les cours du jour.

J'attends vos ordres, et vous salue affectueusement.

F. R.

Circulaire relative à un Etablissement de Commerce, de Commission, etc.

Rochefort, le 1er septembre 18. .

Monsieur R. L., à Paris.

Monsieur,

J'ai l'honneur de vous offrir mes services pour toutes les opérations commerciales qu'il peut vous convenir de faire avec cette place ; travaillant sous les auspices bienveillants de mon frère (dans la maison duquel je possède une demie en participation, ce qui est indépendant de mon nouvel établissement) ; détenteur d'une suffisante réunion de capitaux ; ayant acquis quelqu'expérience dans les affaires ; enfin, porteur d'un nom connu et respecté dans le commerce de cette ville, par environ cinquante ans d'honorables travaux, de père en fils, je crois présenter de solides garanties à ceux qui voudront bien m'honorer de leur confiance.

Je me livrerai principalement à toutes les opérations de banque, recouvrements, escomptes, paiements à domicile, etc. Pour cette partie mes conditions sont simples, et ne s'écartent en rien des usages admis généralement ; mon tarif est de plus fort modéré ; je vous les adresserai si vous le désirez.

Je compte porter une attention soutenue à la commission de ventes et d'achats en tous les genres, mais spécialement des productions riches et variées des deux Charentes, telles que : vins rouges et blancs, eaux-de-vie, esprit $5/6$; bois à brûler, de construction et merrain ; cercles, osier, sels, légumes secs........ ; graines de lin, de trèfle, de luzerne, etc.

Je recevrai tout ce qu'on voudra bien m'adresser en consignation, et j'en soignerai le placement avec zèle et activité ; je me conformerai, de plus, à l'usage, pour les avances de valeurs.

Je suis disposé à recevoir toutes propositions d'opérations de comptes en participation, offrant de fournir mon contingent de valeurs et de soins.

Je me chargerai de toutes les fournitures à la marine ou à la guerre, sous une modique commission ; j'offre de traiter à l'avance, et de gré à gré pour cet objet, ou même sans commission, en y prenant un intérêt quelconque.

J'ai l'avantage de vous saluer.

P. B. J.

*Lettre de deux Librai∷s associés, à leurs correspondants. —
Offre d'un nouvel ouvrage. — Sollicitation d'ordres. —
Envoi.*

Nous avons l'honneur, Monsieur, de vous donner
avis que nous mettrons en vente, au commencement
de l'année prochaine, un livre nouveau. Nous le pro-
posons avec d'autant plus de confiance, que ni les
auteurs, ni les imprimeurs, n'ont rien négligé pour
en faire un bon ouvrage. Le *Prospectus* ci-joint et
la Préface que nous vous enverrons à la première
occasion que vous voudrez bien nous procurer, vous
en donneront une idée plus étendue. Nous vous cé-
derons chaque exemplaire en feuilles à.... francs, et
à.... francs si vous en prenez 50, et enfin à.... francs
si vous en prenez 100 exemplaires, à condition que
vous nous enverrez votre billet du montant, payable
dans l'année 18..... Si vous les souhaitez reliés,
vous ajouterez.... fr. par chaque exemplaire, valeur
de la reliure en façon de veau, et... fr. pour la reliure ordinaire dite *commune*, qui sera cependant
faite avec soin. Nous attendons sur cela vos ordres.

Nous joignons au *Prospectus* ci-dessus mentionné,
notre nouveau catalogue. Nous vous invitons à y
faire un choix le plus tôt que vous pourrez; parce
qu'en nous donnant vos ordres tout de suite ils seront exécutés plus ponctuellement.

Nous nous ferons toujours un devoir de cultiver
votre correspondance. La beauté des éditions et des
reliures, l'exactitude à remplir vos commissions, la
célérité dans les expéditions, nous mériteront de plus
en plus votre confiance. Nous osons nous en flatter
du moins, par l'envie que nous avons de la con-
server.

Nos conditions seront toujours les mêmes. Vous
nous ferez plaisir de nous faire passer, à la réception de chaque envoi, votre billet à ordre, payable
dans l'année.

Vous trouverez ci-après le relevé de notre compte
courant, etc.

Lettre de l'éditeur des Œuvres de Racine, en 6 vol. in-8º., à ses correspondants.

Monsieur,

J'ai l'honneur de vous donner avis que l'on fermera pour les libraires, à la fin de juillet, la souscription que j'ai annoncée pour les œuvres de JEAN RACINE, six vol. in-8º, avec figures, dessinées par M. *Gravelot*, et gravées par les meilleurs artistes, et qui ne sera plus ouverte pour les particuliers à la fin de juin.

Cette édition sera d'autant plus complète, qu'elle renfermera toutes les œuvres de ce grand homme; et elle méritera d'être recherchée par la beauté de son exécution et le mérite particulier des commentaires qui accompagnent le texte.

Je crois devoir vous prévenir que si l'accueil que le public fait à un ouvrage peut contribuer à le faire rechercher, je puis déjà me flatter que cette édition sera reçue avec distinction, puisque tous les souscripteurs de l'édition de *Corneille* ont déjà souscrit à l'édition de *Racine*. J'ai cru devoir, pour cela, vous prévenir de m'informer de vos intentions avant l'expiration du terme ci-dessus, dans lequel vous serez encore reçu à souscrire; l'envie que j'ai d'entrer en correspondance avec vous, ou de la continuer, m'ayant fait imaginer cette exception en votre faveur.

Le prix de chaque exemplaire de cette édition, papier commun, sera de 36 fr., de 30 fr. pour les particuliers qui souscriront, et de 25 fr. pour vous.

Le prix de chaque exemplaire, papier de Hollande, sera de 51 fr., de 45 fr. pour ceux qui auront souscrit, et de 40 fr. pour vous.

Cette souscription se fera en deux paiements égaux, de 12 fr. 50 centimes pour les exemplaires en papier commun, et de 20 fr. pour le papier de Hollande. Le premier paiement se fait comptant, en souscrivant à l'adresse ci-dessous; le second, lors de la livraison de l'édition.

Je dois aussi vous faire observer que, passé le

mois de juillet, on ne recevra plus de souscription de l'intérieur, et des pays étrangers, passé le mois d'août ; que les libraires auxquels vous avez peut-être écrit pour vous assurer des exemplaires, n'en ont point retenu pour vous, ne vous trouvant point sur la note qu'ils m'ont donnée pour servir à la liste des souscripteurs. Comme vous n'ignorez pas de quelle nécessité il est pour les *souscripteurs du Corneille* de se procurer le *Racine* imprimé dans le même format, et qui lui est déjà supérieur pour l'exécution, si vous négligez de m'avertir, il pourra bien arriver que vous vous trouverez réduit à n'avoir aucun exemplaire à leur fournir.

On distribuera en même temps une petite édition des notes, que j'ai fait remanier d'après l'in-8°. Si vous en voulez quelques exemplaires, vous pourrez me transmettre vos ordres à cet égard, et je vous les ferai parvenir quelque temps avant d'être distribués à Paris.

Outre ces deux éditions, je puis vous fournir sous peu un ouvrage nouveau, entièrement imprimé, et que je ferai distribuer au commencement de juillet, intitulé : *Eléments d'Histoire Universelle*, en un volume in-12. Si vous vous décidez à en prendre un certain nombre, je vous les ferai parvenir directement ou par vos correspondants, aux conditions suivantes : Que vous me remettrez, avec l'ordre que vous m'en donnerez, votre billet ; m'engageant de ma part à vous donner pour cela, en sus de la remise ordinaire, 15 centimes pour franc du prix marchand de chaque exemplaire, si le nombre que vous en demanderez va jusqu'à la douzaine. Il arrivera de là que douze *Eléments d'Histoire*, à 1 fr. 50 cent., qui coûtent à la remise ordinaire 18 francs, ne vous reviendront qu'à 16 fr. 20 cent. Je vous accorderai le même avantage pour tous les articles contenus dans la liste suivante, si vous les prenez de même par douzaine, et que vous soldiez tout de suite en vos billets les demandes que vous en ferez.

J'ai l'honneur d'être, en attendant votre réponse, avec une parfaite considération, etc.

Autre lettre du même.

Monsieur,

J'ai l'honneur de vous donner avis que j'ai fait mettre en vente, chez M. P...., libraire, une nouvelle édition des OEuvres de JEAN RACINE, en 6 volumes in-8º, avec notes, commentaires, préfaces historiques, figure à chaque pièce, portraits de *Racine* et de *Corneille*, etc. 46 fr., reliés, dorés sur tranche, avec filets sur le plat.

Je vous offre, Monsieur, cet ouvrage, ainsi qu'une petite édition des *Commentaires*, que j'ai fait imprimer dans le même format que la petite édition des *OEuvres de Racine*, et quelques autres ouvrages, dont la liste est ci-jointe, que j'ai fait également imprimer à mes frais. Si vous êtes curieux de vous en procurer quelques exemplaires, je les remettrai pour votre compte à votre correspondant, en me faisant remettre par lui, ou m'adressant directement votre billet à six mois, pour tout délai.

Si vous avez souscrit à l'édition de *Racine*, vous aurez la bonté de renvoyer votre quittance à Paris.

J'ai l'honneur d'être, etc.

Avis sur la récolte des vins, raisins, olives et autres articles du commerce et des productions du royaume de Grenade (Espagne), par Malaga, port de mer.

Malaga, le 17 octobre 18. .

Monsieur,

Permettez que nous prenions la liberté de vous informer de la récolte de cet automne, ainsi que du prix courant de nos productions; et, en même temps, que nous nous recommandions à votre souvenir.

Les raisins secs ont été tardifs et peu abondants, parce que deux forts orages ont enlevé une partie des fruits, principalement ceux de la dernière récolte. Les grandes demandes que font les Anglais et les Américains, ont singulièrement fait augmenter cette

denrée; aussi, le prix s'en est-il élevé jusqu'à 70
réaux de Plata; on ne peut donc pas espérer que
le prix baisse au printemps prochain, époque à laquelle il restera très-peu de bonne marchandise.
Les raisins muscat valent 63 réaux de Plata la caisse.
Les raisins ronds 70 réaux de Plata.

Le sumac, — 42 à 45 ⎫ réaux de Plata les 100 liv.
Le plomb, —   à 20 ⎭

Les amandiers ont eu la fleur détruite par la gelée;
rien à espérer par conséquent de la récolte des amandes. Les vignes ont également beaucoup souffert de
la gelée; ce qui nous fait présumer que le vin sec
de Malaga, tiré trois fois (qualité très-demandée
dans nos colonies), ne se vendra pas en dessous de
85 pesos (1) la barrique; et le vin nouveau, dit
Semens, pas moins de 75 pesos la pipe.

Le vin vieux sec de Malaga a été vendu aux prix
suivants :

Année 1801 — 86 — Pesos.
»   1800 — 92 —   »
»   1799 — 98 —   »
»   1798 — 104 —   »
»   1797 — 110 —   »
»   1796 — 116 —   »
»   1795 — 123 —   » etc., et jusqu'à 400
pesos la barrique, rendue à bord. Nous croyons malgré cela que les prix augmenteront encore au lieu de
diminuer. Le vin qui est expédié sous notre pavillon
est de 6 pesos par barrique moins cher que par tout
autre pavillon; mais en revanche on paie le fret plus
cher aux navires espagnols.

La récolte des olives se fera le mois prochain : tout
annonce qu'elle sera très-abondante; nous espérons
qu'au printemps l'exportation en sera libre et les
prix médiocres. Les prix du jus de citron et des citrons confits seront fixés au printemps.

(1) Pesos ou piastres.

PRIX DES SUCRES.

De la Havane, { blanc — 58 / brun — 55 } Réaux de plata l'arrobe.

De la Vera-Cruz, { blanc — 42 / brun — 58 }

Indigo, { Guatimalo. 26 à 56 / Caraque. . 54 à 56 } Réaux de veillon par livre.

Cacao. . . . . 41 à 42 pesos la fanégue.

Nous avons reçu quelques petites parties de cuirs de Buénos-Ayres, qui se cotent de 50 à 52 réaux de plata les 17 kilos.

Nous nous recommandons à votre souvenir et vous prions de nous honorer de vos ordres.

Nous avons l'honneur de vous saluer.

MULLER FELDMANN et Cie.

Cours du change.

Hambourg, 7 ⁵/₈ réaux de veillon, pour un marc lubs bᶜᵒ.

Amsterdam, 94 den. de g. bᶜᵒ. pour un ducat.

Londres, 58 ¹/₂ den. sterlings, pour 45 réaux de veillon.

Avis et observations sur le Commerce de la ville de Trieste, ses importations et exportations.

Trieste, le 7 mars 18. .

Monsieur,

La paix devant rouvrir tous les débouchés commerciaux, nous nous empressons de vous transmettre quelques détails qui intéressent notre place et qui n'ont besoin que d'être mieux connus pour établir des relations qui peuvent devenir mutuellement avantageuses, avec toutes les autres villes commerçantes.

Le port franc de Trieste est situé sur le golfe Adriatique: toutes sortes de bâtiments y sont à l'abri;

les vaisseaux de ligne y viennent; il est franc; les
marchandises quelconques n'y paient aucun droit
d'entrée ni de sortie, ce qui le rend l'entrepôt général des productions des royaumes de Naples et de
Sicile; des îles de Corfou, Zante; de l'Istrie et de
la Dalmatie, du Levant; de la Perse et de l'Arabie
par la voie de la Syrie, de l'Egypte; et finalement de
la Hongrie et du Banat, qui produisent beaucoup
de grains, du tabac, de la cire et du suif.

L'usage le plus suivi pour les achats et ventes,
est au quintal ou à la livre, poids de Vienne, et en
florins courants, monnaie de Vienne, ainsi que notre
prix courant l'indique :

Cent livres de Trieste sont égales à cent quatorze
livres poids de marc, et à cent trente-huit livres de
Marseille. Et le quintal de cent-douze livres de
Londres rend quatre-vingt-dix livres de Trieste,
et cent trois livres poids de marc de France.

Le florin courant s'y divise en 60 creutzers : il vaut
aujourd'hui à peine 2 fr. 20 cent.; car d'après le
change actuel, on donne 27 creutzers plus ou moins
pour un franc.

La plupart des articles s'y vendent *tare nette*,
excepté les cotons, laines et poivres.

Les huiles s'y vendent à l'orne qui est égale à une
millerolle de Marseille, qui peut peser environ 104
livres de Trieste; mais on préfère les acheter au
quintal, à cause des différences qui peuvent résulter
en mesurant dans les temps froids ou dans les temps
chauds.

Les eaux-de-vie et les vins s'y vendent au baril :
100 barils correspondant à 850 veltes de Nantes.

Les blés s'y vendent au stare comptant, compté :
100 stares rendent 112 sacs de Livourne, et 70 émi-
nes de Gênes.

Les acheteurs ne paient point de courtage; par
contre, les vendeurs qui en sont chargés paient un
pour cent.

Notre commission d'achats est de deux pour cent,
contre traites en remboursement à deux ou trois

mois du moment de l'achat, suivant l'usage de la place.

Trieste change aujourd'hui avec toutes les places importantes; ainsi, l'on peut y remettre ou y indiquer des remboursements sur les plus convenables.

La plupart des expéditions par terre pour Paris, qui ont été faites pendant la guerre par Francfort-sur-le-Mein, ont resté deux mois et plus en route, ont coûté 50 centimes par livre, et quelquefois plus. Par la voie de Bâle ou de Lindau, elles reviendront à meilleur marché, et seront plus promptes d'environ un mois et demi de Trieste à Paris; il en coûte aujourd'hui 12 florins par quintal de Trieste à Bâle.

A l'avenir, nous disposerons nos relations de manière à avoir nous-mêmes des bâtiments en charge pour le Hâvre, dont les départs seront fixés et déterminés, ce que les circonstances ne nous ont pas permis jusqu'à présent. Le fret ou nolis pourra être de 6 à 7 francs du quintal au plus, pour des chargements partiels et en cueillettes; mais pour des chargements entiers, le fret sera à meilleur compte; la traversée peut être de deux mois et plus; le trajet est moins prompt que par terre, mais aussi beaucoup plus économique. Le fret pour Londres est de 6 livres sterlings par tonneau de 1000 kilo.

La prime d'assurance pourra être de 3 pour cent environ, à tout risque de mer, de Trieste au Hâvre; outre les assureurs particuliers, nous avons plusieurs chambres d'assurances autorisées par le gouvernement, et inspectées; elles sont solides et loyales; en cas de sinistre, elles remboursent de suite sur la preuve, moyennant l'escompte de 3 pour cent, en leurs traites à trois mois, sur les premiers banquiers de Vienne. Nous nous chargeons de soigner les assurances sur les ordres positifs qu'on nous en donne; comme de toutes expéditions, adresses, recommandations de navires, consignations, achats et ventes; enfin de tout ce qui peut avoir rapport au commerce maritime.

ARTICLES DE SORTIE DU PORT FRANC DE TRIESTE.

C'est-à-dire, ceux convenables d'en tirer.

Huiles d'olives, de Luques, en meilleure qualité que celles de Gênes, de Leue, de Gallipoli, de la Pouille, de Corfou; huiles de lin, de poisson.

Savons, façon de Marseille, emballés et marqués de même, Blancs marbrés.

Dito, fabrique de Trieste, meilleur marché que ceux de Marseille; bleus, blanc et marbrés.

Dito de la Canée.

Cendres de Sicile assorties, dites de Terre-Neuve.

Potasse de Hongrie et de Carinthie.

Alun, crême de Tartre du Levant et d'Istrie.

Soufre brut, dit raffiné de Trieste, en canons.

Arsenic rouge et blanc.

Sumac pulvérisé à Trieste, et mieux choisi que celui de Sicile.

Vif-argent, mercure doux et sublimé des mines de S. M. I., dont le dépôt est à Trieste.

Cuivres, plombs, aciers, n° 0 à 4; fer en verges, fil de fer, fer-blanc, pierre ponce, blanc de Céruse, minium, sel de Saturne, vert-de-gris cristalisé, tous produits de la Carinthie.

Faux de la Styrie.

Cuivre jaune dans toute sorte de travail, en lames, planches, fil de laiton.

Cires de Hongrie, Pologne, Ukraine, Moldavie.

Suif de mouton de la Dalmatie.

Vins de Chypre et d'Italie; liqueurs et marasquins de Zara.

Eau-de-vie d'Istrie, de Hongrie, d'Italie.

Fruits et raisins de Corinthe, de Zante, de Lipari, de Smyrne sans pepins.

Figues de Dalmatie.

Amandes, oranges, écorces d'oranges et de citrons.

Prunes sèches de nos environs.

Graines de laurier et de genévrier.

Jus de réglisse fabriqué à Trieste.

Cotons du Levant et de la Morée.

Laine de brebis, de la Pouille, de la Romagne, de Hongrie et du Levant.

Les tabacs en feuilles de la Hongrie, Cinq-Eglises, Delbrczin, Seghedin.

Blés du Banat, de la Hongrie, du Frioul, de l'état ci-devant Vénitien, de Trieste, de Salonique, de la Mer-Noire.

Haricots, fèves, pois, seigle et orge.

Graines de lin, chanvres.

Fils de chèvres d'Angora.

Poils de chèvres et de chameaux.

Articles d'Egypte. — Safranum, dents d'éléphant, mastic, gomme arabique, aloës, séné, café, sucre, mascaba, éponges, cassia-fistola.

Galles d'Alep, quinquina, alizary de Chypre.

Graines jaunes de Hongrie, du Levant et de Perse.

Il y aurait encore les draperies des fabriques de la Moravie, de la Bohême, et de tous les états de S.M. I. ainsi que de celles d'Allemagne, qui ont constamment de leurs marchandises en dépôt à Trieste; soit en draps comme en toiles de toutes qualités, platilles simples et doubles, cavalline, orlandine, créas et estopilles, gingham, bunte, etc.

ARTICLES D'ENTRÉE.

C'est-à-dire ceux convenables à y envoyer.

Toutes les denrées coloniales, sucre, café, cacao, etc.

Articles d'épiceries : cannelle, poivre, noix de muscades, clous de girofle, etc.

Articles de teintures : indigo de toutes sortes, dur et tendre; cochenille brune et argentée, verdet.

Bois de teinture : Fernambouc, Campêche, coupe espagnole et anglaise, Ste-Marthe, jaune, etc.

Vin de France et d'Espagne.

Laine d'Espagne.

Huile de vitriol, alun, zinc, et fer-blanc d'Angleterre.

Essences de Provence.

Stockfisch et autres poissons secs.

Fanons de baleine et huile de baleine.

Nous devons vous faire observer que d'après l'économie sur les droits d'entrée dont certaines marchandises jouissent par leur importation sur les navires nationaux, les armateurs anglais et français auraient un grand avantage d'envoyer à noliser de leurs bâtiments dans notre port franc, où ils pourraient envoyer des cargaisons en divers articles d'entrée d'une utilité décisive, principalement en denrées coloniales et articles de teinture, qui actuellement se tirent en partie de l'Angleterre; les armateurs français des ports où il y a des entrepôts pourraient aussi faire ce commerce, indépendamment de celui des autres articles de sortie de France, convenables pour Trieste et l'Italie; et ils seraient assurés de trouver toujours assez de marchandises pour les retours.

Nous sommes entièrement dévoués à vos ordres et avons l'honneur de vous saluer.

A. C. P. F. et Cie.

Lettre remettant un compte de vente, avec la formule.

Lille, le 26 mai 18..

Monsieur J. B..., à St.-Pierre (Martinique),

La barrique et les 12 tierçons de sucre brut, que par votre lettre du 22 janvier dernier vous m'annonciez avoir chargés sur le brick la Nymphe, capitaine le Danois, à l'adresse de MM. V. M. et F., à Dunkerque, me sont parvenus au commencement de ce mois.

Suivant vos ordres, je me suis empressé d'en opérer la vente, et je vous annonce avec plaisir y avoir réussi au prix de 72 fr. 50 c. les 50 kil., au comptant sous l'escompte de 3 pour cent. Vous en trouverez ci-bas le compte de vente dont le produit net s'élève à Francs 2242,63 centimes, que je porte à votre crédit. Comme vous me l'avez indiqué, j'appliquerai le montant de cette vente à payer votre obligation à mon domicile, de fr. 2200, échéant le 27 de ce mois. Je vous redevrai donc une bagatelle de fr. 42,63, que je tiendrai à votre disposition. Donnez-moi le prix des cafés fins verts, et dites-moi quel espoir on a de la récolte. Si je vois quelqu'avantage, je vous transmettrai une demande pour mon compte.

La présente a été écrite par duplicata. Une copie a été envoyée par le Hàvre, et l'original par Dunkerque.

Agréez, je vous prie, l'assurance de mon entier dévouement.

J. V. S.

COMPTE DE VENTE ET NET PRODUIT, *à une barrique et treize tierçons Sucre brut, vendus pour le compte de M. J. B., de St.-Pierre, île Martinique, payables comptant, moyennant trois pour cent d'escompte.*

SAVOIR :

J. B.	Nº 1	x	552 kilogrammes.		
			72 Tare 15 p. %.		
			Net 480 kilogrammes.		
	2	»	252		
	3	»	307		
	4	»	275		
	5	»	248		
	6	»	258		
	7	»	289		
	8	»	240		
	9	»	273		
	10	»	267		
	11	»,	275		
	12	»	309		
	13	»	247		
			3240		
	Tare 15 p.%.		486		
			2754 »		
	Net	3234 à 72 f. 50 c. les 50 k.	4689	30
	Escompte 3 p. %. . .	140	67
		fr.	4548	73

FRAIS A LILLE.

Fret de Dunkerque à Lille, à 5 fr. 50 c., timbres, plombage, déclaration, etc. . .	23	50
Débarquement et charroi, à 2 f. 50 c. les 100 kil.	10	»
fr.	33	50

Transport de ci-contre.	55	50	4548	73
Mise en magasin, sortie et pesée.	6	»		
Magasinage.	5	»		
Courtage à ¼ p. %. . . .	11	72		
Commission à 2 p. %. . .	93	78		
fr.			150	»
			4698	73

FRAIS ET DÉBOURS A DUNKERQUE

Fret suivant connaissement, sur 3746 kilogrammes, à 125 fr.	468	25
Avaries et chapeau à 10 p. %.	46	83
Barraque.		67
fr.	515	75
Permis de débarquement. . .	»	55
Veillage sur le quai et loyer de voiture.	2	25
Double pesage et mise en beland.	13	50
Clous et cercles.	3	»
Réception et soins du tonnelier.	4	»

DROITS DE DOUANE.

Brut 3745 k. (15 p. % de tare à déduire) net 3184 kil. à 45 fr. .	1432	85
Décime.	143	29
Permis et acquit. . .	»	95
Au receveur ¼ p. %.	7	88
Timbres de l'obtention.	1	40

			1586	37
Ports de lettres et menus frais.			2	58
Commission.			28	»
			2156	»
Net produit.			2542	73

Sauf erreurs ou omissions, à Lille,
le 25 mai 18..

J. V. S.

Annonce d'un envoi de Marchandises.

Paris , ce 29 avril.

M...,

Vous trouverez ci-inclus facture des deux B/ de sucre que j'ai achetées par votre O/, et que j'ai fait charger aujourd'hui sur les voitures de Roland , de votre ville. Je me flatte que la qualité et la modération du prix ne vous laisseront rien à désirer.

D'après vos intentions, j'ai tiré sur vous, o/ Volmar, de ce jour au 15 mai, pour le montant de l'envoi.

Si vous voulez m'honorer de nouveaux ordres , comptez sur mon zèle et mon exactitude.

J'ai l'honneur, etc.

Lettre pour signaler une erreur sur un compte courant.

Lyon, ce 5 mai 18...

Monsieur ,

J'ai joint dans la dernière lettre que je vous ai adressée, l'extrait de mon compte courant dont le solde montait en votre faveur à fr. 572,50 , y comprenant même votre dernier envoi de 458 fr.

Le 2 courant, vous avez fait traite sur moi pour la somme de 950 francs , et j'ai fait honneur à votre lettre de change ; mais vous me devez 377 fr. 50 que j'ai payés de plus qu'il ne le fallait. Ayez la complaisance de vérifier mon compte , et vous verrez que l'erreur est de votre côté. Depuis que j'ai acquitté votre traite , j'ai fait toutes les vérifications convenables, et mes écritures sont très-exactes. Vous voudrez donc bien m'envoyer une remise en une traite sur M. Duval, pour la somme de 377 fr. 50 , ce qui balancera notre compte.

J'espère ne pas être long-temps sans vous envoyer la petite commande que vous m'avez faite ; mais les ouvriers sont si pressés qu'on ne peut rien obtenir d'eux. Veuillez compter sur mon exactitude accoutumée.

Je n'ai pas pu trouver le livre que vous me demandez, il paraît qu'il est très-rare; j'ai chargé un libraire de notre ville de me le procurer. Je vous le ferai parvenir aussitôt que je l'aurai reçu.

Annonce d'un envoi de Marchandises.

J'ai reçu votre lettre du 25 passé, avec les deux acquits-à-caution des deux caisses J. S. H. nos 54, 55. Je vous ai adressé par les Messageries Royales deux caisses marquées J. S. H. nos 56, 57, emballées et plombées, pour faire suivre sans délai, par la poste, à MM. les frères Bethman à Francfort-sur-le-Mein. J'ai formé deux caisses comme vous me l'avez recommandé afin que le transport en soit plus facile. Je compte sur votre exactitude. Ces deux caisses étant destinées pour une foire, la perte d'un jour pourrait être préjudiciable. J'attends la lettre d'avis avec les acquits.

Autre sur le même sujet.

Je viens de vous expédier par la diligence de Metz et Francfort-sur-le-Mein, à l'adresse de M. Bethman et Cie, avec ordre d'exécuter vos intentions, deux caisses J. S. H. nos 56 et 57. Je joins ici la facture montant à fr. 4,644 dont je vous prie de me créditer. J'ai été obligé de faire deux caisses, vu que les directeurs des diligences ne veulent pas se charger de gros colis, parce qu'ils tiennent trop de place dans la voiture. Comme le temps est mauvais, j'ai fait mettre les caisses à double emballage. La marchandise est superbe, de bonne qualité et bien blanche, j'espère que vous en serez satisfait. Vous ne sauriez croire combien nous avons mis d'activité pour faire cette expédition qui partira demain. Quant à votre seconde commission, je vous l'expédierai vers la fin de la semaine prochaine, vous pouvez y compter. Il serait donc convenable que vous donnassiez vos ordres à M. Bethman, pour en accélérer la prompte expédition.

Annonce de réception d'une remise et d'une expédition prochaine de Marchandises.

Paris, le. . . . .

Monsieur A.

J'ai reçu votre lettre en date du 24 passé, ainsi que la remise de 2600 fr. que j'ai envoyée à l'acceptation, et je vous en ai crédité pour cette somme. J'ai acheté les 30 pièces de tulle que vous m'avez fait demander par votre ami. Il a dîné hier chez moi, et comme il doit repartir demain pour votre ville, je lui remettrai le carton qui les contient dont il veut bien se charger.

J'ai commandé les éventails ainsi que vous me l'avez ordonné; mais je crains, si je ne vous envoie que les échantillons d'avance, comme vous le demandez, que la saison ne soit trop avancée lorsque vous recevrez le tout. Je pense qu'il conviendrait mieux que vous me fissiez votre commande tout de suite, en désignant le nombre de douzaines et le prix de chaque sorte; alors je choisirai les modèles que je croirai les plus avantageux d'après les prix que vous m'aurez fixés, et je vous les expédierai très-promptement. Si vous agréez cette proposition, vous recevrez votre commande au milieu du mois de mai, et par conséquent vous ne manquerez pas la vente.

Veuillez, Monsieur, me faire promptement réponse et recevoir l'assurance de..

Envoi de Marchandises.

Je viens de recevoir votre lettre en date du 18 courant, par laquelle vous me faites une commande de 200 mètres de tulle. Le prix que vous m'indiquez est trop bas pour que je puisse vous fournir de belles marchandises, et je ne suis pas dans l'usage d'en envoyer de mauvaise qualité. Quand la marchandise est belle et bien blanche, elle a toujours la préférence. Mes correspondants n'en veulent pas d'autres. Je vous en envoie plusieurs cartons dont je suis persuadé que vous serez satisfait. J'en ai mis de deux qualités différentes, afin que vous puissiez dorénavant demander celle que vous préférerez.

J'ai reçu votre remise de 1140 fr. dont je vous ai crédité.

Recevez l'assurance, etc.

Conditions proposées pour envoi de Marchandises.

Je viens de recevoir votre lettre par laquelle vous me demandez une petite caisse de bijouterie au terme ordinaire. Je désire faire des affaires avec vous, mais je dois vous déclarer que je n'expédie aucune commission à moins que je n'en aie reçu le montant en une lettre de change sur Paris. MM. R.. et B.. de votre ville vous diront que telle est ma manière de travailler. Si cette condition vous convient, je vous servirai aux prix de fabrique les plus modérés, me contentant d'une commission de 3 p. %.

Je désire, Monsieur, que vous souscriviez à cette condition, et suis en attendant que vous vouliez m'adresser vos commandes,

Votre très, etc.

Lettre en réponse à une Commande.

J'ai reçu votre lettre du 12 courant. On m'a remis de votre part une batterie de fusil pour en faire confectionner une exactement pareille avec la sous-garde. On m'a fait observer que vous désiriez qu'on mît la plaque tout unie à côté du bassinet. En conséquence, je l'ai remise à un arquebusier adroit et très-intelligent. Il aura l'attention d'en garder un modèle chez lui, de sorte que si par la suite vous en désiriez de pareilles, vous ne seriez pas obligé de faire revenir celle que vous avez. La sous-garde est faite et très-bien exécutée conformément à votre dessin; le prix est de 36 fr.

Notre ami T. est en voyage pour le présent : à son retour je lui communiquerai votre lettre, et il me soldera le tout ensemble.

Refus de livrer des Marchandises à un prix trop bas.

Je vous ai marqué dans ma dernière lettre qu'il ne m'est pas possible de vous envoyer de belles marchandises au prix que vous m'indiquez. Cependant, je reçois de vous une nouvelle demande à des prix si bas que je ne saurais vous satisfaire. La soie est augmentée, et les fabricants de gaze gagnent si peu sur les objets qu'ils fabriquent que plusieurs renvoient leurs ouvriers pour ne pas travailler à perte. S'il y a des marchands à la foire qui donnent de belles marchandises aussi bon marché que vous le dites, je vous conseille de leur en acheter. Quant à moi je préfère rester tranquille.

Personne dans Paris ne peut acheter à meilleur marché et en plus belle qualité que moi, et je ne reçois pas avec plaisir les plaintes que vous me faites. S'il se trouve d'autres marchands qui donnent à meilleur marché, c'est qu'il perdent dessus. Il y avait un homme à Paris il y a trois mois qui a acheté pour 60,000 fr. de gaze et qui a décampé sans payer; celui-là pourra bien vous en livrer à meilleur compte que moi. Je vous fais le terme de trois mois, ce que je ne fais pour personne, car tout le monde m'envoie une remise avec la commission. Tous mes correspondants sont satisfaits, vous êtes le seul que je ne puis contenter. Comme vous avez déjà fait des affaires avec d'autres maisons, si vous y avez trouvé votre compte, pourquoi ne pas continuer avec elles. Toutes les marchandises que je vous ai expédiées, je vous les ai comptées au prix du fabricant et j'ai eu le soin de faire un bon choix. Si vous voulez vous en rapporter à moi, faites-moi prompte réponse, et je ferai de mon mieux pour vous satisfaire

Je suis, Monsieur, etc.

*Lettre d'avis pour plusieurs traites et annonce d'un
envoi d'or.*

Bordeaux, ce. . .

M. Mabille, à Paris.

Monsieur, vous nous devez réponse à plusieurs
lettres ; la dernière est du 15 passé. Il nous serait
agréable de recevoir plus exactement de vos nouvelles,
surtout lorsque nous vous faisons passer des envois
d'or, ou lorsque nous vous adressons des mandats. Il
nous tarde aussi de connoître le résultat des recher-
ches que vous avez dû faire pour trouver de quel côté
est l'erreur que nous avons signalée par notre lettre
du 10 août.

Nous avons tiré sur vous comme suit :

1,040	o/ Petit,	au 10 septembre	
2,100	o/ Cuisier,	au	*id.*
220	o/ Duval	au 15	*id.*
158	o/ Déricourt,	au 16	*id.*

3,518 ensemble, que nous recommandons à
votre bon accueil.

Nous vous avons crédité de 47 fr. 50 cent. pour la
pièce d'or que vous nous avez renvoyée par Bapau.

Nous vous adressons aujourd'hui un petit groupe
d'or de 5,540 fr. dont vous voudrez bien nous créditer.

Nous vous saluons cordialement.

Pour un Envoi de Marchandises.

Paris, ce. . .

Monsieur,

Vous me marquez dans votre lettre du 7 courant,
que MM. Charles de St.-Pétersbourg vous ont prévenu
que je dois vous adresser un envoi pour eux et qu'ils
vous chargent d'y joindre différents objets que vous
avez à leur envoyer. Je compte faire mon envoi d'ici

à quinze jours ; mais comme les caisses seront plombées à la douane, vous ne pourrez pas les ouvrir pour y placer ce que vous avez à leur envoyer. Il sera donc nécessaire que vous fassiez une caisse à part pour vos marchandises que je vous engage à lui expédier le plus promptement possible.

Lettre annonçant la Cession d'un Etablissement.

Paris, ce. . .

M...,

J'ai reçu votre lettre du 24 passé, dans laquelle vous m'accusez réception de mon billet à votre ordre, de 412 fr. pour solde. J'ai remis à MM. Baren, sur leur reçu, la pièce de taffetas que vous m'avez donné ordre de leur livrer, et j'en ai débité votre compte.

J'ai l'honneur de vous prévenir que je cède mon fonds de commerce de soieries à M. Thibaut, jeune homme actif et intelligent, et qui est employé chez moi depuis près de deux ans. Pour qu'il ne manque pas la vente, je l'ai engagé à vous demander par avance l'assortiment de taffetas dont il vous remet ci-joint la note dans la lettre qu'il vous écrit. Je vous prie de vouloir bien apporter tous vos soins dans le choix des marchandises que vous lui expédierez, d'après les demandes qu'il vous fera. Ma maison est connue pour la beauté et la bonne qualité des étoffes, et s'il veut mériter la confiance que le public m'a constamment accordée, il doit marcher d'après les mêmes principes. Je suis persuadé que n'aurez qu'à vous louer du choix que j'ai fait de mon successeur. Son épouse est à la maison depuis trois mois pour se faire connaître du public, et y acquérir toutes les connaissances nécessaires à cet établissement. Les deux demoiselles qui sont à la maison depuis cinq ans pour la vente, restent avec M. et Mme Thibaut, qui leur ont même donné un petit intérêt dans la maison pour se les attacher.

Envoi de Marchandises.

Je vous donne avis que je viens de vous adresser, par la diligence de Metz, deux caisses J. S. H., Nos 56 et 57, pour faire suivre aux ordres de Mr J. S. B. et Cie d'Hambourg.

Veuillez, je vous prie, mettre toute votre activité pour leur prompte expédition. C'est pour la foire du pays, et vous savez quel dommage peut causer un jour de retard.

Recevez, etc.

Remise d'un Compte courant.

Je viens de recevoir, pour votre compte, de M. Hochenber, une remise de 3,500 fr., dont je vous ai crédité.

Je vous remets ci-joint l'extrait de votre compte, dont le solde en ma faveur monte à 2,154 fr.

Veuillez, je vous prie, le vérifier et m'en accuser l'exactitude. Je vous ai mis $2 \frac{1}{2}$ p. % pour le retard de votre remise de 11,044, ce qui fait 271 fr. Vous ne voudriez pas que je fusse en perte. Je suis convaincu que vous ne trouverez rien que de juste dans ma manière de procéder. Veuillez, je vous prie, m'envoyer votre commission de bonne heure, afin que je puisse profiter de mes moments de loisir pour faire exécuter les objets que vous désirez.

J'ai fait remettre à M. Herbet les articles que vous m'avez chargé de faire exécuter. Je vous envoie ci-joint la facture montant à 275 fr., dont je vous prie de me créditer.

Recevez, M..., l'assurance, etc.

Envoi de Marchandises.

J'ai reçu votre lettre du 8 courant avec votre remise de 2,050 fr., dont je vous ai crédité. J'ai pris note de votre commande de tulle et je l'ai fait exé—

cuter selon vos désirs. Je vous ai expédié par le roulage une caisse marquée **B. M.**, n° 4, j'ai donné ordre qu'on la fît suivre à votre destination. Vous en avez ci-joint la facture montant à 1,032 fr., dont je vous prie de me créditer. Je suis certain que vous trouverez les Mdises de la plus belle qualité, bien qu'à un prix modéré. J'y joins un paquet d'échantillons depuis N° 1 jusqu'au N° 18, et au prix de 9 fr. Cet article vient de diminuer depuis quelques jours. Si vous en demandez, il sera inutile de me renvoyer les échantillons, il suffira de m'indiquer les numéros.

Veuillez, Monsieur, recevoir, etc.

Avis d'Expédition d'une Commande.

A. . ., le 26. . .

J'ai été très-flatté de votre lettre du 15 courant; jaloux de vous prouver mon exactitude, je vous adresse les articles ci-après, contenus dans une caisse marquée **M.P.H.**, et confiée aux soins du voiturier V... Cette caisse devra vous parvenir en vingt-deux jours; elle contient :

> 2 balles safran,
> 6 — poivre blanc,
> 4 barriques café Saint-Domingue.

Vous trouverez ci-joint la facture montant à.....; pour me couvrir de cette somme, et suivant votre avis, j'ai disposé sur vous, à mon ordre, à 90 jours.

Dans l'espoir que cette première affaire en amenera beaucoup d'autres, je vous prie de me croire

Votre tout dévoué.

Annonce de l'arrivée prochaine d'un Commis-Voyageur.

Paris, ce   18. .

M...,

J'ai l'honneur de vous prévenir que M. Dabon, mon voyageur, sera sous peu dans votre ville, et aura l'avantage de vous voir; indépendamment des échantillons de ma fabrique, qui consistent en couverts plaqués, il est aussi porteur d'un nouvel assortiment d'échantillons des fabriques de Paris ; la modération de ses prix et l'exactitude que j'ai mise et mettrai toujours à vous servir, me font espérer que vous voudrez bien lui réserver vos commissions.

Je suis, avec considération, votre très-humble et très-obéissant serviteur,

DUPRÉ,

Rue Saint-Honoré.

Annonce de l'arrêté d'un Compte d'intérêts.

Dijon, ce 30 juillet 18, .

Monsieur Trobazo, à Paris.

Nous profitons de l'occasion que nous offre un de nos amis qui va dans votre ville, pour vous remettre l'extrait de votre compte courant, réglé chez nous au 31 de ce mois, par un solde en notre faveur de 4,520 fr., dont il vous plaira nous créditer à nouveau, si vous n'y trouvez pas d'erreur, ce dont nous vous prions de nous instruire par le premier courrier.

Vous remarquerez que nous n'avons pas compté d'intérêts sur les deux sommes de 1,290 et 4,980, que notre sieur Duval vous a remises, ainsi que sur les deux mêmes sommes que vous lui avez également remises, et qui ne figurent sur votre compte que pour la régularité.

Agréez nos salutations respectueuses.

Lettre de Reproches.

Paris, ce. . . . .

Monsieur B., à Rouen.

J'ai reçu votre lettre du 10 courant, dans laquelle vous me dites que vous n'avez pas de navire en charge pour Saint-Pétersbourg dans votre port. Cependant, j'ai lu trois lettres de Rouen qui annoncent qu'il y a un bâtiment hambourgeois qui doit partir du 15 au 20 pour cette ville. Je suis surpris que vous ne soyez pas mieux informé. Peut-être attendez-vous l'arrivée d'un de vos navires que vous proposez de mettre en charge pour cette destination ; mais je dois vous déclarer que je ne puis pas attendre. Mes correspondants désirent recevoir très-promptement leurs pacotilles. M. Bernard, de votre ville, a fait annoncer qu'un navire hambourgeois est prêt à partir pour Saint-Pétersbourg ; il y a un mois passé qu'il est en charge. Veuillez, je vous prie m'éclaircir ce mystère. Nous vous avons écrit il y a 8 à 10 jours à ce sujet, vous ne nous avez pas répondu. Peut-être étiez-vous au Hâvre ; mais au moins votre commis aurait dû nous en instruire. Veuillez, je vous prie, me faire réponse sur-le-champ, afin que je sache si je puis compter sur vous pour mon expédition.

Je vous salue, etc.

Demande d'un Solde de Compte.

Voilà deux lettres que je vous adresse, et dont j'attends toujours la réponse. Je viens de payer la pension de M. *** Je vous remets ci-joint son compte sur lequel il me redoit 222,50, plus 40 fr. pour abonnement à deux journaux, total 262,50 que j'ai payés pour vous.

Veuillez dire à sa famille de me faire passer des fonds. Le jeune homme me tourmente pour avoir de l'argent, je lui en refuse, et peut-être en emprunte-t-il à ses camarades. Je lui connais déjà quelques dettes montant ensemble à 88 fr. ; en a-t-il d'autres, c'est ce que je ne puis assurer, mais je crains bien qu'il n'en ait contracté à mon insu. Faites en sorte, je vous en prie, de me faire rentrer mes avances, et mandez-moi comment je dois me conduire avec lui par la suite.

Je viens de vous adresser par les voitures de B.,

un caisson marqué et numéroté J. C. P. — 84, pour faire parvenir à M. Dosros de Madrid. Ce caisson contient 6 fioles d'eau de la reine de Hongrie.

Je vous prie de me renvoyer les acquits-à-caution par le premier courrier, avec une remise pour solder le compte de votre jeune homme.

Votre dévoué serviteur.

Réception de Marchandises et Plaintes au sujet d'un jeune homme qu'on a obligé.

Monsieur,

. J'ai reçu votre lettre en date du 4 courant : vous m'y donnez avis que vous avez fait traite sur moi, ordre Benoît Huguier. Je la paierai à l'échéance.

J'ai reçu de votre ami, M. Derval, six douzaines de de rasoirs, dont deux douzaines en écaille et quatre douzaines en baleine. Quand le reste sera arrivé, je vous créditerai de la totalité. Ce que j'ai reçu est arrivé en bon état. Je regrette de n'avoir pu voir votre ami, je l'aurais reçu convenablement, mais il est arrivé au moment où j'étais hors de chez moi, et il est reparti comme un éclair.

J'ai reçu la visite de votre jeune homme ; il ne s'est pas contenté de la note bien détaillée que je vous avais envoyée ; il m'a demandé à vérifier les quittances des sommes que j'avais payées pour lui. Il ne m'a pas été difficile de lui prouver que je ne demandais que ce que j'avais avancé. Vous sentez, Monsieur, combien j'ai dû être mortifié d'une pareille défiance ; après les services que je lui ai rendus, je ne devais pas m'attendre à un semblable remercîment. Ce que j'ai fait, c'est à votre considération, mais je ne puis continuer de payer pour un homme qui a pu suspecter ma bonne foi. Ayez la bonté de prier sa famille de vouloir bien me faire les remises des avances que j'ai faites pour lui, et dont le montant est 212 fr., d'après le compte que je vous ai envoyé dans ma dernière lettre. Si ses parents exigent les quittances, je vous les

enverrai aussitôt. Je vous prie de charger une autre
personne de payer ce dont il aura besoin, je ne veux
plus continuer d'obliger un ingrat. Je me ferai toujours un vrai plaisir d'être utile aux personnes que
vous me recommanderez, mais quand elles s'écarte-
ront des bornes de la bienséance et de la délicatesse,
vous ne trouverez pas mauvais que je vous en in-
struise.

> *Je suis, Monsieur, avec la plus parfaite*
> *considération, etc.*

Réception d'une Remise et Reproches.

Paris, ce 14 février.

Monsieur Basse,

Je viens de recevoir votre lettre en date du 12 courant, avec une remise à deux mois sur MM. Abraham
frères, de 3,545 florins. Je la négocierai au change
le plus avantageux et vous créditerai du net produit.
Vous me renouvelez votre demande relativement aux
deux commandes que vous m'avez faites par vos
lettres des 28 décembre et 14 janvier. Je m'en chargerais avec plaisir, mais vous savez que je vous ai
accordé le terme de trois mois, et vous m'envoyez
une remise pour acquit de ma facture au bout de cinq
mois. Je me trouve en perte par le retard. Je paie à
Paris argent comptant, et quand je donne ma parole
je n'y manque jamais. Si votre intention est de traiter avec moi, veuillez prendre de nouveau l'engagement de me faire remise exactement au bout de trois
mois d'expédition, et envoyez-moi une nouvelle note
des objets que vous m'avez demandés.

Vous me demandez des gazes dans les plus nouveaux goût; si je vous en envoyais de toutes les espèces, il y en a que vous ne pourriez pas vendre dans
votre ville. Marquez-moi les prix que vous désirez y
mettre, et rapportez-vous en à moi pour le choix.

Je vous renvoie votre première lettre de change
de 548 florins, que vous avez oublié de signer, ayez

la bonté de me la faire parvenir avec la note des objets que vous me commanderez, et votre promesse de me faire remise à trois mois.

Je suis, etc.

Demande de Marchandises.

J'ai reçu votre lettre datée du 16 courant, avec facture de deux pièces de taffetas noir montant à 196 fr. Je vous en ai crédité. J'ai fait remettre à M. Bazon, de notre ville, la pièce de satin que vous aviez mise dans notre caisse, il doit vous en accuser réception.

Je vous prie de m'envoyer par la diligence,

1/2 pièce taffetas noir à 5 fr. 50 c.
1/2 *id.*   *id.*   à 6   50
1/2 *id.*   *id.*   à 7   80

Faites en sorte qu'elles soient de bonne qualité et sans défaut, et recommandez au ployeur d'y mettre la mesure.

Réponse à une Réclamation.

J'ai reçu votre lettre en date du 14 courant, dans laquelle vous m'accusez réception de mon billet de 250 fr. pour solde.

Vous y réclamez une diminution de 50 c. par mètre sur la pièce n° 32, portant 27 mètres 15 centim. Ce n'est pas par erreur si je vous compte 15 centim. de moins sur cette pièce et 30 centim. sur le n° 11; c'est qu'ils se sont trouvés en moins. J'en ai fait la vérification moi-même. Quant aux 12 fr. 25 c. sur le n° 25, je vous en tiendrai compte, puisque vous l'exigez; cependant, je suis bien sûr de ne l'avoir payé à madame B... qu'à raison de 7 fr. 50 c. Je vous envoie ci-joint mon billet de 245 fr. pour solde.

Quant aux articles que vous me demandez, je fais toute diligence pour les accélérer, je compte vous les envoyer sous huitaine.

Recevez, M..., etc.

Lettre pour accuser réception d'un solde de compte.

Marseille, 15 avril 18..

A Messieurs Bastien et Cie., à Lyon.

Messieurs,

Je vous accuse réception du compte que vous nous avez envoyé, balancé fin mars dernier, et soldant en notre faveur par 15379 fr. 85 c. L'ayant reconnu exact, j'en ai passé écriture de conformité. Si vous pouvez en obtenir le Vienne à fl. 2, 42, à la réception de la présente, vous nous obligerez de convertir cette somme de 15379 fr. 85 c. en fl. à deux usances, que vous adresseriez à MM. Tournachon frères, banquiers à Vienne.

Dans l'espoir de votre réponse et de nouvelles affaires, nous avons l'honneur de vous offrir nos cordiales salutations.

HAZROG et Cie.

––––––––––––

Lettre pour le paiement d'une dette arriérée.

Monsieur,

Je vous remets ci-joint le relevé de notre compte de l'année dernière, soldant en ma faveur par 5,789 fr. 55 cent.; les affaires que je fais en ce moment exigent des fonds extraordinaires, ce qui me force à presser mes rentrées. Aussi, je compte assez sur votre exactitude pour attendre le solde de ce semestre avec le retour du courrier.

Je vous en fais à l'avance tous mes remercîments.

––––––––––––

Réponse.

Votre lettre du 12 courant me surprend étrangement, puisque j'ai entre les mains une quittance de la somme que vous me réclamez aujourd'hui.

Un de mes commis, à son passage dans votre ville, a été chargé de solder ce compte, la lettre qu'il m'écrivit à cette occasion m'apprenait que vous étiez absent à cette époque et que votre caissier avait reçu l'argent et en avait donné quittance ; peut-être a-t-il oublié de créditer mon compte ; dans tous les cas, ma quittance est datée du 21 mars 1839, il vous sera facile avec cette date de trouver l'emploi de cette somme.

Vous savez, d'ailleurs, avec quelle exactitude j'ai toujours payé mes dettes, et c'est la première fois que je reçois une semblable réclamation.

J'ai l'honneur de vous saluer.

Plaintes au sujet de mauvaises Marchandises.

A Monsieur Larton , à Nantes.

J'ai reçu le 14 de ce mois les marchandises que vous m'avez expédiées par le capitaine Bride.

Je regrette que vous ne m'ayez pas servi cette fois comme par le passé ; les marchandises sont de qualités inférieures et mélangées.

Je vous demandais des articles première qualité , c'est presque du rebut que vous m'avez envoyé ; le prix seul en est élevé.

La superficie du paquet est assez bien, l'intérieur est abominable ; je souffre pour vous d'être forcé de vous adresser de semblables reproches, j'aime à penser que vous n'avez pas présidé à cet envoi, et qu'une négligence blâmable est la seule cause de ma plainte.

Avant de vous juger, j'attends un nouvel envoi.

Votre bien dévoué.

Réponse.

Je conviens, Monsieur, que j'ai à me reprocher un peu de négligence relativement à l'envoi dont vous

vous plaignez : la multiplicité de mes affaires serait pour moi une excuse que vous ne pourrez admettre, je le sais.

Je m'en étais rapporté à mon expéditeur, c'est un tort dont je vois maintenant toutes les conséquences. Comme je ne veux pas que vous soyez victime de ma trop grande confiance et que ce que je pourrais vous diminuer ne serait peut-être pas en proportion de ce que vous perdriez sur cet envoi, je vous expédie les mêmes marchandises, bonne qualité, et vous prie de vendre pour mon compte celles dont vous vous plaignez.

J'espère que cette malheureuse affaire ne me privera pas de vos demandes, j'en serais d'autant plus fâché que je désire vous faire oublier ce désagrément par le zèle et le soin que je me propose de mettre à exécuter vos ordres.

Recevez l'assurance de mon entier dévouement,

LARTON.

Avis d'une Faillite à un Correspondant.

5 mai 18. .

Monsieur B. F., à Bâle.

C'est avec peine que je vous annonce le dérangement des affaires de MM. H. frères : ils ont déposé leur bilan le 2 de ce mois, je m'y trouve pour une somme très-considérable; je crains bien que vous n'y soyez aussi, c'est pourquoi je me hâte de vous en donner avis; dans ce cas, vous pourrez compter sur moi pour vous tenir au courant de toute cette affaire.

Je suis, etc., B.

Réponse.

Bâle. . . . .

Monsieur,

Je vous remercie de la promptitude que vous avez

mise à m'avertir de l'état des affaires de MM. H. frères. Bien que je susse qu'ils avaient laissé protester un billet, je n'en ai pas moins expédié une pièce de drap d'Angleterre qui aura dû leur parvenir après le dépôt du bilan; je crois même que je serais en droit d'en exiger la restitution; à cet effet, je vous envoie une procuration approuvant à l'avance tout ce que vous aurez fait.

Cependant, plutôt que de nous embarquer dans un procès dont l'issue est toujours douteuse, je préférerais un accommodement; je m'en rapporte en tout à votre avis, et vous laisse le maître de gouverner cette affaire comme vous l'entendrez.

Je vous fais à l'avance tous mes remercîments.

B. F.

_____

Lettre pour démentir le bruit d'une Faillite.

Vous avez sans doute entendu parler de la prétendue faillite de MM. H. frères : on n'aura pas manqué de vous représenter cette affaire comme une banqueroute frauduleuse, dont les marchandises et créances liquides auraient été soustraites aux créanciers; j'ai le plaisir de vous annoncer qu'il n'est rien de tout cela.

Je m'occupe en ce moment de la liquidation de cette maison, et je puis donner la certitude que ces messieurs paieront tout jusqu'au dernier centime.

Je continuerai les affaires, et la maison sera désormais sous la raison de commerce *Labbé et Cie.*; c'est dans cette circonstance que je vous offre nos services, et vous réponds à l'avance de faire tout ce qui dépendra de nous pour vous les rendre agréables.

LABBÉ et Cie.

_____

Lettre d'un Parent pour lui demander un Service.

Mon cher Oncle ,

L'appui généreux que j'ai toujours trouvé en vous

me fait espérer que cette fois encore je ne vous adresserai pas en vain ma prière.

Si je n'ai d'ici à 15 jours une somme de 25,000 f., je me vois forcé de suspendre mes paiements : me laisserez-vous dans cette cruelle position? L'inspection de mes livres vous prouvera que je suis en mesure pour vous rendre cette somme dans une année par quatre paiements de 3 en 3 mois. Vous voyez que ce prêt ne sera pas très-long, et vous aurez encore rendu un service à votre respectueux neveu, qui en conservera une éternelle reconnaissance.

Lettre pour dire que l'on est hors d'état de payer.

Le 7 novembre. . . .

Monsieur V., à R...

Mon Ami,

Vous avez connu tous les malheurs qui m'ont accablé depuis dix ans, je vous ai vu souvent m'encourager à me raidir contre des circonstances trop sévères; votre approbation n'a pas peu contribué à soutenir mon courage que tant de revers devaient abattre, en me raidissant ainsi contre le malheur même, j'espérais mieux, je l'avoue, de l'avenir; la banqueroute si étrangement frauduleuse des frères N. met le comble à tous mes maux; cependant, après avoir bien vu ma position, j'eusse encore pu payer intégralement si le vaisseau que j'attendais de St.-Pétersbourg fût arrivé; mais depuis six semaines que l'époque où je l'attendais est arrivée, je n'en puis douter, il est englouti!... et avec lui jusqu'à mes dernières espérances.

Mes facultés sont épuisées, j'ai fait pour me soutenir tout ce qui était humainement possible, tout ce que la probité la plus scrupuleuse et la prudence ont pu me suggérer; j'eusse résisté, si cela eût été possible, en présence de tant de malheurs.

Je me soutiendrai encore jusqu'au 15 : si à cette époque je ne reçois pas de nouvelles de mon vais-

seau, mon malheur sera certain et j'abandonnerai
à mes créanciers mon avoir tout entier, ils auront
50 p. %......

Mon ami, les termes me manquent pour vous exprimer combien mon sort est affreux; les personnes
qui connaissent mon zèle et ma sévère exactitude à
remplir mes engagements, sauront apprécier les revers qui m'accablent; ce qui augmente ma douleur,
c'est que vous, et mes amis, deviez aussi en souffrir.

Je dois des sommes considérables à la maison Z.
de votre ville; prêtez-moi votre appui auprès d'eux;
sollicitez leur indulgence en ma faveur, je sens toute
l'étendue de ce service; mais je connais vos sentiments nobles et généreux, non, vous n'enleverez pas
à un malheureux, que la fatalité poursuit, la dernière
ressource qui lui reste; vous ne le livrerez pas au
désespoir, perdu, déshonoré, à l'âge de 55 ans.

Adieu, mon ami, j'attends votre réponse avec espoir, vous ne le rendrez pas vain, n'est-ce pas?

N.

Réponse.

Mon cher et malheureux Ami,

Je me hâte de vous assurer qu'en comptant sur moi,
vous n'avez fait que me rendre justice.

Je m'applaudis en ce moment qu'en créant vous-
même ma fortune, vous m'ayez mis à même de perdre quelques milliers de francs.

J'ai vu MM. Z., ils partagent mes sentiments, et
s'il le faut, nous nous associerons pour demander un
arrangement aux autres créanciers, arrangement
que nous serons les premiers à signer. Nous savons
tout ce que le commerce a de chances, il ne nous
sera pas difficile de leur prouver les pertes qui vous
ont réduit à cette extrémité; vos livres et votre réputation seront pour nous de puissants auxiliaires.
Espérons que nous n'en viendrons pas à une fâcheuse extrémité; mais cependant, comptez sur nous,

et croyez qu'un commerçant malheureux ne sera pas confondu avec ces êtres vils qui jettent en paiement, à leurs créanciers, leur honneur qu'ils ne prennent même pas la peine de défendre.

Votre ami dévoué.

Remercîment au principal Créancier qui a accepté l'accommodement.

Comment pourrais-je reconnaître la bonté avec laquelle vous avez accueilli ma demande : le malheur a donc aussi ses moments de bonheur; au sein de l'infortune j'ai trouvé un ami, j'en eusse peut-être douté dans l'aisance; il n'eût pas été éprouvé dans l'adversité. Jamais je n'oublierai votre générosité, vous avez bien voulu vous charger d'engager à signer ceux de mes créanciers qui font des affaires avec votre maison; je profite de ces favorables dispositions pour vous en présenter la note avec le montant de leurs créances.

Que le ciel protège vos opérations et vous garde d'un malheur pareil à celui qui me frappe.

Mais si dans quelques circonstances que ce soit vous avez besoin d'un soutien, souvenez-vous de la conduite que vous avez tenue envers moi : ces dettes sont acquittées par la Providence, et jamais elle ne reste insolvable.

Votre reconnaissant serviteur.

Lettre pour prendre des Informations au sujet du Failli.

Je reçois à l'instant une lettre de M. N., qui m'annonce que par suite de malheurs il ne peut continuer ses paiements, et offre 50 p. %, à ses créanciers; autant je suis éloigné de vouloir accabler un honnête homme malheureux, autant je suis disposé à peu ménager un fripon. Je connais trop peu M. N. pour le juger. Aussi, mon ami, je viens vous prier de me remplacer dans cette affaire, avec la présente vous trouverez la lettre de M. N. qui m'expose tous ses malheurs; s'ils sont réels, je suis tout disposé à l'obliger et je vous en prie même; si c'est le contraire, ne consultez que mes intérêts, je vous adresse une procuration qui vous donne carte blanche, j'approuve à l'avance tout ce que vous ferez.

Je vous salue bien sincèrement.

Plaintes au sujet d'un Manque de Paiement.

Depuis un an que je vous envoie la note de mes fournitures, je n'ai pu encore en obtenir le solde; vous ne daignez pas même répondre à mes nombreuses demandes, c'est compter beaucoup sur ma patience, il faut l'avouer.

Mais comme tout a un terme, je vous préviens que si le retour du courrier ne m'apporte pas le solde que je réclame depuis si long-temps, j'emploierai la voie que me prescrit la loi; c'est un désagrément que vous pouvez nous éviter à tous deux.

Je vous salue.

Plaintes au sujet d'un Billet non payé.

Je vois avec peine que vous laissez revenir vos billets sans vous inquiéter si l'on peut les rembourser; je ne conçois pas, je vous avoue, une pareille indifférence; vous pouviez m'avertir de l'impossibilité où vous étiez d'y faire honneur, j'eusse fait pour vous ce que j'ai fait pour tant d'autres; je n'ai jamais exposé un créancier à me manquer de parole, mais encore faut-il que je sois prévenu, car je n'ai pas le talent de deviner.

Puisque vous avez une autre manière de travailler, je vous avertis que si d'ici à 6 jours je ne suis pas payé, je remettrai le billet aux mains d'un huissier.

J'ai l'honneur de vous saluer.

Plaintes d'un Négociant sur le silence de son Correspondant,
au sujet des Marchandises qu'il lui a consignées.

Il y a dix-huit mois que je vous expédiai une caisse contenant 20 pièces de draps que je vous priais de vendre pour mon compte ; j'ai reçu de vous l'avis que cette caisse vous était parvenue en bon état, que vous trouviez les draps beaux, et que vous espériez pouvoir les placer avantageusement ; depuis je n'ai plus entendu parler de vous.

Ma dernière, datée du 22 août, a dû vous être remise par un ami ; ne recevant pas de nouvelles de vous, je dois penser qu'elle ne vous est pas parvenue. A l'incertitude que j'éprouve, se joint une inquiétude plus grande encore, c'est celle de votre santé ; le fléau qui ravage votre pays m'épouvante pour vous ; cependant, j'aime à croire qu'il vous aura épargné, aussi c'est dans cette persuasion que je vous demande avec instance une réponse.

J'espère la recevoir bientôt et vous prie d'agréer l'assurance de toute ma considération.

LAMBERT.

Information au sujet de l'acceptation d'une lettre de
change.

La Haye. . . .

Monsieur V..., à Hambourg.

Monsieur T. de Mayence vient de me remettre une traite de 3500 marcs de banque à 3 mois, payable chez vous, pour solde de divers achats que j'ai faits pour lui ; comme cette affaire est la première que je fais avec cette maison, je viens vous demander si vous en avez reçu avis, et si vous y ferez honneur à son échéance.

Dans l'attente d'une prompte réponse,

J'ai l'honneur de vous saluer.

H.

Demande d'un Solde de Compte.

Un remboursement sur lequel j'étais loin de compter me met dans la nécessité de changer toutes mes dispositions; ce serait, je vous l'avoue, me rendre un signalé service que d'avancer un peu, ou pour mieux dire, le plus possible le solde de mon compte; je n'eusse pas osé faire cette demande à tout autre avec qui j'aurais été moins lié, mais j'attends ce service de votre amitié, au risque de vous gêner vous-même; cependant si la totalité de la somme vous dérangeait trop, un à-compte de huit ou neuf mille francs me rendraient en ce moment un grand service. *Je suis votre très-humble.*

Avis sur le Choix d'un Associé.

Livourne, le 2. . . .

Depuis long-temps j'ai l'honneur d'entretenir avec vous des relations fort agréables pour moi; mes affaires s'augmentant de plus en plus, et désirant continuer avec la même activité, je me suis adjoint pour associé M. Bar.... mon gendre; veuillez en prendre note et nous honorer bientôt de vos ordres.

Nous réunirons nos efforts pour justifier la confiance que vous avez toujours témoignée à la maison; nos affaires continueront sur le même pied que ci-devant.

Je signerai : A. F. et Cie.

Mon gendre : A. F. et Cie.

Nous nous recommandons à votre amitié.

A. F. et Cie.

Lettre d'un Commis pour se recommander à un Négociant.

Monsieur,

Je regarderais comme un honneur particulier d'être reçu dans votre maison, et j'ai un si grand désir de pouvoir vous convenir, que je n'hésite pas à vous dire franchement les raisons qui me déterminent à vous demander de m'agréer en qualité de commis.

Les affaires de la maison où je me trouve, et à
laquelle je dois beaucoup, me sont devenues si fami-
lières, que je ne puis plus y acquérir de nouvelles
connaissances, et qu'un plus long séjour me serait
plus nuisible qu'utile ; votre maison, dans laquelle il
existe une grande variété d'opérations, atteindrait
parfaitement mon but ; je ne vous suis pas tout-à-fait
inconnu, vous savez comme j'écris l'Allemand, je
crois pouvoir, sans présomption, tenir la correspondance en Allemand, en Français et même en Ita-
lien, si cela est nécessaire.

S'il ne vous était pas possible de m'admettre chez
vous, comme je n'ai aucune connaissance dans votre
ville, oserais-je vous prier de me recommander à
quelques négociants de vos amis ; croyez, Monsieur,
que jamais vous n'aurez à vous repentir de votre
confiance ou moi.

> *J'ai l'honneur d'être, Monsieur, votre*
> *très-humble serviteur,*
>
> AMÉDÉE WOLKOFF.

Lettre de Recommandation.

Mon cher Ami,

Vous me demandez un commis d'une probité à
toute épreuve, actif, intelligent, un véritable phénix :
le porteur de ma lettre est depuis six ans à la maison, je lui ai reconnu toutes les qualités que vous
désirez ; si je n'en étais pas aussi sûr, je ne me
permettrais pas de vous le recommander. Vous pouvez lui confier vos affaires, son zèle est infatigable
et ses connaissances sont égales à celles d'un commis
qui aurait dix ans de pratique.

Il joint à un extérieur agréable, des manières
affables, et cette sincérité que l'on aime à trouver
dans les affaires.

Je voudrais le voir chez vous, et c'est de grand cœur
que je vous ferais à l'un et à l'autre mon sincère com-
pliment.

Croyez-moi toujours votre affectionné.   V.

Avis de l'Expédition de Marchandises sur un Bâtiment neutre.

Paris, ce. . . . .

Monsieur Perès, à Cadix.

Je viens de recevoir une lettre de M. Baptiste Dervon d'Ostende, à qui j'ai adressé les trois caisses B C H, n° 8, 9, 10, pour qu'il les fasse embarquer sur le navire Danois; M. Dervon me marque que le connaissement doit être fait à son ordre pour constater la propriété neutre de l'embarquement des trois caisses. Sans cette condition, le capitaine Danois ne veut pas s'en charger. Le connaissement doit donc être endossé en blanc, et vous le remplirez à votre ordre. C'est un usage que ces Messieurs ont établi pour assurer la neutralité. M. Dervon me marque qu'il me fera passer le connaissement avec le certificat légalisé par le Consul d'Espagne qui réside à Ostende. J'ai donné ordre à M. Dervon de faire embarquer les trois caisses sur le navire Danois, afin de ne pas causer de retard. Il n'y a pas d'autre parti à prendre, puisqu'il n'y a qu'à Ostende que se trouvent des vaisseaux pour Cadix.

Je vous remets ci-joint une traite de 120 pistoles sur Alvarès de votre ville; veuillez en recevoir la valeur à l'échéance et la porter à mon crédit.

Recevez Monsieur, etc.

———————

Paris, ce. . . . .

Monsieur Dervon, à Ostende.

D'après l'avis que vous me donnez par votre lettre du 28 passé, je vous prie de faire mettre le connaissement à votre ordre pour constater la propriété des trois caisses B C H, n° 8, 9, 10. Vous voudrez bien les faire embarquer sur le navire Danois qui est en charge, et me renvoyer les connaissements doubles avec le certificat légalisé. Je viens d'en prévenir

mon correspondant de Cadix. Je crains bien qu'il ne
soit pas content de cette opération, vu l'augmentation
des frais que cela va lui causer. Faites en sorte de les
ménager le plus possible. Accusez-moi promptement
la réception et l'embarquement de ces trois caisses.

Je suis, en attendant, votre dévoué.

Paris, le . . . .

Monsieur Alvarès, à Cadix.

Je vois par vos deux dernières lettres, que vous désirez que je vous expédie votre caisse par Le Hâvre ;
mais il n'y a pas de navire en charge dans cette ville.
Je serai obligé de le faire par Ostende. Le certificat
neutral ne coûtera pas très-cher, si vous écrivez à
votre maison d'Auguste, afin que M. George donne
un certificat qui atteste que ces marchandises sont
pour son compte, et destinées pour Cadix. Je ferai
tout ce qui dépendra de moi pour que le tout arrive
au gré de vos désirs.

Par votre dernière lettre, vous me remettez une
traite de 2,500 fr., j'en ferai toucher la valeur que je
porterai au crédit de votre compte.

Vous me marquez que l'endosseur de la lettre de
change de 1,500 fr. que je vous ai renvoyée protestée,
a refusé de rembourser, alléguant que le protêt avait
été fait trop tard, ce monsieur se trompe très-fort.
Qu'il vérifie la date, il verra que la lettre a été protestée à son échéance. Vous êtes en droit de poursuivre votre endosseur, si la lettre n'est pas remboursée
à Valence. Soyez bien persuadé que je suis de la plus
grande exactitude dans ces sortes d'opérations. Je
connais assez les conséquences qui peuvent résulter
d'un retard, pour n'être pas d'une ponctualité rigoureuse à ce sujet.

Je vous préviens que voilà les dernières tabatières
unies que je vous envoie à 5 fr. ; le fabricant ne veut
plus en établir à moins de 5 fr. 50, et il est accablé de
commissions. J'ai été obligé de lui avancer une couple
de cents fr. pour l'engager à me donner la préférence.

Profitez de cet avantage, car si ce fabricant venait à manquer, on serait obligé, pour en avoir d'aussi bien faites, de les payer sept à huit fr. La vérité est qu'elles sont à trop bas prix pour leur qualité.

J'ai l'honneur d'être, etc.

Réclamation au sujet de diverses Erreurs faites sur une Facture.

Paris, ce. . . .

Monsieur Prevost.

Vous m'annoncez, dans votre lettre en date du 16 courant, le prochain envoi d'une boîte de dentelle noire et de blondes, montant en tout à

Vous avez fait erreur dans votre addition qui ne se monte qu'à

Vous me comptez 45 mètres à 3 fr. 50.. 168 60
Cela ne fait que. 157 50

Différence. 11 10

Vous comptez la façon du nº 17 à raison de 40 cent. le mètre, vous savez que je ne les paie que 35 cent.; différence. 1 25

Vous comptez la façon du nº 56 à raison de 75 cent., je ne la paie que 70, ce qui fait, sur 24 mètres, une différence de. . . 1 20

Erreur. 13 55

Vous avez aussi fait erreur à votre désa-vantage.

Vous ne comptez que 21 mètres à 3 fr. 60, il y en a 21 mètres 50 centim.; différence. . 1 80

Vous comptez la façon 3 fr. 60, je la paie 3 fr. 70; différence. 2 15

3 95

Il y a donc erreur de. 9 60

Donc, de 573 fr. 75,

Reste net 564 fr. 15, que j'ai porté à l'avoir de votre compte. Lorsqu'il vous plaira d'en recevoir le montant, vous pourrez tirer sur moi à vue pour cette somme.

Je vous prie de faire quitter les premiers modèles que je vous avais demandés, et de faire terminer les nouveaux, que vous m'enverrez le plus promptement possible. Vous voudrez bien mettre la soie un peu plus grosse, parce que la soie très-fine rend la dentelle trop mince.

J'ai l'honneur de vous saluer.

Demande de Marchandises.

Arras, le 18 décembre.

Monsieur Morel, à Paris.

J'ai reçu la petite boîte que vous m'avez envoyée. J'ai vérifié la facture dont j'ai trouvé le total très-juste. Je vous remets ci-inclus une traite de 212 fr., à votre ordre, sur M. Duval. Vous voudrez bien m'en créditer.

Etant sur le point de renouveler mes registres, je désirerais avoir les vignettes suivantes, à jour :

Un *Doit* et *Avoir*, en ronde,   de 6 millimètres;
Un id.   id.   en anglaise, — 4   *idem.*
Un Alphabet en lettres anglaises; c'est pour ouvrir les comptes du grand-livre;
Un Alphabet majeur,   de 4 millimètres;
Un   *idem*   mineur,   — 4   *idem.*
Une série de chiffres   — 15   *idem.*
Une Marque à jour, en cuivre fort, sur laquelle doit être découpé le mot DURONVAL; c'est pour imprimer sur les caisses;
Une marque à jour en fer-blanc, sur laquelle sera le mot FRAGILE;
Une petite vignette portant les deux lettres initiales B. D.; c'est pour marquer le linge;
Une bouteille de rouille pour marquer le linge, et un petit pinceau.

Vous vous procurerez ces objets Maison Recordon,

Pont-Neuf, N° 9, presque vis-à-vis la statue de
Henri IV. Je me sers depuis plusieurs années dans
cette maison ; j'ai toujours eu lieu d'être satisfait.
Surtout, ne vous trompez pas : il y en a deux sur le
même pont ; la maison que je vous indique est la plus
ancienne.

Vous voudrez bien lui demander combien coûterait
un timbre bien fait, sur lequel il y aurait DURONVAL,
N.t à ARRAS. Mais vous ne le lui commanderez qu'a-
près m'en avoir écrit le prix. Quant aux objets ci-
dessus, vous me les ferez passer le plus promptement
possible.

Recevez, M. , etc.

Réponse à la lettre précédente.

Paris , ce. . . .

Monsieur Duronval à Arras.

Conformément à l'ordre que vous m'avez donné ,
je vous envoie la petite commande que vous m'avez
faite. Vous verrez que je n'ai pas perdu de temps. Je
me suis adressé, comme vous me l'avez indiqué, Pont-
Neuf, n° 9, où j'ai trouvé tout faits une grande partie
des objets que vous me demandiez. Voici copie de la
facture qui m'a été faite et sur laquelle je n'ai pu
avoir la moindre réduction, vu que cette maison, vous
devez le savoir, ne surfait jamais.

Un *Doit* et *Avoir* en ronde , 12 millimètres	5
Un *id.* en Anglaise, 12 millim.	5
Un Alphabet lettres anglaises.	12
Un *id.* lettres majeures , 20 millim. :	5
Un *id* *id.* mineures, *id.*	5
Une série de chiffres, 15 millimètres. . .	1 50
Une marque à jour, cuivre fort, DURONVAL..	2 50
Une *id.* fer-blanc , FRAGILE. . .	2 50
2 lettres initiales B D.	50
1 bouteille de rouille et un pinceau. . .	1 50
	52 50

J'ai demandé le prix du timbre, je ne pourrais pas l'obtenir à moins de 10 fr. On m'a assuré qu'il serait très-bien gravé, ce que je crois facilement d'après ceux que j'ai vus dans cette maison.

J'espère vous faire parvenir sous peu de jours les instruments de chirurgie que vous me demandez. Votre correspondant en sera satisfait, je les ai commandés au premier ouvrier de Paris dans ce genre, pensant bien que ces sortes d'objets ne sauraient être trop bien finis.

Recevez, Monsieur, etc.

Lettre à un Jeune Commerçant pour lui reprocher son peu d'exactitude.

Paris, ce. . . .

` Monsieur Duclos, à Rouen.

Vous me laissez toujours ignorer si vous avez reçu mes lettres; cette négligence, passez-moi le terme, ne peut que mettre des entraves dans notre correspondance.

Je viens de recevoir votre lettre du 12 courant, par laquelle vous me demandez du taffetas noir, première qualité. Je vous dirai que j'ai renoncé à la partie des soieries, je m'en tiens à la dentelle et à la blonde. Quant à la passementerie que vous m'avez demandée, je me suis adressé, d'après votre avis, à M. Leclerc; il m'a dit que vous n'aviez pas répondu à sa dernière lettre; que vous aviez un compte à régler ensemble depuis trois ou quatre ans environ, et que vous n'en finissiez pas avec lui; qu'il avait écrit à M. Morel, afin qu'il vous engageât à le solder. Je ne conçois pas que vous négligiez ainsi de régler vos comptes. Il faut de la ponctualité dans les affaires. Quelles que soient mes occupations, et Dieu merci, j'en ai toujours eu beaucoup, je n'ai jamais négligé ni ma correspondance ni la tenue de mes livres. Vous devez vous en apercevoir par mon exactitude à répondre à toutes vos lettres. Ce que je vous dis, n'est que dans votre intérêt. Croyez-en les avis d'un ancien commerçant qui n'a dû l'état prospère de ses affaires qu'à son activité et à sa probité.

Je vous salue.

Cession d'une Maison de Commerce.

Paris, ce. . . .

Monsieur Desportes, à Caen.

J'ai l'honneur de vous prévenir que je viens de céder mon fonds de commerce de blonde et de dentelle à M***, jeune homme actif, probe et intelligent. La maison manque dans ce moment de plusieurs articles de votre partie. Je vous recommande mon successeur que j'ai engagé à s'assortir chez vous. Il vous semblera sans doute étonnant que je ne vous aie rien demandé pour mon compte lorsque j'étais dans le commerce; mais ce n'est que depuis peu de temps que je connais votre fabrique, qui m'a été indiquée par M. Payen et MM. Didier frères. Je suis fâché de ne vous avoir pas connu plus tôt, nous aurions fait bien des affaires ensemble. J'ai fait beaucoup travailler M. Simonin et M. Dercour. Monsieur Payen, que j'ai pris pour mon arbitre, m'a dit que les marchandises de votre fabrique étaient très-bien confectionnées et de bonne qualité. Comme ma maison était avantageusement connue, je vous prie de ne livrer à M*** que des marchandises bien blanches et d'un bon goût.

Recevez, M., l'assurance de, etc.

Lettre d'un Jeune Négociant annonçant l'Acquisition qu'il a faite d'un ancien Etablissement.

Paris, ce. . . .

Monsieur M...

Monsieur Dumont vous a fait part qu'il avait traité de son fonds de commerce en ma faveur, et il a eu la bonté de me recommander à vous; permettez-moi,

M., de joindre mes prières à sa recommandation. Je me suis déjà flatté qu'en sa considération vous voudriez bien me continuer la confiance que vous lui avez toujours accordée. M. et Mme Dumont consentent à rester encore quelque temps avec moi, et veulent bien m'aider de leurs conseils. Il en résultera naturellement que vous n'éprouverez aucun changement dans l'exécution des ordres que vous voudrez bien me donner. Je mettrai tout mon zèle à les exécuter promptement. Je vous prie de compter sur ma rigoureuse exactitude à acquitter vos traites, et croyez que je ne négligerai rien de ce qui pourra me mériter votre bienveillance.

Je suis, *Monsieur, avec, etc.*

Réception d'un Ami, et Retard d'un Navire.

Paris, le. . . .

Monsieur,

Le fils de votre ami, M. Bochetas, est arrivé ici en bonne santé, et se propose de partir pour Madrid sous peu de jours; mais je tiens à ce qu'il ne parte pas sans avoir vu notre capitale. Je le garderai donc, bon gré, malgré, une quinzaine de jours chez moi, ensuite je le recommanderai à un conducteur qui le conduira à Bayonne.

J'espère que vous recevrez, la semaine prochaine, la caisse de tabatières, et que vous serez content de mon choix ainsi que de la modération du prix.

Mon ami me marque que le capitaine a été retardé dans sa traversée par un choc qu'a reçu son navire par un bâtiment plus fort que le sien, et qui faisait partie du même convoi, ce qui l'a obligé de relâcher au port de Carthagène pour radouber son navire. Le montant de sa cargaison s'élevant à une somme considérable, il n'a voulu partir de ce port qu'avec un autre convoi.

Recevez, Monsieur, etc.

Correspondance relative à un petit envoi à l'étranger, d'é-
toffes de la fabrique de Roubaix ; ce qui donne lieu aux
formules de la facture et du certificat d'origine pour per-
cevoir la prime à la sortie du royaume. — Quotité de ces
primes.

PREMIÈRE LETTRE.

Roubaix, le 18 mars 18. .

Monsieur J. B...., à Nice.

J'ai l'avantage de vous remettre ci-joint facture aux
mexicaines de notre fabrique qu'il vous a plu de commettre à mon voyageur, lors de son séjour dans votre
ville ; elle s'élève, avec ma commission et les autres
frais ordinaires, à
Francs 785,80 , que je porte à votre débit, payable
comptant dans notre ville ou Lille.

La balle qui les contient est marquée J. B., n°
400 , et a été expédiée d'après vos ordres à M. R. G.,
à Aix, par le roulage accéléré de M. Ch. G., commissionnaire à Lille , au prix ordinaire de voiture.

Selon vos désirs j'envoie le certificat d'origine à
M. R. G., afin d'en toucher la prime pour votre
compte , et à qui vous voudrez bien donner les ordres
nécessaires pour l'expédition ultérieure de ladite
balle.

Le taux de la prime à prélever sur les étoffes de
laine et de coton, à la sortie du royaume, est, savoir :

Pour des étoffes légères en laine et en coton pur.

Croisées , en laine. . . .	360 f.	
Simples , *id.*	260 »	
Etoffe où la laine entre pour		Au
plus de moitié. . . .	180 »	quintal
Etoffe de coton mêlée de moins		décimal.
de moitié laine. . . .	50 »	
Etoffe tout coton. . .	50 »	

Je désire vivement que cette première affaire vous mette à même de me transmettre des ordres plus considérables.

Dans cette attente, je vous prie d'agréer mes cordiales salutations.

L. R.

P. S. On fabrique une nouvelle étoffe nommée Poil de Chèvre, dont plus de moitié est de laine, et par conséquent susceptible de recevoir une prime, à l'exportation, de 180 francs par 100 kilo.; son prix actuel est de 4 fr. du mètre sur 65 centimètres de largeur. Vous en avez ci-joint quelques échantillons.

Formule de la facture.

Monsieur J. B.., à Nice.   *DOIT*

à R. L., à Roubaix, pour expédition à son compte et risques d'une balle marquée et numérotée comme en marge, contenant des mexicaines, par l'entremise de M. Ch. G..., commissionnaire à Lille, à l'adresse de M. R. G., à Aix, pour en suivre ses ordres ; payables comptant dans Lille ou Roubaix.

SAVOIR :

J. B.

N° 400.

N° 1	»	27.	26 1/4.	63	4/10	
2	»	29.	29	»	70	»
3	»	27.	27	»	64	3
4	»	31.	30	»	72	»
5	»	28.	28 1/4.	66	2
6	»	55.	55 3/4.	84	5
7	»	29.	30 1/4.	70	7
8	»	31.	30	»	73	»
9	»	29.	29	»	68	8
10	»	24.	25	»	57	1

690 mètres mexicaines à. . . . 1 f. | 690 | »

FRAIS.

Tonte et apprêt à 690 mètres. à 10 cent.	69	»
Pliage à 20 coupes. . . . . . 25 »	5	»
5 aunes toile d'emballage. . f. 1 » »	5	»
Façon et paille.	3	»
Commission sur f. 690. . . à 2 p. 0/0	13	80
	95	80
f.	785	80

Lettre d'avis au commissionnaire d'Aix, pour lui annoncer l'envoi de ladite balle et lui remettre le certificat d'origine pour toucher la prime.

SECONDE LÉTTRE.

Roubaix, le 18 mars 18. .

Monsieur R. G..., à Aix.

D'ordre et pour le compte de M. J. B..., de Nice, je vous expédie ce jour par le roulage accéléré de M. Ch. G..., commissionnaire de roulage à Lille, au prix ordinaire, ainsi que le nombre de jours de route, une balle marquée J. B. n° 400, pesant 86 kilogrammes brut, et contenant divers articles de notre fabrique.

Veuillez vous en procurer bonne réception et prendre les ordres dudit sieur pour l'ultérieure destination, en faisant suivre vos débours et frais.

Vous trouverez ci-inclus le certificat d'origine pour en toucher la prime pour le compte de M. J. B.

Je vous salue bien sincèrement.

R. L.

Formule du certificat d'origine.

Je soussigné R. L., fabricant, demeurant à Roubaix, patenté de ma classe, en date du 15 janvier dernier, sous le n°..., déclare expédier à l'étranger, pour sortir par le bureau de St.-Laurent-du-Var, une balle marquée et numérotée comme en marge, contenant vingt coupes mexicaines, étoffes croisées en coton et laine, provenant de ma fabrique, et revêtues de ma marque dont l'empreinte est ci-contre, mesurant ensemble six cent quatre-vingt-dix mètres, pesant brut quatre-vingt-six kilogrammes, net quatre-vingts kilogrammes, et dont la valeur est de six cent quatre-vingt-dix francs.

SAVOIR :

J. B.

N° 400.

—

R. L.

à

Roubaix

N° 1	»	27.	26 ¼.	63	⁴/₁₀
2	»	29.	29 »	70	»
3	»	27.	27 »	64	5
4	»	31.	30 »	72	»
5	»	28.	28 ¼.	66	2
6	»	35.	35 ³/₄.	84	5
7	»	29.	30 »	70	7
8	»	31.	30 ¼.	73	»
9	»	29.	29 »	68	8
10	»	24.	25 »	57	1

690 mèt. mexicaines, dont plus de moitié est composée de coton, à 1 f. — 690   »

Le tout pour jouir de la prime accordée par la loi, que je cède à M. R. G., commissionnaire de roulage à Aix, département des Bouches-du-Rhône, laquelle prime sera ordonnancée en sa faveur, et payable par M. le Receveur de Saint-Laurent-du-Var, à raison de cinquante francs par quintal métrique, comme tissu de coton pur.

A Roubaix, le 18 mars 18. .

R. L.

Vu par nous, Maire de Roubaix, département du Nord, pour légalisation de la signature de M. R. L., domicilié en cette ville.

A Roubaix, le 18 mars 18. .

B. R.

TROISIÈME LETTRE.

Nice, le 30 mars 18. .

Monsieur R. L..., à Roubaix.

Je suis favorisé de votre lettre du 18 du courant, me remettant facture aux divers articles que j'ai demandés à M. votre voyageur. Je vous ai crédité provisoirement de

Francs 785,80 pour son montant, me réservant de le

faire définitivement après vérification de la marchandise.

Je vous remets sous ce pli,

Francs 785,80 , en ma traite sur Duplantier, de Paris, payable au 15 avril prochain. Veuillez en soigner l'encaissement à mon crédit pour solde.

Vous me remettez quelques échantillons d'une nouvelle étoffe nommée Poil de Chèvre , mais ils ne sont pas d'une étendue assez considérable pour en juger ; veuillez donc, pour asseoir mon jugement et vous donner un ordre plus majeur, m'en expédier, par la même voie que le précédent envoi, 4 pièces ; pour les nuances, conformez-vous aux quatre échantillons ci-inclus.

Quant à la prime , vous voudrez bien la percevoir pour mon compte et m'en donner crédit.

En attendant facture et avis d'expédition, je vous salue sincèrement.

QUATRIÈME LETTRE.

Roubaix, le 12 avril 18. .

Monsieur J. B..., à Nice.

Pour satisfaire à la lettre que vous m'avez fait l'honneur de m'écrire le 30 mars dernier, je vous remets ci-joint facture à un ballot marqué J. B. n° 401 , contenant les 4 pièces Poil de Chèvre que vous m'avez demandées ; elle s'élève, avec les menus frais, à Francs 429, dont il vous plaira me donner crédit.

Ce ballot part ce jour par l'entremise de M. Ch. G., commissionnaire de roulage à Lille, à l'adresse de M. R. G..., à Aix, pour en suivre vos ordres.

La quotité de la prime à percevoir sera de Francs 19,80 ; aussitôt que je l'aurai reçue je vous en donnerai crédit, selon vos désirs.

Je verrai avec plaisir que cette marchandise convienne à votre vente et vous mette à même de me transmettre des ordres plus considérables.

Dans cette attente, je vous salue bien sincèrement.

FORMULE DU CERTIFICAT D'ORIGINÉ POUR PERCEVOIR LA PRIME (1).

Je soussigné **R. L.**, fabricant (ou négociant), demeurant à Roubaix, patenté de ma classe, en date du 15 janvier dernier, sous le n° . . . , déclare expédier à l'étranger, pour sortir par le bureau de S^t.-Laurent-du-Var, un ballot marqué et numéroté comme en marge, contenant quatre pièces **Poil de Chèvre**, *tissu de coton mêlé de plus de moitié laine*, provenant de ma fabrique (2), revêtues de ma marque dont l'empreinte est ci-contre; ledit ballot pesant brut quatorze kilog., et net onze kilog., mesurant ensemble *quatre-vingt-dix-neuf mètres et demi*, et dont la valeur est de trois cent *quatre-vingt-dix-huit francs*.

S A V O I R :

MARQ. des COLIS.	No.	POIDS BRUT		DIMENSIONS.			NOMBRE de pièces.	LARGEUR de l'étoffe.	LONGUEUR en mètres.	PRIX du mètre.	VALEUR TOTALE.	QUOTITÉ de la PRIME.	POIDS NET par espèce DE TISSU.
		simple embal.	double embal.	long.	larg.	haut.							
		kil.	kil.	m.	m.	m.		m.		fr.		fr.	kil.
J. B.	401	12 » (3)	14 » (3)	0,71 (3)	0,21 (3)	0,19 (3)	4	0,65	99,5	4 »	398 »	19 80	11 » (3)

(1) On n'a mis cette seconde formule qu'à cause des formalités qui doivent y être observées, attendu que la prime à percevoir est au-dessus de cinquante francs du quintal décimal.

(2) Si c'est un *négociant* on mettra : *provenant de la fabrique de cette ville.*

Suite du Certificat d'origine.

Le tout pour jouir de la prime accordée par la loi, et dont la quotité s'élève à dix-neuf francs quatre-vingts centimes, à raison de cent quatre-vingts francs par quintal métrique, pour toucher à Lille, département du Nord.

A Roubaix, le 30 mai 18. .

R. L.

Vu par nous, Maire de la ville de Roubaix, pour valoir légalisation de la signature de M. R. L., domicilié en cette ville.

A Roubaix, le 30 mai 18. .

Le maire de la ville de Roubaix,

N. N.

Observations.

Indépendamment du certificat d'origine ci-dessus, on en signe deux autres imprimés qui sont remis par la douane (en les payant), et qui contiennent à peu près les mêmes choses que ci-dessus.

Ces trois certificats d'origine, qui sont remis à la douane, doivent être accompagnés d'une carte d'échantillons des étoffes qui y sont désignées; on observera que si une balle ou plusieurs balles contiennent la même espèce d'étoffe et de la même largeur (1), un seul échantillon suffit, quoique les couleurs soient différentes; on aura seulement soin d'indiquer sur la carte :

1° Le nombre de pièces ;

2° Leur aunage en mètres ;

3° Le poids net en kilogrammes ;

4° Le prix du mètre.

Voici à peu près la formule pour la carte d'échantillon à remettre.

---

(1) Il est entendu que si les étoffes étaient d'une largeur différente, il devrait y avoir un échantillon pour la même largeur d'étoffe.

Formule de la carte d'échantillons du ballot du certificat d'origine.

Carte d'échantillons d'un ballot marqué J. B., n° 401, contenant quatre pièces Poil de Chèvre, expédié ce jour, suivant certificat d'origine.

ÉCHANTILLONS.	AUNAGE en ·MÈTRES.	POIDS NET en kilogram.	PRIX du MÈTRE.
	99. ⁵⁄₁₀	11 , »	fr. 4 »

Lettre contenant l'extrait de la convention de navigation et de commerce entre la France et les Etats-Unis de l'Amérique du Nord.

Paris . le. . . . .

Monsieur A. B..., à Lille.

Pour satisfaire à votre lettre du... j'ai le plaisir de vous donner ci-bas l'extrait de la convention de navigation et de commerce conclue entre la France et les Etats-Unis d'Amérique, en date du 24 juin 1822.

L'article 1ᵉʳ porte : « Les produits naturels ou manufacturés des Etats-Unis, importés en France sur bâtiments des Etats-Unis, paieront un droit additionnel qui n'excédera pas 20 fr. par tonneau de marchandises, en sus des droits payés sur les mêmes produits naturels ou manufacturés des Etats-Unis, quand ils sont importés par navire français.

« Art. 2. Les produits naturels ou manufacturés de France, importés aux Etats-Unis sur bâtiments français, paieront un droit additionnel qui n'excédera pas 3 dollars 75 cents par tonneau de marchandise, en sus des droits payés sur les mêmes produits naturels ou manufacturés de France, quand ils sont importés par navires des Etats-Unis.

« Art. 3. Aucun droit différentiel ne sera levé sur les produits du sol et de l'industrie de France, qui seront importés par navires français dans les ports des Etats-Unis, pour transit ou réexportation.

« Il en sera de même dans les ports de France pour les produits du sol et de l'industrie de l'Union, qui seront importés par transit ou réexportation par navires des Etats-Unis.

« Art. 4. Les quantités suivantes seront considérées comme formant le tonneau de marchandise pour chacun des articles ci-après spécifiés :

« Vins, 4 barriques de 61 gallons chacune, ou 244 gallons de 131 pouces cubes, mesure américaine.

« Eau-de-Vie et tous les autres liquides, 244 gallons.

« Soieries et toutes les autres marchandises sèches, ainsi que tous les articles généralement soumis au mesurage, 42 pieds cubes, mesure française en France; et 50 pieds cubes, mesure américaine, aux Etats-Unis.

« Cotons, 804 livres, avoir du poids, ou 365 kilogrammes.

« Tabacs, 1600 livres, avoir du poids, ou 725 kilogrammes.

« Potasse et perlasse, 2240 livres, avoir du poids, ou 1016 kilogrammes.

« Riz, 1600 livres, avoir du poids, ou 725 kilogrammes. Et pour les articles non spécifiés et qui se pèsent, 2240 livres, avoir du poids, ou 1016 kilogrammes.

« Art. 5. Les droits de tonnage, de phare, de pilotage, droits de ports, courtage, et de tous les autres droits sur la navigation étrangère, en sus de ceux payés respectivement par la navigation nationale dans les deux pays, autres que ceux spécifiés dans les articles 1er et 2 de la présente convention, n'excéderont pas, en France, pour les bâtiments des Etats-Unis, 5 fr. par tonneau d'après le registre américain du bâtiment, ni pour les bâtiments français aux Etats-Unis, 94

cents par tonneau, d'après le passeport français du
bâtiment.

Etant toujours dévoué à vos ordres, je vous salue
bien sincèrement.

---

*Correspondance sur des Marchandises consignées qui n'ont
pas été délivrées selon les ordres prescrits.*

Elberfeld, le 20 octobre 1794.

Monsieur R..., à Bâle.

Comme dans les circonstances actuelles la voie la
plus courte pour commercer avec la France est de
passer par votre ville, d'après la recommandation d'un
de nos amis de vos environs, nous avons l'avantage
de vous proposer l'expédition des marchandises que
nos amis de France continuent de nous commettre.

Vu le désordre qui règne dans les monnaies de
France, il est impossible de régler un compte avec
quelque fondement sur les assignats. Conséquemment
nous avons prescrit à nos amis, que nous ne recevions
de paiement qu'en argent comptant, et nous avons
exigé d'eux de les faire escompter à Bâle, en bonnes
espèces sonnantes, sans avoir le moindre égard au
cours des assignats. Cette clause doit donc vous servir de base dans les affaires que nous contracterons
ensemble par la suite. En conséquence, vous ne déli-
vrerez pas une seule pièce de nos marchandises avant
que la valeur à laquelle nous l'aurons fixée ne vous ait
été payée, à moins que nous ne vous ayons averti
d'avance que cette valeur serait remise par nos amis,
pour que vous soyez alors autorisé à les leur expédier.
Nous attendons là-dessus votre décision, afin de pouvoir, le plus tôt possible, instruire nos correspondants
des voies qu'ils doivent suivre pour vous faire tenir les
remboursements.

Nous avons l'honneur, etc.

Bâle, le 4 novembre 18. .

Messieurs V... et K..., à Elberfeld.

Je m'acquitterai avec plaisir de toutes les affaires dont vous voudrez bien me charger ; mais vous devez sentir que ceci va nous causer beaucoup plus de peine et d'embarras qu'on n'en rencontre ordinairement dans une simple affaire d'expédition. Je ne doute pas que vous ne m'accordiez plus du $\frac{1}{3}$ pour cent usité, et que vous ne me passiez en outre, sur tout l'argent que je pourrai vous envoyer, $\frac{1}{3}$ pour cent de compte de frais, comme commission de banque. Mais il y a bien d'autres considérations à faire sur le recouvrement des espèces sonnantes à retirer de France, que sur les affaires ordinaires de banque. J'ai donc pris pour principe, dans toutes les opérations de ce genre, qui se présentent journellement, de ne point m'en charger à moins de deux pour cent de commission simple, en outre de mes débours et frais. Si vous voulez entrer dans ces arrangements, veuillez, après la réception de ma lettre, m'adresser toutes les marchandises que vous tenez prêtes à m'expédier, et donnez-moi en conséquence vos ordres ultérieurs. Nommez-moi, conformément à vos intentions, la personne de qui je dois recevoir le paiement avant la livraison, ou mandez-moi si je dois expédier plus loin.

Je suis, etc.   R...

————————

Elberfeld, le 13 novembre 18. ,

Monsieur R..., à Bâle.

Nous adhérons aux conditions que vous nous faites par votre lettre du 4 courant ; mais il faut auparavant que nous puissions prendre en conséquence des arrangements avec nos amis.

Pour premier essai, nous vous avons déjà expédié hier par terre :

6 tonneaux n° 71 à 76. Ils sont destinés pour MM. D. et C., à Paris, auxquels nous avons mandé que nous ne pourrions faire des affaires avec eux, que

sous condition que le paiement, qui se monte à
Francs 13396 en espèces, serait fait chez vous avant
la délivrance de la marchandise. Nous vous prions
donc d'en faire le recouvrement et de créditer notre
compte pour cette somme.

Il faut vous prévenir d'avance que, outre Paris,
la plus grande partie de nos affaires se fait maintenant à Rouen et à Nantes, et que nous y avons déjà
annoncé nos conditions ci-dessus, comme étant les
seules sous lesquelles nous puissions entreprendre des
affaires. Nous vous ferons donc sous peu un envoi
beaucoup plus considérable ; et comme le grand nombre de commissions dont nous sommes chargés nous
fait présumer que les demandes se réitèreront journellement en France, nous vous enverrons toujours
au-delà de ce qu'on nous aura commandé. Ce qui
n'ira pas en France, pourra, comme nous le présu-
mons, se débiter en Suisse.

Vous trouverez ci-joint la facture de l'envoi.

Nous, *etc*. **V. et K.**

Elberfeld, le 25 mai 18. .

Monsieur R..., à Bâle.

Quoique nous soyons satisfaits de la manière dont
vous avez géré nos affaires, nous croyons pourtant
les activer et vous soulager des peines que tout ceci
vous cause, en envoyant un commis voyageur dans
vos environs ; c'est un Suisse nommé S..., son nom
vous est peut-être déjà connu.

Quoiqu'il n'y ait pas très-long-temps que nous
ayons quelques relations avec lui, ses connaissances
du commerce en général, et surtout celles pratiques
qu'il a de celui de vos environs et de son pays, nous
l'ont fait juger propre à vous aider. Nous croyons
qu'il trouvera moyen de débiter, sinon le tout, du
moins une grande partie des marchandises, sur la destination desquelles nous n'avons pas encore statué ; au
reste, le jeune homme que nous vous adressons, en
concertera conjointement avec vous.

Nous vous instruirons plus en détail du plan que nous avons formé. Notre jeune homme, après avoir parcouru toute la Suisse, s'établira à Mulhausen pour y régler nos affaires avec la France, de manière qu'il ne vous restera plus à soigner que le plus essentiel, c'est-à-dire, les opérations de recouvrement et l'expédition des marchandises, qui en est le résultat. Voilà ce que notre plan prescrit. Vous voyez que nous cherchons à éloigner tout ce qui pourrait vous causer des soins et des peines inutiles.

Nous avons, etc.   V. et K.

Elberfeld, le 18 juin 18. .

Monsieur R..., à Bâle.

Nous venons de recevoir votre lettre du 8 octobre, et nous vous confirmons par la présente la déclaration que nous vous avons déjà faite, c'est-à-dire que les 13,000 francs qui ont été déposés chez votre banquier à Paris, y resteront à nos risques et dépens jusqu'à ce que nous en ayons disposé autrement. Il faudra néanmoins tâcher d'éviter, autant que possible, le cas où vous ne pourriez pas garantir pour le recouvrement des marchandises qui auraient été commandées pour votre compte. Pour prévenir les suites dangereuses qui pourraient en résulter, nous croyons avoir indiqué à notre commis un moyen efficace, sur lequel il se concertera avec vous. Ce moyen consiste en ce que, 1º les factures soient envoyées d'avance; 2º que l'on pourra se prévaloir du montant sur ceux qui auront commandé les marchandises; 3º qu'on ne délivrera les tonneaux qu'après la rentrée.

Veuillez prendre note de la valeur et destination des tonneaux nº 71 à 82, désignés ci-dessus, et veiller à la conservation de ceux dont la destination n'est pas encore spécifiée, jusqu'à l'arrivée de notre commis.

Nous avons, etc.   V. et K.

Elberfeld, le 15 octobre 18. .

Monsieur R..., à Bâle.

Nous n'avons point reçu de lettres de notre commis depuis celle qu'il nous a écrite de Neus, le 30 septembre, ce qui nous donne quelque inquiétude.

Vous recevrez de nouveau les tonneaux énoncés ci-dessous.

Nous espérons que le cours favorisera nos envois ultérieurs.

Ces tonneaux sont :

    N° 84 — valeur 2250 fr. espèces.
    » 85 — *id.* 3400   *id.*

que vous voudrez bien tenir à la disposition de notre commis, pour ce qui regarde seulement leur destination, car il se concertera avec vous sur la manière d'en recouvrer le paiement, qui doit avoir lieu avant toute délivrance de marchandise.

Voici en outre le montant des tonneaux dont nous avons fait mention dans notre lettre précédente, et sur lesquels il faut déduire l'escompte.

    N° 71 — valeur francs 3636.
    » 77 —   »   »   1257.
    » 78 —   »   »   2774.

Vous n'aurez donc plus qu'à compter les frais.

Nous sommes, *etc.* V. et K.

Elberfeld, le 17 novembre 18. .

Monsieur R..., à Bâle.

Vous trouverez ci-inclus deux lettres que vous voudrez bien faire parvenir à leurs adresses. Elles renferment nos justes plaintes sur la conduite de notre commis, qui agit d'une manière tout-à-fait opposée à son devoir en faisant servir notre correspondance à son profit et à celui d'autres maisons d'ici auxquelles il donne les commissions qui devraient nous être adressées. Nous l'avons ménagé jusqu'à présent dans nos précédentes lettres, vu que nous ne vous avions pas

encore instruit des raisons qui nous forçaient de lui
ôter la disposition des tonneaux, lui accordant seulement la destination, après vous en avoir remis la valeur. Ces raisons ne sont autres que celles de l'empêcher d'entrer dans le jeu des opérations de bourse,
et d'y employer notre argent.

Mais, comme maintenant nous avons lieu plus que
jamais de craindre qu'il n'y soit livré, nous vous en
instruisons avec franchise, afin que s'il venait auprès
de vous élever des prétentions que vous ne trouveriez
pas cadrer avec nos instructions, vous puissiez vous
en mettre à l'abri, de manière pourtant que ni lui,
ni vos commis, ne puissent s'en douter ; car nous ne
voudrions pas nuire à sa fortune, s'il ne la fait pas
à notre détriment. Nous croyons inutile de vous recommander de nouveau le secret, ainsi que l'œil le
plus attentif à nos intérêts communs.

Salut et considération.   V. et K.

Bâle, le 8 décembre 18. .

Messieurs V. et K., à Elberfeld.

Si je vous envoie ci-inclus la note des marchandises
qui se trouvent chez moi, c'est que j'ai de bonnes raisons pour le faire.

Il est bien entendu que celles-ci resteront, dès ce
moment, uniquement à votre disposition, et qu'aucun
autre, quel qu'il puisse être, ne pourra en disposer.

Deux tonneaux qui viennent de partir pour Belfort,
seront encore arrêtés, comme je l'espère, d'après les
moyens efficaces que j'ai pris. Je ne voudrais pourtant
pas agir avec plus de rigueur envers votre commis.

Le mieux que je puisse vous conseiller pour le moment, serait d'envoyer quelqu'un ici pour terminer
entièrement cette affaire avec lui, et lui retirer sa procuration au cas qu'il en ait reçu de vous. Avant que
votre lettre du 19 novembre me soit parvenue, j'avais
cru voir en lui un intime ami de votre maison, auquel
il n'y avait aucun secret à garder. Je le vis hier, et
comme je le pressais d'entrer amicalement en accord

avec vous, il me répondit assez ironiquement que, dans le cas contraire, la perte serait de votre côté. Je vous avoue que cette réponse me mit tellement en colère, que je lui déclarai nettement que j'allais tout mettre en œuvre, soit directement, soit indirectement, de manière que la partie ne tournât pas à son avantage. A ces mots, il baissa le ton et me promit qu'il allait employer les voies de douceur pour se raccommoder avec vous.

Je vous envoie ci-joint la note des quatre tonneaux que je suis parvenu à faire arrêter à Belfort, comme on me l'annonce au moment même. Mais, quant aux autres, dont je ne vous parle pas, votre commis en a disposé depuis long-temps.

J'ai l'honneur, etc. R...

Elberfeld, le 15 janvier 18..

Monsieur R..., à Bâle.

Nous sommes aussi surpris que justement indignés du contenu de votre lettre du 8 décembre. Malgré tous vos efforts pour dorer la pilule, on s'est pourtant aperçu du charlatanisme que vous avez si heureusement employé pour nous laisser deviner petit à petit l'abîme où vous nous avez plongés. Mais, mettant toute feinte à part, avouez maintenant que vous avez agi absolument contre nos ordres; que vous vous êtes laissé entraîner par un homme qui n'avait pas entièrement notre confiance, ce dont il vous était facile de vous apercevoir, quoique nous ayons pu faire usage de ses services. Notre indignation augmente d'autant plus que, croyant vous mettre à l'abri des suites fâcheuses que doit indubitablement entraîner votre mauvaise gestion, vous semblez rejeter les torts sur nous. Aucun de nous n'a ni le loisir ni l'envie de se transporter chez vous pour une affaire aussi désagréable.

Nous avons droit d'attendre que l'homme que nous devons regarder comme la véritable cause de notre perte, et qui, s'il avait exactement suivi nos instructions, aurait géré nos affaires sans éprouver la moindre difficulté, nous avons droit d'attendre, disons-nous, que cet homme prendra sur lui le soin de cette affaire, attendu qu'il nous a porté en compte, pour dédommagement des peines et embarras qui pourraient lui en résulter, des honoraires qu'il s'est fixés lui-même, et auxquels nous avons consenti sans restriction. L'homme contre lequel vous allez agir en notre place n'a reçu aucune procuration de nous; vous aurez donc cette peine de moins de la lui faire rendre. Pour plus ample information, nous vous envoyons l'original du contrat que nous avons passé avec lui. Ce contrat pourra vous guider dans la marche à tenir à son égard, pour le forcer au remboursement; et s'il s'y résout de bonne grâce, comme il le doit, pour l'obliger à fixer le terme le plus court. Nous vous envoyons toutes ces pièces afin que vous puissiez suivre avec fermeté et promptitude la marche que voici : vous lui déclarerez donc que nous n'accepterons de lui aucun paiement qu'en argent comptant, et qu'en conséquence il ait à se pourvoir sur-le-champ des moyens à cet effet, ce qui lui sera certainement fort difficile. Mais, au moment où vous commencerez à avoir quelque certitude, recevez les effets qu'il vous offre, créditez notre compte du montant, et notez-y notre commis comme notre débiteur pour le restant en espèces sonnantes. Nous verrons ensuite comment les choses tourneront.

Nous vous, *etc.*   V. et K.

Bâle, le 30 janvier 18. .

Messieurs V. et K., à Elberfeld.

J'ai à répondre à votre lettre du 15 du courant. Passant sur tout ce qu'il est inutile de répéter, je ne traiterai que la partie absolument essentielle.

Les marchandises à recevoir se trouvent notées chez moi pour être envoyées plus loin, après en avoir reçu le recouvrement, comme le spécifient vos ordres.

Pour ce qui concerne les tonneaux délivrés à votre commis, veuillez me croire absolument innocent en tout ceci; d'ailleurs, je saurai me justifier en cas de besoin,

J'ai contremandé, comme je vous en ai déjà informé, les quatre tonneaux à Belfort. J'ai ordonné de même d'arrêter les autres, s'il en était encore temps. Néanmoins, comme cette affaire peut traîner en longueur, je crois que vous n'avez rien de mieux à faire maintenant que d'en charger un avocat d'ici, d'autant plus que c'est un vrai cas de justice que le plus habile négociant aurait peine à démêler. Mes fils et moi avons trop d'occupations pour pouvoir nous charger d'un projet aussi majeur.

Sans doute votre grande confiance en cet homme vous a fait outre-passer les bornes de la prudence. Cet exemple pourra vous servir d'avis salutaire.

J'ai l'avantage d'être, *etc.* R.

Elberfeld, le 15 février 18. .

Monsieur R..., à Bâle.

Votre lettre du 30 janvier nous a fort surpris. La moindre chose à laquelle nous devions nous attendre était que vous vous soyez approprié le soin d'une affaire qui, par votre faute, a des suites si funestes. Au contraire, c'est vous qui rejetez sur nous ce soin et les peines de pourvoir à la réparation du dommage : puis vous nous conseillez de charger un avocat de cette affaire, attendu que nous ne pouvons pas nous transporter sur les lieux, et que ni vous, ni Messieurs vos fils, ne pouvez sacrifier votre temps aux soins qu'exige un procès qui pourrait traîner en longueur. Vous ajoutez à cela, en forme de leçons, que nous avons accordé trop de confiance à notre commis. Nous vous renvoyons cette petite morale, car c'est vous qui vous êtes trop laissé entraîner par cet homme, et qui avez outre-passé notre mandat. Il faut avant tout vous en convaincre en vous mettant sous les yeux votre conduite, que vos lettres décèlent si clairement. Vous avez accepté notre mandat tel qu'il est conçu dans notre première commission. Quand notre chargé d'affaires a paru nous n'y avons rien changé. Vous l'avez encore reconnu vous-même le 18 août, c'est-à-dire deux mois après que cet homme arriva chez vous, en vous exprimant ainsi : « *Je ne livrerai pas les marchandises avant d'en avoir reçu le montant.* » Si, à cette époque, vous eussiez eu le moindre doute que notre mandat n'eût point eu de rapport à lui, c'est alors que vous eussiez dû nous en informer. Nous vous aurions conséquemment répondu aussitôt que rien ne serait changé à son égard de ce dont nous étions convenus auparavant. Mais, convaincus de votre fidélité à remplir nos engagements, nous n'avons trouvé aucun motif de vous témoigner de la méfiance, ne voulant rien faire paraître qui pût porter préjudice à ce jeune homme; d'autant plus que notre propriété nous paraissait en sûreté entre vos mains. Pendant ce temps-là il a pu vous séduire : il vous était libre pourtant de porter sur son compte tel jugement qu'il vous aurait plu. Vous eussiez pu penser de lui, de ses relations avec nous et de notre confiance à son égard, tout ce que vous eussiez voulu. Mais il n'aurait fallu entreprendre avec lui une seule affaire qui n'aurait pas cadré au stipulé de notre mandat, sans nous en avoir préalablement demandé notre avis; en un mot, vous avez rompu les conditions du mandat de vos commettants. C'est une malversation qui ôterait toute sûreté dans les affaires de commission, si celui qui s'en est rendu coupable n'en devenait pas absolument responsable.

Nous attendons de vous une prochaine réponse, qui nous explique vos intentions sur le dédommagement des pertes que vous nous avez occasionées. Si votre réponse ne correspond pas à notre attente fondée, nous suivrons alors votre conseil, et nous chargerons de cette affaire un jurisconsulte qu'on nous a déjà indiqué comme très-honnête et fort instruit. Ce ne sera pas contre notre commis, avec lequel nous avons rompu toutes relations, que nous agirons, mais contre vous-même, qui avez transgressé notre mandat. Si toutefois la justice se rend à Bâle (ainsi que nous aimons à le croire), nous avons lieu d'espérer que cette affaire ne traînera pas en longueur. Si, comme il est juste, vous vous en prenez à cet homme, à qui vous avez accordé trop de confiance, il pourra fort bien à la vérité en résulter un procès pour vous, où le plus habile négociant lui-même se trouverait embarrassé.

Nous sommes , etc.   **V. et K.**

Correspondance contenant une consultation sur un malheureux accident qui arriva à la suite d'une expédition de marchandises.

Rheimscheid, le 1er octobre 18. .

Monsieur Bus..., à Hambourg.

Je vous demande mille pardons si je prends la liberté de vous demander votre opinion et vos conseils sur un malheureux accident qui m'est arrivé dans une expédition de marchandises pour la France.

La narration véridique que je vous en donne ci-après vous fera juger s'il est juste que je supporte une perte qui provient de la faute de mon expéditeur. Mais n'anticipons pas sur votre jugement.

J'écrivis le 2 août 18. . ., à mon ami H. . ., à T . ., au sujet d'une partie de marchandises que je désirais expédier en France, et le priai en même temps de prendre des moyens sûrs pour faire parvenir à sa destination une partie qui se trouvait en route à cette époque, me réservant en outre de me prévaloir sur lui de sa valeur, dont je lui avais donné avis.

M. H. me fit part, le 10 août, de la bonne réception de ces marchandises, en me protestant qu'il remplirait ponctuellement mes ordres. Il envoya aussi, peu de temps après, la lettre de voiture en France, au négociant pour qui les marchandises étaient destinées, et portait dans son compte, outre les frais de commission, 60 francs par quintal pour *voiture et assurance*. (Bien entendu qu'il n'a payé que 54 francs 50 cent. au voiturier, ce qui est facile à prouver.)

Je mandai, en date du 30 août, à M. H..., que je lui avais adressé un second transport , et lui recommandais encore les plus grandes précautions pour faire tenir exactement les marchandises au négociant que je lui avais désigné; *en outre, qu'il devait se faire donner une caution suffisante pour la valeur des mar-*

*chandises, et ne pas regarder à quelques frais de plus
ou de moins.*

Là-dessus M. H . . me répondit : qu'il recevrait
les marchandises que je lui avais adressées, *et qu'il
en soignerait l'envoi de la même manière que le premier transport.*

Peu après M. H... écrivit à un négociant d'ici
qu'il s'engageait à livrer à Strasbourg des marchandises de l'Allemagne, moyennant 64 francs par quintal, en outre des frais et commission ordinaires, *et
qu'il prêterait caution pour la valeur à laquelle on
porterait les marchandises.*

Le premier transport passa les frontières de France
sans avoir éprouvé le moindre accident ; mais le second fut arrêté par les commis français, et confisqué
pour avoir dépassé les douanes. Il est vrai que M.
H . . se donna beaucoup de peines pour sauver les
marchandises ; mais toutes ses démarches furent in-
fructueuses.

D'après ce que je viens d'apprendre, le voiturier
a bien prêté caution pour la valeur des marchandises
envers M. H . ., mais il est insolvable et n'est pas en
état de restituer la perte.

Maintenant on exige de M. H . . le dédommagement de la valeur des marchandises confisquées (un
autre expéditeur qui a perdu dans le même transport
des marchandises, s'est offert lui-même de restituer
la perte). M. H . . donne pour ses excuses :

1º Qu'il n'était pas mon associé ;

2º Que je ne l'avais chargé que de pourvoir à ce
que les marchandises parvinssent en bon état, par un
voiturier, à un négociant indiqué ;

3º Qu'il ignorait ce que contenaient les ballots ;

4º Qu'en conséquence il n'avait pas prêté caution
pour des marchandises cachées, etc. ;

5º Qu'il n'avait compté que les frais et commission
d'usage.

Mais on peut faire sur tout ceci les observations
suivantes :

1º Le voiturier qui a chargé la marchandise chez
M. H . . à T., m'est tout-à-fait inconnu, et ce n'est
que M. H. . seul qui a contracté avec lui ;

2º J'ai instruit chaque fois M. H. . de la valeur de la marchandise, et même de chaque colis en particulier ;

3º Il n'y avait aucune espèce de marchandise anglaise parmi celles que j'ai envoyées, et principalement dans le dernier transport. C'étaient seulement des marchandises fabriquées en Allemagne, qui n'étaient point prohibées en France, en payant toutefois les droits, qui ne laissent pas pourtant d'être très-onéreux.

Maintenant tout se réduit aux questions suivantes :

1º Si, d'après les lois de commerce mises en exécution en Allemagne, et les droits usités parmi les négociants, on doit précédemment, avant toute correspondance de cette espèce, avoir fait un contrat d'assurance, par lequel M. H . . s'engage à donner certaines indemnités et à restituer la valeur énoncée des marchandises, en cas qu'elles soient arrêtées aux frontières de France ou qu'elles encourent d'autre part quelques dangers ?

2º Si M. H . ., dans le cas où ceci ne prouverait pas un contrat d'assurance, ne doit pas être tenu à la restitution de la valeur des marchandises, par la raison qu'il ne s'est pas fait donner une caution suffisante, malgré les ordres précis que je lui en avais donnés, tandis qu'il confie ces marchandises à un voiturier dépourvu de moyens suffisants ?

Donc, il n'a pas rempli la commission dont il avait été chargé.

J'ai l'honneur d'être, etc. P.

Réponse à la lettre précédente.

Hambourg, le 20 octobre 18. .

Monsieur P..., à Rheimscheid.

Je réponds à votre lettre du 1ᵉʳ du courant, par laquelle vous me demandez mon opinion sur votre affaire avec votre expéditeur H . ., de T. . ; mais il faut, pour que je puisse établir un jugement sain, que je sois premièrement informé des circonstances qui se

sont passées lors de l'arrestation de vos marchandises
à la douane. Cependant, je ne crois pas qu'il puisse
s'y trouver des incidents qui parlent plus à sa charge
que ce qui est déjà constitué par les faits.

L'expression des ordres que vous lui avez donnés
ne dit-elle pas encore que vous le rendez garant des
marchandises dont vous lui avez confié l'expédition ?
Non, cette expression ne signifie pas autre chose, sinon que vous avez eu une très-grande confiance en
lui, et que vous espériez *qu'il ferait tout ce qui dépen-
drait de lui pour vos intérêts.* Quoique vous lui ayez
dit expressément de ne confier vos marchandises qu'à
un voiturier qui pût répondre de leur valeur, il sera
toujours en droit de vous répondre qu'il a choisi un
voiturier qui lui a paru rassembler tout ce qu'il fallait
de *probité et de fortune* pour ne commettre ni *fraude,*
ni *vol,* et qu'il a pris autant de soin de votre propriété que si elle lui avait appartenu.

Je désire aussi que vous m'instruisiez s'il est d'u-
sage dans vos environs d'exiger du voiturier une caution fixée en justice, pour les marchandises qu'on lui
confie. Si cela n'est pas, il peut dire : j'ai suivi la
marche ordinaire, et je n'ai pu exiger du voiturir ce
qui n'en était pas. Mais maintenant voici sa lettre qui
parle contre lui, lorsqu'il vous demande 60 francs
par quintal pour *voiture et assurance.*

Cependant, cette demande et le consentement de
votre part ne peuvent pas être considérés comme un
contrat de garantie entre tous deux, car l'objet de
toute assurance, quel qu'il soit, doit toujours avoir
été estimé et fixé à une certaine valeur. Encore la
prime d'assurance ne se compte-t-elle que d'après la
valeur de la marchandise et non d'après son poids;
mais vous n'avez pas taxé cette valeur ; vous n'avez
parlé à M. H . . que généralement de la valeur d'une
partie de vos marchandises, et non de toutes celles
que vous lui avez donné l'ordre d'expédier.

Qu'il vous demande 60 francs, tandis qu'il n'en
paie effectivement que 54 au voiturier, tout cela ne
prouve rien contre lui; car il peut répondre qu'il est
tout simple qu'un expéditeur prenne son bénéfice où
il le trouve; cela n'est pas très-juste à la vérité, mais

il n'y a pas là de quoi lui supposer une obligation pour la garantie de vos marchandises.

Cependant, ce qui pourrait le plus déposer contre lui, c'est l'offre qu'il a faite à une autre maison de livrer à Strasbourg des marchandises d'Allemagne, à raison de 64 francs par quintal, et de garantir pour la valeur à laquelle les marchandises auront été portées. Voilà ce qui prouve qu'il a eu l'intention de se charger de la garantie des marchandises, d'après le poids et non de la valeur, et ceci nous donnera des éclaircissements sur l'offre de garantie qu'il vous fit, à raison de 60 francs par quintal.

Mais actuellement, il nous reste un objet plus important à considérer : c'est de savoir si la route de Strasbourg est plus longue que celle par laquelle il a expédié les marchandises, dont vous ne faites pas mention. Si la première est plus courte, alors vous perdrez nécessairement envers lui; car il peut dire : j'ai demandé davantage pour une route plus longue, parce que je me suis chargé de la même garantie qu'envers vous, n'y ayant que la longueur de la route qui apportât une différence dans le prix. Mais si la route que vos marchandises ont prise est plus courte, alors je considère que l'argument est décidément en votre faveur.

Tout dévoué à votre service, j'ai l'avantage de vous saluer bien sincèrement.

BUS....

Lettre contenant une question relativement à un jugement rendu par défaut, avant les délais marqués dans l'assignation.

Roubaix, le 10 mars 18. .

Monsieur D..., à Lille.

Veuillez, Monsieur, avoir la complaisance de me donner votre avis sur la question suivante, je vous en aurai la plus sincère reconnaissance.

QUESTION. « Si un individu contre lequel on au-
» rait obtenu un jugement par défaut avant l'expira-
» tion des délais qui lui étaient marqués dans l'assi-
» gnation, et qui demande, sans autre, l'annulation

» de ce jugement, si mal à propos rendu contre lui,
» perd, par cette seule demande le droit de proposer
» ensuite l'incompétence du tribunal devant lequel il
» se trouve. »

En attendant votre réponse, je vous prie d'agréer,
Monsieur, mes salutations distinguées.

N. N.

———————

Réponse à la question ci-dessus.

Lille, le 13 mars 18. .

Monsieur N. N., à Roubaix.

La question, Monsieur, sur laquelle vous voulez
bien me consulter par votre lettre du 10 courant, me
paraît se réduire à savoir si une partie qui veut proposer une incompétence et contre laquelle un jugement
par défaut a été irrégulièrement rendu, doit, en formant son opposition, se borner strictement à faire
valoir l'incompétence, ou si, pouvant induire des
termes de son opposition, qu'elle a voulu attaquer le
jugement en la forme, elle se trouve par-là déchue de
son chef d'incompétence : en principe, et d'après l'art.
169 du Code de procédure civile, l'incompétence doit
être proposée préalablement à toute autre exception
et défense, et un arrêt de la Cour de Paris, du 28
novembre 1811, rapporté dans le journal des avoués,
tome 5, page 17, a décidé : *que les nullités ne pou-*
vaient être proposées qu'après jugement sur compé-
tence, ce qui est conforme aux dispositions de l'art.
173 du Code de procédure civile. Pour écarter ces
principes et la forme des autorités, on veut vous considérer comme étant dans une situation particulière,
et on établit cette différence sur la circonstance que le
jugement par défaut aurait été rendu avant l'expiration du délai de l'ajournement. J'avoue que ce point
me paraît indifférent, et qu'il me semble qu'il faut
toujours en revenir à examiner le premier acte que
vous avez fait dans la procédure. L'article 437, particulier aux matières commerciales, veut que l'opposition à un jugement contienne les moyens de l'oppo-

sition; or, si ces moyens peuvent conduire le tribunal à examiner un autre point que celui de la compétence, il me paraît évident qu'on l'accepte pour juge d'une difficulté étrangère à la compétence, et qu'alors, par l'effet des principes établis par l'art. 169, on se prive de tous droits à se prévaloir du chef qui autorisait la demande en renvoi. Comment en effet se faire l'idée que le tribunal dans lequel on ne veut reconnaître aucun droit pour être juge de la difficulté au fond, pourrait néanmoins s'occuper de l'accessoire, qui de droit n'appartient qu'au juge du principal; vainement on oppose que le jugement par défaut devait être préalablement anéanti pour vous replacer dans la situation favorable à la demande en renvoi, parce que si ce jugement avait été rendu régulièrement aussi bien qu'il pouvait être attaqué en la forme, il en serait résulté, pour admettre l'opinion qu'on veut faire valoir, que vous eussiez dû recourir aux moyens du fond pour faire écarter le jugement avant de faire valoir votre incompétence, c'est, selon moi, une erreur que ce système, et je tiens que le jugement par défaut ne vous mettait pas dans une situation différente que celle où vous étiez au moment de l'ajournement, et que dès qu'on peut vous opposer un acte qui ne contient pas la demande en renvoi, vous vous êtes rendu non recevable à la proposer; en un mot tout moyen qui a pour objet de faire valoir des nullités existantes en l'instance, soit avant le jugement, soit du jugement lui-même, prive du droit de recourir à l'incompétence, et je regarde ces conclusions prises en votre nom comme suffisantes pour vous faire repousser aujourd'hui de cette tentative.

J'ai l'avantage, Monsieur, d'être votre tout dévoué.   **D.**

Consultation sur la solidarité des associés.

Monsieur,

Connaissant votre sagacité pour résoudre les questions qui vous sont soumises dans le contentieux commercial, permettez-moi de vous demander votre avis dans l'espèce suivante :

Une société de commerce est formée entre les sieurs
A., B. et C., sous la raison sociale de ces deux derniers.

L'acte d'association détermine la mise de fonds des
sieurs A. et B., et attribue à chacun d'eux, outre l'intérêt de sa mise, une portion des bénéfices propor-
tionnée à son importance.

Le sieur C. ne souscrit point de fonds, il est
nommé seul gérant de la société, et a seul la signature
sociale.

L'acte lui accorde un cinquième dans les bénéfices,
et en outre une gratification annuelle de 3000 francs.

Au moment de sa liquidation, la société présente
des pertes assez considérables.

En cet état, on demande si le sieur C.., qui n'ap-
portait que son industrie dans l'association, doit être
passible des pertes à concurrence de la portion qui
lui était attribuée dans les bénéfices?

Dans l'attente, *etc.*

Réponse à la lettre précédente.

Je réponds à la lettre que vous m'avez écrite le...
La question commerciale que vous me soumettez pour
avoir mon avis, ne présente selon moi aucune difficulté, et l'affirmative de votre demande ne peut être
contestée.

Dans une association en nom collectif de la nature
de celle dont il s'agit ici, tous les associés sont soli-
daires pour tous les engagements de la société, d'après
la disposition formelle de l'article 22 du Code de Commerce.

Tout ce que les associés peuvent règler entre eux
relativement à leur mise de fonds et à leur part dans
les bénéfices, est étranger aux tiers, et ne peut les
soustraire aux obligations que la loi attache à la qualité d'associé.

Dans l'espèce particulière, le sieur C. se trouvera
donc obligé envers les créanciers de la société par la
signature sociale, et il sera obligé de supporter, envers ses associés, une portion de la perte correspon-

dante à son intérêt dans la société, à moins que l'acte
social ne l'en dispensât d'une manière expresse.

Tel est mon avis, que je désire être le vôtre, car vous
êtes plutôt à même d'en donner que d'en recevoir.

J'ai l'honneur d'être, etc.

---

*Lettre contenant une Question de Commerce sur un compte
de retour. — Parère contenant la solution à cet égard.*

Une question se présente pour le commerce : on prie
Messieurs les négociants de....., de vouloir bien donner leur
avis pour la résoudre.....

QUESTION.

« Une lettre de change, tirée de Nantes sur Paris, est
protestée : le porteur fait une retraite sur son cédant de
Lyon, preneur de la traite; le cours du change de Paris sur
Lyon est certifié au compte de retour; mais on a omis d'y
constater celui de Paris sur Nantes; le tireur devra-t-il le
rechange de Lyon sur Nantes, ou n'en devra-t-il point du
tout, suivant l'article 186 du Code de Commerce? Ce preneur, qui est obligé à des frais pour rentrer dans ses fonds,
serait donc passible, dans ce dernier cas, de la faute d'un
tiers? Pour l'éviter, a-t-il le droit de faire un nouveau
compte de retour et une retraite pour prendre son rechange
sur Nantes, pour obvier à l'impossibilité où il est de faire
constater le cours du change de Paris sur Nantes.

Parère et solution de la question proposée.

Les soussignés, qui ont pris connaissance de la question
ci-dessus, estiment qu'il semblerait en effet qu'on serait
fondé à conclure du rapprochement des articles 181 et 186
du Code de Commerce, que dans l'espèce ci-dessus, le tireur ne devrait aucun rechange; car le premier de ces
articles exige impérieusement que lorsque la retraite est
faite sur l'un des endosseurs, elle soit accompagnée d'un
certificat qui constate le cours du change du lieu où la
lettre de change était payable, sur le lieu d'où elle a été
tirée; et l'article 186 porte qu'il n'est point dû de rechange

si le compte de retour n'est pas accompagé des certificats prescrits par l'article 181.

Mais l'injustice criante qu'il y aurait à consacrer un tel système, puisque le rechange se trouverait à la charge de l'un des endosseurs qui doit toujours obtenir un recours assuré contre le tireur, donne lieu à examiner si le texte de la loi ne pourrait être invoqué en faveur d'une opinion contraire dans l'espèce proposée.

En effet, le Code de Commerce constate, au paragraphe *du Rechange*, des principes dont l'application à la question ne peut être contestée.

L'article 178 consacre, en principe général, que le porteur d'une lettre de change peut s'adresser, pour le rechange comme pour le principal et les accessoires de la lettre, soit au tireur, soit à l'un des endosseurs.

Aux termes de l'article suivant, le rechange se règle, soit d'après le domicile de l'endosseur, soit d'après celui du tireur, selon que le porteur s'adresse à l'un ou à l'autre.

D'après l'article 182, le compte de retour est remboursé d'endosseur à endosseur, et définitivement par le tireur.

Enfin, l'article 185 dispose que les rechanges ne peuvent être cumulés, et que chaque endosseur n'en supporte qu'un seul ainsi que le tireur.

Le rapprochement de ces deux articles nous semble décisif dans l'espèce proposée.

Dès-lors que ce n'est que le même compte de retour qui est remboursé par les endosseurs successifs, et que le tireur supporte seul en définitive; dès-lors que le rechange est l'un des éléments du compte de retour, et qu'il ne peut y avoir en résultat qu'un seul rechange, il nous semble que dans l'espèce proposée, le porteur est fondé à demander à l'endosseur de Lyon le rechange de Paris sur cette ville; et que de son côté celui-ci est autorisé à faire retraite sur le tireur de ce rechange qu'il a payé, en y joignant les frais qu'il est lui-même obligé de faire pour sa retraite sur Nantes.

Cette manière de procéder nous semble tracée par la législation, en matière de lettre de change; elle n'est pas d'ailleurs frustratoire à l'égard du tireur, puisque d'une part le porteur de la lettre de change n'est pas obligé d'agir directement contre lui, et que d'un autre côté il est tenu d'indemniser l'endosseur de tout ce qu'il paie légitimement à l'occasion de la lettre de change.

Fait et délibéré à Paris, le 11 mars 18. .

Lettre de Recommandation.

Lille, le 2 juin 18. .

Monsieur Hervé, à Paris.

Monsieur,

J'ai l'honneur de vous recommander de la manière la plus particulière le porteur de la présente, Monsieur H..., qui voyage pour augmenter le nombre de ses correspondants. C'est un ami auquel je suis fort attaché et dont les qualités personnelles ne peuvent manquer de lui concilier votre estime et votre amitié.

Je vous prie donc, Monsieur, de lui rendre tous les services qui dépendront de vous, et de le recommander à ceux de vos amis dont la connaissance pourra lui être utile et agréable.

Je vous aurai la plus vive reconnaissance de tout ce que vous voudrez bien faire pour lui, et vous me trouverez toujours prêt à vous en donner les preuves, comme de mes sentiments les plus affectueux.

                     JULIEN.

Réponse à la lettre précédente.

Paris, le 10 juin 18. .

Monsieur Julien, à Lille.

Monsieur,

J'ai reçu des mains de M. H.... la lettre de recommandation que vous lui avez remise pour moi, en date du 2 de ce mois. J'ai eu le plaisir de l'avoir à dîner chez moi le même jour, et d'apprendre par moi-même que vous ne m'aviez fait qu'une légère peinture de son mérite qui, à ce que j'en puis juger, va au-delà de ce qu'on pourrait en dire. Soyez persuadé que ce sera avec tout le plaisir du monde que je m'empresserai de lui être utile et de lui rendre tous les services qui seront en mon pouvoir, tant sous le rapport de l'agrément que sous le rapport de ses liaisons avec de bonnes maisons. Comptez sur l'amitié et les soins de celui qui demeure tout à vous.

HERVÉ.

Autre lettre de Recommandation.

Orléans, le 1er septembre 18. .

Monsieur Harduin, à Rouen.

Monsieur L . . ., de Bordeaux, se rendant en votre ville, pour y traiter quelques affaires, je m'empresse, mon bon ami, de l'introduire près de vous et de vous le recommander de la manière la plus particulière. Indépendamment de la considération dont jouit sa maison, les qualités personnelles de M. L..., vous rendront, j'en suis sûr, sa connaissance extrêmement agréable; et si, à cet avantage qui vous sera commun, vous réunissez celui d'établir une correspondance entre vous, dont les effets soient réciproquement satisfaisants, il me sera bien doux d'y avoir donné lieu.

Votre ami,

LA BAUME.

Lettre de Recommandation, avec ordre de fournir de l'argent dont le porteur pourrait avoir besoin, jusqu'à une somme limitée (1).

Amsterdam, le 1er juillet 18. .

Messieurs D. et E., à Paris.

Messieurs,

La présente vous sera remise par M. Wilson, jeune homme d'une très-bonne famille de Londres, que ses

(1) On doit, pour ces sortes de lettres, prendre les mêmes précautions que pour les lettres de crédit. Voyez à l'article de celle-ci, afin de ne pas répéter la même chose.

parents font voyager dans diverses contrées de l'Europe. Ils nous l'ont adressé avec prière de le munir de lettres de recommandation pour différentes places de France, d'Allemagne, d'Italie, etc. Son dessein étant de se rendre d'ici en droiture dans votre ville, nous avons cru ne pouvoir mieux faire que de vous le recommander, d'autant plus que c'est un jeune homme distingué non-seulement sous le rapport de sa famille, mais encore sous celui de son mérite personnel : ayez donc la bonté de lui faire tout l'accueil qui dépendra de vous pendant le séjour qu'il doit faire dans votre ville, et de lui rendre tous les services possibles. Vous lui fournirez sous ses doubles reçus tout l'argent dont il pourra avoir besoin jusqu'à la concurrence de six mille francs, dont vous pourrez vous rembourser sur nous en nous faisant passer un de ses reçus. Vous aurez la complaisance de confronter sa signature avec celle que nous vous ferons passer par la poste.

Nous avons l'honneur d'être, avec une parfaite estime,

Messieurs,   *Vos,* etc. **J. et P.**

Lettre annonçant une Lettre de Crédit.

Paris, le 16 janvier 18. .

Monsieur Grandin, à Rouen.

Monsieur,

Mon commis voyageur, Monsieur Jean Dulaure, est porteur de ma lettre de crédit sur vous, en date de ce jour, de la somme de trente mille francs. Je vous prie de les lui compter à mesure qu'il en aura besoin sur ses récépissés en double. Vous me les enverrez, en tirant sur moi à vue les sommes que vous lui aurez comptées, auxquelles vous ajouterez la perte de place, votre commission, etc.; et comme il pourrait arriver quelques évènements fâcheux en route audit sieur Dulaure ci-bas se trouve sa signature que vous anrez, je vous prie, la précaution de confronter avec celle des quittances qui vous seront souscrites.

Monsieur Dulaure, comme vous le verrez par le passe-port qu'il vous représentera, est un homme de vingt-cinq ans, taille de 1 mètre 670 millimètres, visage rond, nez aquilin, yeux noirs et cheveux châtains.

Me reposant sur votre ponctualité à déférer à ma demande,

Je suis avec considération votre dévoué serviteur,

AUBIER.

(*Signature de Monsieur* Jean Dulaure :)

JEAN DULAURE.

Formule de la Lettre de Crédit annoncée par la lettre précédente.

Paris, le 16 janvier 18. .

Monsieur Grandin, à Rouen.

Monsieur,

Conformément à ma lettre d'avis de ce jour, je vous prie de compter à Monsieur Jean Dulaure, mon commis voyageur, la somme de trente mille francs, et ce au fur et à mesure qu'il aura besoin d'argent, sur ses récépissés, et de vous en prévaloir sur moi à vue, comme je vous en ai prié, me référant au surplus à tout ce que je vous ai écrit dans l'annonce de ma précédente.

Je suis avec considération votre dévoué serviteur,

AUBIER.

Avis de Marseille sur les Prix des Huiles d'olive et des Cotons.

Marseille, 26 janvier 18. .

Monsieur R. L., à Lille.

En vous annonçant par ma lettre d'hier que des ventes d'huile d'olive s'étaient faites à 75 fr. la millerolle, je disais qu'on semblait s'attendre à une plus

forte baisse. Mes conjectures se sont en effet réali-
sées; on a connu ce matin des ventes à livrer en
mars et avril à 74 francs, et on en porte le nombre
à dix mille millerolles.

Aujourd'hui 1800 millerolles se sont vendues à
75 francs. Ce dernier prix a causé une surprise générale qui me ferait croire que l'article ne descen-
drait pas plus bas, si le courrier de Naples, qui doit
arriver dimanche, et qui ne pourra être connu que
dans la matinée du lundi, portait des nouvelles favorables à ce liquide. Il est impossible cependant de
former quelque conjecture à cet égard; les oscilla-
tions de hausse et de baisse dérangent tous les calculs, et quelque porté que je sois à croire au soutien
de l'article, ce qui s'est passé aujourd'hui me prouve
que je pourrais bien me tromper.

Une vente très-remarquable de coton a eu lieu
cette semaine; 626 balles de Caroline se sont vendues à 90 francs les 50 kilogrammes; mais cette partie était si belle qu'elle a trouvé un emploi aussi
rapide qu'avantageux, et que ce prix ne peut faire
cours pour des parties provenant du même état, mais
qui ne présenteraient pas le même attrait aux acheteurs. Dans l'état de stagnation où se trouve cet article sur les marchés d'Europe, les expéditionnaires
doivent donner la préférence aux belles qualités, et
les planteurs doivent moins chercher à produire
beaucoup qu'à produire du beau.

Si l'Égypte diminue ses envois, elle travaille au
profit des Américains, qui, dans les mois d'octobre
et de novembre 1827, n'avaient expédié que 8000
balles, et qui dans les mêmes mois de 1828, en ont
envoyé 40,000 balles.

Tout à vos ordres, je vous salue sincèrement.

---

*Lettre sur l'embarras où se trouve une maison de satisfaire
à ses créanciers.*

Bordeaux, ce 28 mars 18. .

Monsieur P. B., à Hambourg.

C'est avec un cœur accablé de douleur, que je vais

vous entretenir de ma triste position. Vous savez qu'il
y a déjà dix ans que je suis établi ici, et j'ose vous cer-
tifier que je n'ai point agi en homme inconsidéré. Je
puis me vanter d'avoir joui d'un crédit très-flatteur,
c'est ce dont plusieurs de mes correspondants d'Hambourg pourront vous instruire. Il est vrai que j'ai
échoué dans des affaires où d'autres maisons se sont
enrichies. Cependant, j'ai lutté contre le malheur tant
que j'ai pu ; mais il a fallu prendre des moyens que
je n'aurais certainement pas employés, si la fortune
ne m'avait pas été contraire. J'étais contraint de
prendre du crédit où je pouvais en trouver. Il fallait pourtant arranger la chose de manière à ne
point être découvert. Je cachai donc mon embarras
sous un virement de change. Au moment où je me
sens le plus en péril, un des anneaux de notre chaîne
vient tout-à-coup à se rompre sans que j'aie le temps
de m'en détacher. Un autre malheur survient encore.
La branche la plus lucrative de mon commerce était,
jusqu'ici, l'eau-de-vie de nos environs. J'en expédiais
en Normandie et en Picardie d'où la contrebande
se fait facilement avec l'Angleterre. Mais maintenant
un de mes principaux correspondants vient d'éprouver un malheur inoui : sur dix cargaisons semblables,
il en a perdu la moitié en très-peu de temps. La
perte de ses bâtiments, quoique très-petits, surpasse
de beaucoup celle de ses cargaisons. Le voilà donc
obligé de suspendre ses paiements et d'avoir recours
à la générosité de ses créanciers. Quoique je puisse
espérer 50 pour cent à la masse, c'est pourtant attendre trop long-temps pour que je puisse remplir
mes autres engagements en temps dû. En un mot,
jamais je ne fus dans un plus grand embarras. Permettez-moi donc de m'adresser à vous pour la première fois. Vous êtes sensible et bon, vous m'avez
toujours témoigné de l'amitié et de l'intérêt, mais je
sens que vous ne pouvez décemment acquiescer à ma
demande, si je ne vous fais pas connaître l'état de
ma fortune ou plutôt de mon infortune. En voici l'a-
perçu court et vrai. Vous voyez que mon déficit n'est
que de 60,000 francs, et dans le cas où je doive me
déclarer insolvable, je puis toujours donner 60 pour

cent. Présumant que vous ne voudrez pas laisser
périr un de vos parents qui vous fut cher, j'ai pris
la liberté de tirer sur vous 40,000 francs. Il est vrai
que je n'ai pu négocier le tout, mais seulement *valeur en compte*, comme il est usité quand on a plus
de confiance dans l'accepteur que dans le tireur. Je
les ai cependant négociés à des maisons qui pourront me payer aussitôt qu'elles auront appris votre
acceptation. Il est vrai qu'on ne peut recevoir de
nouvelles de chez vous ici qu'en quatre semaines;
mais je pourrais bien encore me soutenir jusqu'à
cette époque, surtout s'il m'arrive de St.-Domingue
un navire auquel j'ai une grande part. Les traites
iront à Hambourg, sans autre endossement qu'à
l'ordre du présentant qui escomptera alors les secondes et les endossera aussitôt que vous aurez accepté les premières.

Je demeure, etc.   R.

Réponse à la lettre ci-dessus.

Hambourg, ce 22 août 18. .

Monsieur R., à Bordeaux.

Pour faire d'aussi grandes demandes que celles
que vous m'annoncez dans votre dernière, il faudrait
d'avance être plus sûr que j'y donnerais mon consentement, que pourtant votre conduite ne doit pas
vous donner lieu d'espérer.

Si j'aime et chéris mes parents, j'ai droit d'attendre
d'eux, que malgré l'éloignement, ils ne me négligent
pas en étranger, comme vous l'avez fait depuis nombre d'années. La dernière lettre que j'ai reçue de
vous, n'était qu'une simple circulaire pour m'annoncer votre nouvel établissement. On entre pourtant
dans de plus grands détails quand on écrit à un
oncle, en pareille circonstance. Depuis, je n'ai plus
rien appris de vous que par des rapports fortuits,
mais jamais rien de consolant n'est venu soulager ma
sollicitude. J'apprenais que vous aviez un équipage,
la petite maison, une maîtresse, etc. On m'avait

aussi instruit de votre virement de change, ainsi que de vos opérations qui, en général étaient peu solides. Je suis vraiment étonné que vous ayez pu vous soutenir aussi long-temps. Et vous croyez maintenant que le vieil oncle va venir tout bonnement à votre secours parce qu'il a assez de fortune pour que 40,000 francs de moins ne puissent pas le gêner. Mais ne savez-vous pas que le bon oncle a aussi sa propre famille qu'il faut soigner en cas de besoin, et d'autres parents dont il est plus satisfait que de vous.... Sachez donc que toutes vos traites seront protestées. Tirez-vous maintenant comme vous pourrez d'embarras : cependant je ne vous interdis pas tout espoir pour l'avenir. Si votre fortune, comme vous le dites, est dans un assez bon état, il ne vous sera pas difficile de vous accorder avec vos créanciers et de recommencer ensuite sur de nouveaux frais. Quand je verrai que vous avez pris une bonne voie, alors je viendrai à votre secours. Si petit que soit votre commerce, pourvu qu'il soit solide, vous pouvez toujours compter sur mon assistance. Vous pourrez tirer sur moi, après l'envoi du connaissement sur toutes les marchandises que vous me ferez passer en commission, non pas seulement pour les deux tiers de la valeur, comme il est usité, mais même pour les trois quarts. Je vous chargerais aussi de toutes les commissions sur Bordeaux que j'ai données jusqu'à ce moment à la maison P. et comp^e., dont je ne puis pas décemment tout-à-fait me tirer, puisque j'ai toujours été très-content de leurs services. Mais je ne pourrais pas tout de suite vous accorder ce qu'on nomme un crédit de banque, avant que je ne me sois aperçu que vous gériez vos affaires en homme d'ordre. Je serai charmé d'apprendre quand vos affaires seront en règle, pour vous prouver que vous avez encore un oncle qui aime et secourt volontiers ses parents, lorsqu'ils le méritent.

Je demeure, etc.   P. B.

Autre lettre d'un Commerçant par laquelle il fait part qu'il se trouve hors d'état de payer.

N. . ., ce. . .

Monsieur M. J. . ., à O. . .

Je viens vous faire part d'un nouveau revers qui vient de m'arriver et qui plonge ma famille dans la désolation la plus grande. Il est bien pénible pour moi, monsieur et ami, d'avoir des nouvelles aussi fàcheuses à vous annoncer. Hélas! faut-il après trente-cinq ans de peines et de soins continuels, se voir à la veille de perdre sa réputation! Cette idée me fait frémir.

Vous savez, depuis quelques années, combien j'ai été contrarié dans mes opérations, et combien la fortune m'a été rebelle. Les troubles de l'Espagne et deux faillites énormes que j'ai essuyées dans ce pays avaient sensiblement dérangé mes affaires. Je commençais, avec bien des peines et des soins, à les rétablir; mais malgré mon zèle et mes efforts, tout semble se réunir pour consommer ma ruine; et la chute de J. et L., do L..., rend la mienne inévitable. Un bâtiment que j'attendais de la Guadeloupe me donnait encore de l'espoir; mais l'époque à laquelle il devait arriver étant passée depuis deux mois, je dois le croire perdu; si cela est, mes dernières espérances sont anéanties. Mes ressources sont épuisées; j'ai fait, pour me soutenir, tout ce que peuvent suggérer la prudence et la probité, mais je ne puis plus résister à tant de revers.

Les expressions me manquent, monsieur et ami, pour vous faire connaître combien ma situation est affreuse. Les personnes qui connaissent mon zèle et ma sévère exactitude à remplir mes engagements, sauront sûrement apprécier les maux qui m'accablent. Mais ce qui augmente encore le plus ma douleur, c'est que mes amis, et surtout vous, deviez aussi en souffrir.

Comme étant un de mes plus forts créanciers, je réclame de vous générosité et indulgence. Si je puis espérer cette faveur, et que mes autres créanciers se déterminent à suivre votre exemple, je vous devrai la seule consolation dont ma position soit susceptible.

Je pourrai encore me soutenir quinze jours ou trois semaines : mais si d'ici à ce temps je ne reçois pas de nouvelles favorables du vaisseau que j'attends, mon malheur est certain. Alors je devrai cesser mes paiements, et d'après l'aperçu que j'ai fait, je ne pourrai offrir que 50 pour cent, même en abandonnant tout ce que je possède. Mes livres et ma douleur feront connaître à mes créanciers que ce n'est pas ma faute, mais la dure nécessité qui me réduit à cette cruelle extrémité.

Je dois des sommes assez majeures à MM. C. et D., de votre ville. Daignez me prêter votre assistance auprès d'eux, et solliciter leur indulgence à mon égard. Je sens toute l'étendue des services que je réclame de votre cœur généreux, et plein de confiance dans vos sentiments élevés, j'attends deux mots de réponse de votre part, qui sûrement contiendront la décision de mon sort.

J'ai l'honneur, etc. J. V.

————————

Réponse à la lettre ci-dessus.

O. . . . . 48. . .

Monsieur J. V..., à N...

Je m'empresse, mon cher et malheureux ami, de vous assurer de la continuation de toute mon amitié. Je désire vivement que la part que je prends à votre position puisse en adoucir un peu l'amertume. Un homme de votre caractère peut devenir malheureux, mais jamais malhonnête. Ainsi, tranquillisez-vous: votre exacte probité parle pour vous, et votre réputation restera intacte. Je suis un de vos principaux créanciers, et je remercie le ciel de m'avoir, par votre secours, mis en état de pouvoir supporter la perte de quelque mille écus. Vous avez été, en quelque manière, le promoteur de ma fortune; et autant votre sort me peine, autant je suis charmé d'avoir aujourd'hui l'occasion de vous témoigner ma reconnaissance pour toutes les bontés que vous avez eues pour moi.

Soyez tranquille à mon égard. Je connais les dangers auxquels le commerçant le plus habile et le plus prudent est exposé, et je ne manquerai pas de vous aider de tout mon pouvoir à vous rétablir, car je sais que vous en feriez autant pour moi, si je me trouvais dans la même situation.

J'ai parlé à MM. C. et D., et je puis vous annoncer avec plaisir qu'ils partagent mes sentiments à votre égard. Ainsi, dans le cas où vous seriez dans la triste nécessité de proposer un accommodement, nous serons les premiers à le signer, et j'aime à croire que nous n'aurons pas de peine à y déterminer, par notre exemple, vos autres créanciers, qui savent que votre position fâcheuse ne vient pas de votre faute, et qui aimeront mieux vous être utiles que de vous voir malheureux.

J'espère toujours que le mal ne sera pas aussi grand; mais s'il a lieu, vous pouvez compter sur mon zèle le plus actif. Envoyez-moi alors une note de vos autres créanciers, et je m'empresserai de servir vos intérêts auprès de ceux avec lesquels je suis en liaison; car je ne permettrai jamais que la réputation d'un homme aussi honnête que vous, et auquel j'ai tant d'obligations, soit compromise.

Je suis, etc. **M. J.**

Lettre ou Instructions relatives aux Affrétements, Chargements par Navires, soit en temps de paix ou en temps de guerre maritime.

Dunkerque, le 1er juillet 18. .

Monsieur A. M..., à...

Monsieur,

Vous me demandez quelques instructions relatives aux affrétements par navires, soit en temps de paix ou de guerre maritime. Je vais tâcher de vous satisfaire le plus brièvement que je pourrai.

Lorsqu'un négociant a envie de faire un chargement par mer, il faut qu'il se procure un navire du port qu'il désire; il cherche par lui-même ou donne ordre à un courtier de navire de le chercher pour lui. Dès qu'il se rencontre un navire convenable, soit français, soit neutre, on passe avec le capitaine un acte sous seing-privé, signé en double, qu'on nomme *charte-partie*, par lequel ce capitaine s'oblige à prendre son entière charge de marchandises que le chargeur fera mettre à son bord à destination de... pour, là étant arrivé, lui être payé le prix du fret, avaries, chapeau à tant par tonneau. Il faut également avoir soin de stipuler les jours de planche, c'est-à-dire, le temps nécessaire, tant pour la charge que pour la décharge du navire; car, le temps une fois expiré, le capitaine a droit à un dédommagement à tant par jour pour le retard; quand la charte-partie est signée, le capitaine dit qu'il est frété.

Lorsque le navire est chargé, le capitaine donne une reconnaissance de tous les objets composant la cargaison. Cette reconnaissance se nomme *connaissement*, et doit être signée en quatre exemplaires et plus, dont l'un reste entre les mains du fréteur, un est pour l'affréteur, un pour le consignataire et l'autre pour servir aux *assurances*.

Quoique les *chartes-parties*, les *contrats d'assurances* et les *connaissements* se trouvent imprimés chez les libraires des places maritimes, et qu'il n'y ait qu'à les remplir, je vous en envoie néanmoins ci-inclus des copies, persuadé que cela pourra vous être agréable.

En temps de guerre, si on charge un navire neutre, il est prudent de masquer son expédition, pour éviter les tracasseries des ennemis, et voici de quelle manière on s'y prend : 1º La douane expédie le capitaine par acquit-à-caution et autres formalités nécessaires pour le port de France qui est sa destination réelle; la douane, par contre, lui délivre des doubles expéditions simulées pour aller dans un port étranger, c'est-à-dire par *acquit de paiement*, avec la quittance des gros droits d'entrée et de sortie du navire, et un passe-port étranger.

Le capitaine neutre envoie par la poste, à son correspondant de France, son acquit-à-caution, ses quittances, charte-partie, connaissements et autres papiers réels ; et ne garde à son bord que les papiers simulés, une facture également simulée que le négociant lui donne acquittée, comme étant censé lui avoir vendu la cargaison, ou allant pour le compte de son armateur ; plus, il se munit aussi d'un certificat de l'agent de sa nation, qui atteste que le chargement est réellement pour compte, soit du capitaine ou de son armateur : il est dû aux agents un droit soit d'un demi ou d'un pour cent sur ces sortes d'expéditions, parce qu'en cas de mauvaise rencontre ou de capture, le capitaine réclame contre la prise de son bâtiment et de la cargaison.

Je vous fais observer, Monsieur, que ces sortes d'expéditions ne se font qu'avec l'autorisation du gouvernement : il faut pour cela s'adresser au ministre de la marine et des colonies.

Je désire que ces renseignements puissent vous être agréables ; dans tous les cas s'ils ne vous suffisaient pas, vous pourriez vous adresser de nouveau à celui qui se fera un vrai plaisir de vous donner tous les détails qui sont en son pouvoir, et qui vous salue bien sincèrement.

N.N.

Formule d'une Charte-Partie (ou affrètement ou nolissement.)

Entre les soussignés *Jean-Henri Leb....*, *négociant au Hâvre*, y demeurant rue..., et *Nicolas Mor..*, capitaine du navire *le Voltigeur*, du port de *trois cents* tonneaux, actuellement en station au port du *Hâvre*, appartenant à M. *Thomas Duf...* propriétaire, demeurant au *Hâvre*, rue.., ont été faites les conventions qui suivent :

Moi, Nicolas Mor.., en ma qualité de capitaine du navire le *Voltigeur*, pour et au nom de M. *Duf...*, loue et donne à loyer à M. *Leb..*, pour les temps, lieux et prix dont il va être question, et je promets et m'oblige de tenir tout prêt pour le *10 du présent mois* ledit navire, de le faire calfater et mettre en bon état, de le pourvoir et munir de matelots, de

mousses, de soldats, de munitions, de *vingt pièces* de canon, et de tout ce qui convient, et qui peut être nécessaire
pour la défense et le service, afin que M. *Leb..*, qui, par
ces présentes, le prend à loyer, puisse le charger en entier
de marchandises, le puisse expédier pour *St-Domingue*, où
son intention est de le faire conduire, et le ramener ensuite
chargé en entier *au Hâvre*.

Et *moi, Jean-Henri Leb...*, loue et prends à loyer du
sieur *Nicolas Mor...*, capitaine, au nom pour qui il procède,
ledit navire le *Voltigeur*, pour le charger en entier des marchandises qu'il me plaira, l'expédier pour *St-Domingue*, seul
lieu où j'ai l'intention d'aller, et le ramener chargé *en entier
au Hâvre*.

Le vaisseau partira au plus tard *du Hâvre le premier mai
prochain*, et y sera de retour le *premier décembre suivant*;
ainsi la location pour l'aller, la décharge et le retour, sera
de *sept mois*.

Le prix du loyer pour tout ce temps est fixé *à sept mille
francs*, indépendamment des droits d'avarie et de pilotage
suivant les us et coutumes de la mer.

Si par évènement, *moi Leb...*, n'avais pas vendu entièrement mes marchandises à *St-Domingue*, et avais besoin *d'un
mois de plus*, je pourrais garder le navire pendant *ledit mois*,
et paierais pour le retard, ou la prolongation, *mille francs*,
de sorte que le loyer, au total, serait de *huit mille francs*
(et ainsi *mille francs* de plus par *chaque mois* de prolongation), n'étant tenu d'aucune autre dépense que de celle de
ma nourriture dans le navire.

A l'arrivée du navire *au Hâvre*, *moi Leb...*, aurai *vingt
jours* entiers de planche sans y comprendre les dimanches et
les jours de fêtes légales, pour décharger les marchandises dudit navire. Le déchargement à ce port ainsi qu'à *St-Domingue* sera fait par les gens de l'équipage. Et pour ces deux
déchargements, ainsi que pour les chargements qui seront
faits également par les gens de l'équipage, je paierai, mais
après le dernier déchargement achevé *au Hâvre*, pour gratification, la somme de *six cents francs* aux gens de l'équipage, entre les mains du capitaine qui m'en donnera quittance, ainsi que du prix du loyer.

Si j'étais obligé de faire faire les chargements ou déchargements par d'autres personnes que les gens de l'équipage,
je ne devrais aucune gratification.

Fait en double au Hâvre, sous signatures privées, le premier avril mil huit cent...

(Ici les signatures du capitaine et de l'affréteur.)

Formule d'un contrat d'assurance.

Moi, Jean-Henri Leb..., *négociant au Hâvre*, y demeurant rue......, propriétaire *des marchandises* chargées sur le navire *le Voltigeur*, du port de *trois cents* tonneaux, actuellement en station au port du *Hâvre*, armé de *vingt pièces* de canon, lesdites marchandises consistant en (ici les spécifier), valant ensemble la somme de *cent vingt mille francs*, et ledit navire devant faire voile dudit port du *Hâvre le premier mai prochain pour St.-Domingue*, où il ira seul et sans accompagnement sous la conduite du sieur *Nicolas Mor....*, capitaine dont l'expérience est connue, voulant faire assurer toute la cargaison dudit navire, je me suis adressé à *Messieurs tels et tels*, composant *telle* compagnie d'assurance.

Nous, tels et tels (les noms prénoms et demeures) assureurs, soussignés, promettons et nous obligeons envers M. *Henri Leb...*, ci-dessus qualifié et domicilié, d'assurer, et assurons par ces présentes ses marchandises chargées sur le navire *le Voltigeur* (dont *telles et telles* sont sujettes à détérioration et au coulage), valant, suivant sa déclaration, la somme de *cent vingt mille francs*, ledit navire devant partir *le premier mai prochain* du port *du Hâvre* pour *St.-Domingue*, lieu de sa destination, et déclarons en prendre à notre charge tous les risques et périls, à l'exception des déchets, diminutions et pertes qui arriveraient par le vice propre des marchandises et des caisses ou tonneaux les contenant, et des dommages causés par le fait et la faute soit de M. *Leb...*, soit de son capitaine et des gens de son équipage.

Lesquels risques et périls nous courons à compter de cejourd'hui, et dureront pour nous jusqu'à ce que le chargement dudit navire soit arrivé à *St.-Domingue*, et que *les marchandises* soient *déchargées* à terre à bon sauvement, sans aucun dommage, nous assujettissant à répondre en conséquence des risques dans les gabares, canots, barques, bateaux, chaloupes et autres allèges servant à leur transport du bord à terre, lors du débarquement.

Nous accordons que ledit navire faisant ledit voyage jusqu'à *St.-Domingue* pourra naviguer avant et arrière, à droite et à gauche, et faire toutes escales (ou relâches) et demeures tant forcées que volontaires, selon que semblera bon au capitaine dudit navire.

A cause de laquelle assurance nous, assureurs susdits et soussignés, prenons à nos risques toutes pertes et dommages qui arriveront aux objets assurés, tant par tempête, naufrage, échouement, abordage fortuit, changements forcés de route, de voyage ou de vaisseau, que par jet forcé à la mer, feu, prise, pillage, arrêt par ordre de puissances, déclaration de guerre, représailles, et généralement par toutes les autres fortunes de mer, suivant et aux termes de l'article 350 du Code de Commerce, nous mettant à cet égard, et pour supporter lesdites pertes et dommages, au lieu et place de M. *Leb*...

Et pour l'en garantir et indemniser, nous promettons et nous obligeons, au cas qu'arrive la perte totale du navire et de son chargement duquel nous sommes garants, de lui payer, ou à qui que ce soit qui aura ses pouvoirs spéciaux, la somme *de*. . . . (1), dans les trois mois qui suivront la connaissance qui nous sera donnée de ladite perte; comme aussi, au cas qu'il n'y ait qu'une partie qui ait péri, de payer la perte suivant l'estimation qui en sera faite par experts, et d'après les factures qui nous sont à l'instant remises par le sieur *Leb*...

Et, audit cas, nous donnons et chacun de nous donne pouvoir à M. *Leb*.., au sieur *Nicolas Mor*..., son capitaine, ou à tels qu'ils commettront de, pour nous, et tant à notre dommage qu'à notre profit, prêter les mains au sauvement, à la conservation et au bénéfice des marchandises, de vendre lesdites marchandises, et d'en distribuer les deniers, s'il est besoin, sans nous en demander la permission, promettant de payer tous les frais qui auront été faits pour ce sujet, aussi bien que le dommage ou la perte, soit qu'il y ait quelque chose de sauvé ou non, et foi sera par nous ajoutée au compte des frais sur le serment de celui qui l'aura fourni, sans aucune contradiction de notre part.

Moyennant quoi, et pour ladite assurance, il nous sera payé en argent comptant, par M. *Leb*..., qui s'y oblige par ces présentes. . . . ., pour cent des *cent vingt mille francs*

_____

(1) On défalque ou on déduit la prime.

susmentionnés. Si pourtant la guerre maritime survenait, comme il y aurait plus de péril, il nous serait payé. . . . pour cent de plus.

Nous nous soumettons respectivement, en cas de contestation entre nous pour le fait de la présente assurance et dépendances d'icelle, à nous en rapporter à la décision de deux arbitres, dont un sera choisi par M. *Leb*..., et un par nous assureurs soussignés, lesquels deux arbitres, en cas de partage, pourront choisir un sur-arbitre, pour les départager sur les points qui les auront divisés.

Pour l'exécution du tout, nous obligeons tous nos biens, avec renonciation à toutes exceptions et tromperies contraires à ces présentes.

Nous convenons que nous paierons avaries, grosses ou communes, si elles ne s'élèvent à un pour cent, et les avaries simples et particulières, que dans le cas où elles s'élèveront à trois pour cent sur ladite cargaison.

A défaut de nouvelles, il sera permis à M. *Leb*..., de nous faire le délaissement dans un an à compter de ce jour-d'hui, nous soumettant à lui payer la somme susmentionnée de *cent vingt mille francs*, trois mois après la notification qu'il nous aura faite du délaissement.

La présente est faite sur bonnes ou mauvaises nouvelles, renonçant à la lieue et demie par heure, le tout de convention expresse.

Fait double entre nous, sous signatures privées, au *Hâvre*, le 15 avril 18..; un double a été remis au sieur *Leb*. . , et l'autre est resté à nous assureurs associés.

(Ici les signatures du sieur Leb. . ., et de tous les assureurs.)

Formule d'un Connaissement (1).

J. A.   Je D. *Lopens*, maître, après Dieu, *du navire* nommé la *Bonne Mère de Famille*, *de Dunker-*

A la Rouanne. *que*, à présent devant *Bordeaux*, pour, du premier temps convenable, suivre mon voyage,

Nos 1 à 8   sous la garde de Dieu, jusqu'au-devant de la ville de *Dunkerque*, où sera ma décharge, confesse avoir reçu dans mondit navire, et sous le franc tillac d'icelui, de vous,

---

(1) Ou reconnaissance de chargement.

MM. *François et Comp*e :

Deux tonneaux vin rouge de Bordeaux, pour passer debout à M. *J. Antoine*, *à Lille* — avec deux congés nᵒˢ 10 et 11, le tout plein, bien conditionné, et marqué de la marque ci-à-côté, que je promets délivrer en même forme, sauf les périls et fortunes de la mer, à M. *Emmery*, *à Dunkerque*............... ou à son ordre, en me payant pour mon fret la somme de *cinquante francs*, *et deux francs de chapeau par tonneau*............. en outre les avaries, suivant les us et coutumes de la mer; et, pour l'accomplissement de ce que dessus, j'ai obligé et oblige par ces présentes, ma personne, mes biens et mondit navire, avec les dépendances d'icelui : en foi de quoi j'ai signé *quatre* connaissements d'une même teneur, l'un d'iceux accompli, demeureront les autres de nulle valeur.

Fait à *Bordeaux*, le 25 du mois de *janvier* l'an 18. ,

D. LOPENS.

Lettres relatives à une Charte-Partie, pour un chargement de raisins de Zante.

Hambourg, ce 27 juillet 18. ,

Monsieur M. P., à Livourne.

Ayant le dessein de faire, pour cette année, une spéculation sur les raisins de Zante, j'aurais besoin d'un bon capitaine.

Je vous prie donc de me choisir un navire du port de 70 à 80 lasts (1), parmi ceux qui se trouvent dans votre port, ou qui y arrivent, et de me dresser une charte-partie en conséquence. Il est entendu que ce sera sous pavillon neutre. Ne serait-il pas possible d'acheter comptant, à Livourne, les sequins qu'il faut payer à Zante ? ou bien, ne pourrait-on pas y envoyer

_____

(1) Le last est de 2000 kilogrammes, 70 lasts font donc un poids de 140,000 kilogrammes.

quelqu'un de chez vous ? Je sais que ce n'est pas là
le moyen qu'on emploie ordinairement, et qu'il faut
que les navires passent à Zante pour aller à Venise y
toucher les sequins. Mais je ne vois pourtant pas
pourquoi on ne pourrait pas acheter cette somme dans
un port d'Italie. Ce serait cependant une différence
considérable sur le fret, que je pourrais épargner. Je
compte que, tous frais et commission d'usage payés,
la cargaison d'un bâtiment de 70 lasts ne peut pas me
revenir à plus de 3,000 ducats; si vous faites l'achat
chez vous, je vous prierai de tirer immédiatement sur
moi pour ce montant, ainsi que votre commission et
ce qui pourra vous revenir en sus. Mais, dans le cas
contraire, écrivez-moi sur-le-champ afin que je puisse
prévenir un de mes correspondants de Venise de pourvoir à cette somme.

Je suis, etc.   **B.**

Réponse à la lettre précédente.

Livourne , ce 20 août 18. .

Monsieur B..., à Hambourg.

Conformément à votre lettre du 27 juillet dernier,
j'ai rempli ponctuellement vos ordres à l'égard du
bâtiment : on m'a consigné ici un navire danois de
Flensbourg, du nom *Die Mariana*, capitaine Emmer.
J'ai conclu avec lui la charte-partie à raison de 3,700
M. L. B^{co}, c'est le plus bas prix qu'on puisse donner
maintenant pour un bâtiment neutre. Mais s'il avait
persisté davantage, je lui aurais accordé 4,000 M.,
attendu qu'il n'est pas possible de trouver un meilleur
capitaine et en même temps un homme plus sûr. Il ne
serait pas difficile d'exécuter votre dessein au sujet de
la monnaie, et d'abréger ainsi la route; mais la monnaie n'est pas tout, il faut encore que le bâtiment soit
consigné à un commissionnaire de Zante. Pour cela,
il faudrait avoir plus de connexion que nous n'en
avons; et, à vous parler franchement, il n'est ici
aucun négociant qui veuille vous indiquer une seule
maison de Zante, attendu que nous nous mêlons de ces

sortes d'affaires, et que nous avons trouvé une voie plus courte. Mais pourtant je fais exception à la règle ; et, pour me rendre digne de votre confiance, je vous nommerais volontiers un commissionnaire, si j'étais entré dans de pareilles opérations. Vous pouvez m'en croire, je vous assure plus de profits à retirer vos raisins d'ici, que d'aller les chercher sur les lieux : que cet avis vous serve de règle pour vos spéculations à venir. Mais puisque celle-ci est déjà faite, et qu'il faut remplir vos ordres, le navire va être obligé d'aller à Venise : prenez donc le plus promptement possible vos précautions à cet égard, car le capitaine mettra à la voile sous quinze jours, et se dirigera sur le détroit de Messine. Le bâtiment a souffert dans sa route, et les frais de réparation se montent à cent quinze piastres ; quoique les armateurs qui me l'ont consigné soient tenus des dommages, vous ne me saurez pourtant pas mauvais gré de ce que je tire sur vous cette somme. Il est vrai que ce n'est pas là la règle ordinaire, mais vous saurez bien vous arranger avec eux ; et ce qui vous reviendra vous sera remis de Flensbourg, ou bien, à l'arrivée du capitaine, on le déduira avec les intérêts sur le nolissement. Mon incluse en informe les armateurs. Vous ferez bien de faire assurer le bâtiment ; le plus tôt ne sera que le mieux, puisqu'alors la police vous mettra en sûreté, du moins pour les risques de mer.

Je demeure, etc. M. P.

Lettre concernant l'Envoi d'Échantillons demandés, conditions d'achat, etc.

Roubaix, 15 août 18. .

Monsieur A... G..., à Dusseldorf.

J'ai reçu en temps, Monsieur, la lettre que vous m'avez écrite, en date du 26 juin dernier. Je témoigne en ce moment ma reconnaissance particulière à notre ami commun Monsieur D. L., de m'avoir procuré l'honneur de votre connaissance.

J'aurais répondu plus tôt à votre estimable lettre,

mais j'ai tardé à le faire parce que j'attendais différents articles nouveaux pour vous en envoyer des
échantillons selon vos désirs.

Je remets à la diligence des messageries royales un
paquet à votre adresse, contenant les échantillons dont
vous avez ci-bas les numéros, avec les largeurs et les
prix actuels, payable au comptant.

Ma commission est de 2 pour cent sur le montant
des achats qui se font en francs et au mètre. La longueur des pièces est de 60 à 70 mètres. Outre la commission, il y a les apprêts, le pliage, l'emballage et
autres menus frais.

Je verrai avec plaisir, Monsieur, naître l'occasion
d'entrer en liaison d'affaires avec vous.

Nos articles paraissent, par leurs bas pris, être
avantageux pour les deux Amériques.

Je demeure tout dévoué à vos ordres et vous salue
bien sincèrement.

N. N.

Avis d'une Traite.

Paris. . . . .

Monsieur F. C..., à Bordeaux.

J'ai l'avantage de vous prévenir que pour me conformer à votre lettre du..... courant, je viens de
disposer sur vous, en date de ce jour, ma traite de
Fr. 6,000.... o/ Bernard, payable à 3 usances ;
veuillez en prendre note afin de préparer tout accueil
à ma signature au débit de mon compte.

Je demeure, etc.   C. M.

Avis d'une Traite pour le Compte d'un autre.

Rouen, ce. . . .

Monsieur C. H., à Paris.

Monsieur,

D'ordre et pour le compte de Monsieur B. N. du
Hàvre, je viens de disposer sur vous, en date de ce
jour, ma traite de

Fr. 3,000 à mon ordre, payable à deux mois. Veuillez en prendre bonne note, et faire honneur à ma signature au débit du susdit ami, qui m'informe vous en avoir avisé.

Agréez, Monsieur, l'assurance, etc.　　V. K.

Réponse à la lettre précédente.

Paris, ce. . . . .

Monsieur V. K., à Rouen.

Je reçois v/ lettre du.... courant, me donnant avis de v/ traite sur moi, de

Fr. 3,000 à v/ ordre, payable à deux mois. J'en ai pris note pour l'accueillir favorablement au débit de notre ami commun M. B. N., du Hâvre.

Je demeure, etc.　　C. H.

Avis de Londres.

Londres, 10 janvier 18.

Monsieur A. M., à Dunkerque.

J'ai l'avantage de vous prévenir qu'une nouvelle déclaration de la Compagnie des Indes Orientales contient l'annonce d'une vente, pour le lundi 19 janvier, de 44 balles soie écrue du Bengale, provenant du *Phénix*, et 7 balles dito dito, provenant de l'*Elisa* ; celle d'une autre vente pour le jeudi 22 janvier, consistant en 34 sacs de café, provenant de l'*Elisabeth* ; 4409 dito riz, provenant de l'*Elisa* ; 296 sacs de sucre, provenant du *Cyrus* ; 126 dito dito, provenant du *général Graham.*

Voici le mouvement de l'entrepôt de Londres pendant la dernière semaine de décembre :

En entrepôt : 47,625 boucauts et 8,395 tierçons sucre ; 13,401 barriques et 40,884 sacs de café ; 20,490 pipes et 183 tonneaux rhum.

Sortie : 2,184 boucauts et 396 tierçons de sucre ; 205 barriques et 446 sacs de café ; 434 pipes et 5 tonneaux de rhum.

T. T. S.

Avis sur les Variations des Prix de divers articles.

Londres, 31 janvier 18. .

Monsieur A. M., à Dunkerque.

Depuis ma dernière du. . . . que j'ai l'honneur de vous confirmer, la demande du salpêtre s'est considérablement ranimée. Le bruit court que la vente que doit faire la Compagnie sera taxée plus haut. Les ventes particulières qui ont eu lieu depuis quelques jours se sont faites à. . . . . . . et . . . . le quintal.

Il s'est vendu publiquement 22 tonneaux gomme du Sénégal, à . . . . le quintal. Il y a eu mardi dernier une vente publique de potasse et de perlasse du Canada; la première s'est payée en barils de. . . . à. . . . ., et la seconde, de. . . . à . . . . . le quintal.

Deux nouvelles cargaisons de raisins de Damas et de Valence sont arrivées.

Le goudron est beaucoup plus demandé et le prix en hausse. Il n'y a point de variation dans le cours de la résine ni de la poix.

Il s'est vendu une partie de térébenthine de France à. . . . . et . . . . . le quintal.

Le suif a baissé d'un. . . . environ par quintal, et ne paraît pas devoir augmenter depuis cette baisse.

Il s'est fait de forts achats de chanvre et de lin ; mais la demande s'est ralentie depuis. Les prix restent néanmoins les mêmes.

Il y a peu de variations dans les huiles de baleine. Celle de graine de lin est tenue un peu plus haut ; celle de Gallipoli a aussi augmenté, mais une forte hausse s'est particulièrement fait sentir sur l'huile de palmier.

Le prix du rhum est toujours en calme, et ne paraît susceptible d'en sortir qu'au printemps prochain. L'eau-de-vie suit à peu près la disposition du rhum ; celle qu'on attend s'offre à. . . . . par gallon au-dessous du cours actuel; le genièvre est aussi offert et en baisse.

Les arrivages de coton en laine, tant ici qu'à Liverpool, l'autre semaine, n'ont monté qu'à 21,500 balles environ, dont un peu plus du tiers en coton de l'Inde. Il y a peu de ventes et une baisse de. . . . . par kilo à Liverpool sur les Géorgie, Louisiane et Brésil de la nouvelle récolte. Les prix se sont mieux soutenus ici. Les Fernambouc ont été payés. . . . . et. . . . . ; les Géorgie. . . . . , le Surinam. . . ; le Surate. . . . . ; le Bengale, sans les droits, . . . , et. . . . . le kilo.

Voici le mouvement de l'entrepôt de Londres pendant la troisième semaine de janvier :

En entrepôt : 39,589 boucauts et 7207 tierçons de sucre ; 14,835 barriques et 41,289 sacs café ; 682 pipes et 6 tonneaux rhum.

Sortie : 3281 boucauts et 718 tierçons de sucre ; 227 barriques et 335 sacs de café ; 682 pipes et 6 tonneaux de rhum.

T. T. S.

***

Autres avis de Londres, concernant les productions du Nord.

Londres, 7 juin 18. .

Monsieur A. M., à Dunkerque.

Les prix de l'huile du Groënland sont à peu près nominaux ; les petits achats pour les besoins de la consommation se font à la cote actuelle. Il y a eu quelques ventes d'huile de la mer du sud.

L'huile de sperme a éprouvé une petite baisse. Le cours des huiles d'olive et de graine est également nominal ; celui de l'huile de graine de lin est un peu en hausse.

Il s'est fait peu de ventes de suif. Il n'y a pas de variations dans les prix du lin. Les lettres reçues de Pétersbourg annoncent que le chanvre a haussé à la suite du marché conclu par notre gouvernement ; cette nouvelle n'a au reste produit aucun effet sur notre marché ; mais il est possible qu'elle attire plus d'acheteurs.

Le piment est toujours recherché ; il s'est vendu

,publiquement des qualités moyennes à. . . . et. . . .
le kilo.

Les cotons ont été plus suivis à Liverpool qu'ici.
Les ventes réunies des deux places ont monté la semaine dernière à 11,600 balles ou ballots. Les plus
recherchés à Liverpool ont été le Géorgie et l'Orléans,
le premier a même un peu haussé dans son prix ; ici
le Bahia s'est vendu. . . . . .; le Mina. . . . . .; le
Fernambouc. . . . .; le Démérary et le Berbice
de. . . . à. . . et. . .; le Bengale en bons, de. . .
le kilo. A Liverpool, le Bengale en ventes publiques
s'est payé de. . . . . à. . . . .; le Démérary de. .
. . . à. . . .; en ventes particulières, le Géorgie
s'est payé de. . . . à . . . . ; l'Orléans de. . . .
à. . . . .; le Fernambouc de. . . . . à. . . . .;
le Maragnan de. . . . . à. . . . .; Bahia de. . . .
à. . . . .; le Démérary. . . . .; le Barbade. . . .;
le Bengale de. . . . . à. . . . .; et le Surate de
. . . . à. . . . . le kilo.

La cargaison du navire le *Bombay*, arrivé de Canton, consiste en 16,373 caisses de thé, 394 caisses de
nankins, 141 dito soie écrue, 4 dito benjoin, 34 dito
Cambaye, 9 boîtes écaille de tortue, 100 blocs étain.

La cargaison du *Charles-Grant*, arrivé également
de Canton, consiste en 13,371 caisses de thé, 54
caisses soie écrue, 207 dito nankin, 31 dito rhubarbe,
52 boîtes soieries, et 10 dito huile d'anis.

T. T. S.

---

*Correspondance sur une Expédition faite à l'Amérique
Espagnole.*

PREMIÈRE LETTRE.

Lanshut, ce 20 décembre 18. .

Monsieur H., à Hambourg.

Nos montagnards ont fait éclater leur joie lorsqu'ils ont appris par les gazettes la permission accordée aux navires neutres d'aborder aux ports de l'A-
mérique Espagnole. Nous avons donc lieu de croire
que messieurs les Hambourgeois vont nous faire de
grandes commandes de toiles. Les prix ont en effet

déjà haussé, quoique nous n'ayons eu encore que de petites commissions; mais quant à moi je vous avoue que je suis dans l'intention de traiter la chose plus en grand, et même de sacrifier un grand capital à cette expédition. Il me reste une forte provision de platilles de Bretagne, car on ne m'a fait que de faibles demandes jusqu'à présent de cet article. Comme je présume que vous ne vous bornerez pas à une seule spéculation, et que vous ne la ferez pas à vous seul, je m'offre d'y entrer pour 150,000 fr. Je vous demanderai seulement la moitié des remises en paiement des marchandises, car vous savez que le fabricant a toujours besoin d'argent comptant : faites-moi connaître là-dessus vos intentions. Ne doutant pas qu'elles ne soient conformes à mes désirs, je vous envoie sur-le-champ, par terre, une partie de toile à peu près au même prix que celui dont il a déjà été question. En cas que vous vouliez entreprendre davantage, je ne me refuserai pas à vous seconder, car j'ai assez grande confiance en vous pour hasarder tout ce que vous jugerez à propos.

Tout à vous.   L.

DEUXIÈME LETTRE.

Hambourg, ce 5 janvier 18. .

Monsieur L..., à Lanshut.

J'ai reçu la lettre que vous m'avez écrite le 20 décembre dernier. Je m'attendais bien que votre esprit entreprenant ne resterait pas oisif dans une conjoncture aussi favorable pour le commerce des toiles. Il n'est pas à douter que tout le monde n'en profite, et alors vous verrez que le dicton qui a toujours fait ma règle de conduite, pourra encore se confirmer; c'est qu'en effet, ce qui est un objet de spéculation pour tout le monde, ne doit jamais en faire une pour un négociant instruit. Je ne sais si vous avez lu ce qui est arrivé dans les premières années de la guerre de la succession d'Espagne : les Espagnols permirent alors à toutes les autres puissances de commercer avec l'Amérique, mais il n'y eut que la France qui sut profiter de cette permission, car presque tous les autres états maritimes, excepté ceux du nord, se trouvaient en guerre contre l'Espagne. Ce furent surtout les négociants de St.-Malo qui y firent des envois considérables. Les bénéfices qu'on en retira dans le principe furent très-considérables; mais bientôt l'Amérique Espagnole devint tellement encombrée de marchandises européennes, qu'on les y avait à meilleur marché qu'en Europe. J'ai même lu, ce que j'ai pourtant peine à croire, qu'on a brûlé des cargaisons entières dans la mer du sud, parce qu'on ne pouvait pas trouver d'acheteurs. Nous avons eu un exemple semblable à la fin de la dernière guerre navale contre l'Angleterre, à l'égard des expéditions faites aux Antilles; et je crains bien qu'il n'en soit de même avec celles-ci.

Cependant, on peut conclure de tout ceci qu'il faut agir avec promptitude dans ce qu'on a résolu d'entreprendre, et le commencer avec prudence. Le plus difficile sera de trouver de bons subrécargues, afin d'éviter ce qui arriva dans la guerre d'Amérique, où l'on envoya pour subrécargues de mauvais sujets, qui, par ignorance ou par insouciance, conduisirent on ne peut pas plus mal les affaires. On ne doit pas s'imaginer que l'on trouvera tout de suite des gens qui connaissent l'Amérique Espagnole.

Néanmoins j'avais déjà pensé à cette affaire avant que votre lettre me fût parvenue. J'ai écrit en conséquence à une maison de Cadix, qui, comme je n'en doute pas, ne demandera pas mieux que d'entreprendre en compagnie une pareille affaire, d'autant plus que les négociants de cette place ont fort peu gagné depuis quelque temps.

Je l'ai priée, avant toute chose, de nous envoyer au plus tôt un honnête Espagnol qui ait déjà fait un ou plusieurs voyages *à la grosse aventure*. Je ne doute pas qu'il n'y ait à présent à Cadix de ces gens en si grande quantité, qu'on en pourra faire un choix, car la guerre actuelle les réduit à l'oisiveté. Aussitôt que cette maison m'aura répondu qu'elle peut m'envoyer un de ces hommes, j'arrêterai une *charte-parrtie* avec un capitaine expérimenté. Je suis sûr do

trouver ici quelques associés et de former sans difficulté une cargaison de 600,000 M. Lubs. Bco. , seulement en toiles, les vôtres y comprises. Si l'Espagnol vient ici, il saura encore nous indiquer d'autres
articles qui y seront d'un débit sûr, auxquels nous
pourrons encore sacrifier quelques centaines de mille
marcs. Je désirerais bien que la première expédition
se fît à la mer du sud; mais cela ne pourra guère
avoir lieu pour la première , car ces expéditions doivent se faire dans les saisons qui correspondent à
notre automne et à notre hiver.

Pour ne pas perdre une si belle occasion, il faut
que la première expédition se fasse sur Carthagène ,
Portobello ou la Vera-Cruz, ou bien sur ces trois
endroits à la fois. S'il n'y a aucun accident qui retarde
son départ, le navire doit déjà être en mer au mois de
mars. Mais il faudra d'avance avoir pourvu à la seconde expédition, qui doit avoir lieu dans la mer du
sud , et que la cargaison soit faite avant que d'autres
spéculateurs aient fait hausser les prix. Je souscris à
votre offre de fournir de moitié avec nous, jusqu'à la
concurrence de 130,000 fr. , car c'est ainsi que je
l'entends, et non pas que je vous fournisse et vous
avance la moitié de cette somme ; vous ne spécifiez pas
l'espèce d'argent dont vous parlez; mais que ce soit
argent de Prusse, louis ou argent de banque, n'importe, j'y accède. Vous pourrez en conséquence tirer
sur moi pour la moitié, chaque fois 15,000 fr., mais
seulement de quinze en quinze jours.

Je suis, etc.　　　　　**H.**

TROISIÈME LETTRE.

Cadix , ce 4 janvier 18. .

Monsieur H., à Hambourg.

J'ai reçu votre lettre du 5 décembre de l'année dernière, positivement au moment où j'avais l'intention
de faire à monsieur S. , de votre ville, la même proposition que vous me faites. Mais comme vous m'avez prévenu , je serai des vôtres, soit que vous lui
donniez une part dans l'entreprise, ou non ; car il faut

qu'elle soit considérable, pour qu'on puisse en retirer
du bénéfice. Il y a beaucoup de personnes ici qui ont
déjà fixé les yeux là-dessus, et qui cherchent, comme
il est juste, des associés à Hambourg, car où pourrait-
on en chercher ailleurs ? Sur quel marché trouve-
rait-on des toiles à meilleur compte que là ? cependant
dant c'est l'article principal de cette entreprise. La
première chose ensuite est de chercher un bon subrécargue sur lequel on puisse se fier. J'ai trouvé ce qu'il
nous faut dans la personne du nommé Pedro Henriguetz. C'est un homme avec lequel j'ai déjà entrepris
quatre fois des affaires à la *grosse aventure*, et même
souvent hasardé au-delà, tant il m'a paru rempli de
zèle et d'intégrité. Car il est pur comme l'or, et voilà
pourquoi nous avons fait de si bonnes affaires ensemble. En outre des toiles, il a marqué dans la
note ci-jointe plusieurs autres articles qui sont d'un
excellent débit dans l'Amérique Espagnole. Prenez
donc en considération quelques-uns de ces articles,
tels que, par exemple, les marchandises de manu-
factures anglaises, que vous pouvez vous procurer à si
bon marché dans les ventes publiques qui se font sur
votre place. Plus tôt ces emplètes seront faites, plus
on y trouvera d'avantage ; car il faut vous persuader
qu'il y en a bien d'autres que vous qui spéculent déjà
là-dessus. Henriguetz partira pour chez vous dans
quinze jours au plus tard. Il parle fort bien sa lan-
gue et un peu le français, de manière que vous pourrez facilement vous aboucher avec lui.

Une expédition à la mer du sud serait sûrement
plus avantageuse. Mais si nous voulions que ce fût la
première, il faudrait pourtant tout retarder jusqu'au
mois d'août. Un bâtiment qui partirait plus tôt de
l'Elbe arriverait à l'entrée de l'hiver aux environs
du Cap Horn, et il n'est certainement aucun assureur
instruit qui voulût signer une police à moins d'une
prime très-forte. Il est donc plus convenable que
nous fassions notre première expédition directement
sur la Vera-Cruz. Je m'offre d'entrer dans cette expédition pour 50,000 pesos, et de pourvoir en Espagne à l'assurance de cette somme. Il ne vous sera
certainement pas difficile de trouver chez vous des

intéressés jusqu'à la concurrence de 300,000 pesos, car ce doit ne pas être une petite entreprise. Ensuite nous pourrons penser à une expédition plus considérable pour la mer du sud. Je veux même entrer dans celle-ci pour 80,000 pesos, et j'ai pour elle en vue un autre bon subrécargue qui a déjà fait deux voyages au Pérou.

Il ne faut pas nous imaginer que nous puissions faire plus que ces deux expéditions, quand même nous aurions envie de hasarder davantage; car ou la paix aura lieu, et alors la permission royale sera retirée, ou bien on enverra une trop grande quantité de marchandises au marché de là-bas, comme il est arrivé en pareille circonstance au commencement de ce siècle, de la part des Français, ensuite des Allemands, à la fin de la guerre de l'Amérique septentrionale. J'ai de plus à vous dire que le nommé Henriguetz s'entend parfaitement aux cargaisons de retour; car nous serons obligés de changer nos piastres contre des marchandises. Vous pourrez donc vous concerter avec lui sur ce qui a le meilleur débit sur votre place. Vous pouvez sur ce point vous fier entièrement sur sa probité.

Relativement à cette expédition, il y a un point essentiel duquel vous ne paraissez pas suffisamment instruit. C'est que la permission royale ne regarde que les Espagnols et n'est pas pour tous les étrangers. Selon l'ancien règlement il n'est permis qu'à eux de faire leurs expéditions d'autres ports que de ceux de l'Espagne. Mais là-dessus nous saurons parfaitement nous entendre. Notre ministère n'ignore pas que la plupart des grandes affaires qui se font de Cadix en Amérique sont comprises sous le nom Espagnol, et il est à présumer qu'il gardera par rapport à celle-ci, le même silence qu'il a tenu à l'égard des autres.

J'ai l'honneur d'être, etc.

D. B. P.

QUATRIÈME LETTRE.

Hambourg, ce 6 février 18. .

Monsieur L., à Lanshut.

J'apprends, par une lettre de Cadix, que nous avons mal compris le règlement de la Cour d'Espagne. La permission de commercer directement de tous les ports neutres avec l'Amérique espagnole ne s'étend qu'aux négociants espagnols, et ne dit pas davantage, sinon que les Espagnols, qui ne devaient auparavant y faire leurs expéditions que des ports espagnols, pourront maintenant les faire d'autres ports, avec des bâtiments neutres. Néanmoins, mon ami est tout-à-fait disposé à entreprendre cette expédition à Hambourg, avec moi et les autres personnes qui voudront y prendre part ; mais vous savez aussi que les Anglais ne veulent pas laisser passer les bâtiments neutres qui transportent les marchandises de leurs ennemis. Mon ami prendrait bien sur sa conscience de jurer sur le certificat que la cargaison entière lui appartient, mais moi qui n'ai pas la conscience si large, je regarde un serment comme une chose sacrée, et il m'est toujours pénible de voir de pauvres mortels comme nous invoquer la vengeance céleste sur notre parjure, si nous ne commerçons pas avec des marchandises dont l'orgueilleux Anglais nous permet le transport, tandis que nous faisons passer la propriété d'un Espagnol pour la nôtre. Nos gouvernants ne sauraient venir au secours de notre conscience, comme votre grand roi de Prusse le fit pour vous durant la dernière guerre sur mer, quand il ordonnait, comme vous savez, aux magistrats de chaque ville, de délivrer des certificats à tous ceux qui se présenteraient, après avoir juré que la marchandise qu'ils allaient expédier était leur propriété. C'est ainsi qu'il rendait le magistrat parjure aux yeux de ses sujets, sans que pourtant aucun serment eût été prêté ; mais si notre sénat d'Hambourg en agissait ainsi envers nous, les Anglais ne tarderaient pas à s'en apercevoir, et ne feraient plus attention à nos certificats. Il faut donc, uniquement pour complaire à messieurs les Anglais, que nous nous présentions à l'hôtel-de-ville pour y

prêter sérieusement le serment, afin d'obtenir un certificat. Mais que nous ne prêtions que très-légèrement
ce serment, cela ne nous sert à rien, car les Anglais
savent bien maintenant qu'il n'y a qu'un Espagnol qui
puisse entreprendre une semblable expédition d'Hambourg, aux termes de la volonté de son roi, et par
conséquent ils regarderont tous les papiers comme
faux. Cependant, mon ami comptant entièrement sur
le succès de cette entreprise, m'a déjà fait partir une
cargaison telle que je l'ai commandée, qni ne man-
quera pas d'arriver ici sous quinze jours; je l'aurais
déjà contremandée, si l'idée suivante ne m'était sur-
venue. Je me suis donc dit : nous frétons le bâtiment
pour Saint-Thomas, et nous tâcherons de faire partir
nos marchandises pour l'Amérique espagnole. Il faut
cependant en concerter avec cet homme, et savoir de
lui, s'il est en état de trouver de là l'autre route pour
nos marchandises. J'espère pourtant que l'affaire s'ef-
fectuera, car le commerce qui commençait à dépérir
dans nos environs, paraît prendre un aspect aussi
avantageux que durant la dernière guerre.

Les gazettes vous ont déjà sans doute instruit que
le gouvernement anglais accorde aux habitants des
Antilles la faculté de commercer avec les Espagnols;
mais comme ceux-ci ne peuvent se passer ni des uns ni
des autres dans leur commerce, je doute qu'ils aient
attendu cette permission pour établir des relations si
essentielles à tous deux. Je présume donc qu'on pourra
se servir de l'entremise des Anglais, pour commercer
avec les Espagnols. Mais il faut que le subrécargue
soit assez prudent pour ne pas trop se livrer entre
leurs mains; car plus il y aura de mains employées
dans cette affaire, moins il y aura de profit à en retirer. Dès que j'aurai pu me concerter avec cet homme,
et étudier ses connaissances et son jugement, je vous
manderai mes résolutions définitives. J'écrirai sur tout
ceci à mon ami de Cadix. Mais quand le subrécargue
sera arrivé ici, et que nous aurons bien examiné la
chose sous toutes ses faces, nous vous communique-
rons alors notre plan dans les plus petits détails.

Je suis, etc.   **H.**

Informations demandées sur la Solidité d'une Maison de Commerce avec laquelle on a envie de se lier d'affaires.

Strasbourg, le. . . . 18. .

Monsieur A..., à Nancy.

Une maison de commerce de votre ville, dont vous avez le nom ci-bas, me fait offre de ses services, et comme ses offres me paraissent assez avantageuses, j'ai cru devoir m'adresser à vous pour vous prier de me donner tous les renseignements possibles, non-seulement sur la solidité de ce particulier, mais encore sur sa moralité et sur sa manière de travailler.

J'attends ce service de votre complaisance, vous priant de compter sur la discrétion comme sur la reconnaissance de celui qui, en pareille ou toute autre circonstance, s'empressera de vous être utile, et qui vous salue affectueusement.   V. S.

M. N. N. . .   { *Nota.* On met ordinairement le nom duquel on
rue. . . . . . { demande information sur un papier qui puisse se
              { détacher facilement de la lettre par laquelle on de-
              { mande information.

Réponse à la lettre ci-dessus.

Nancy, le. . . 18. .

Monsieur V. S..., à Strasbourg.

Je m'empresse de répondre à la lettre que vous m'avez écrite le...; la maison sur laquelle vous me demandez des informations, traite des opérations assez considérables sur notre place; ses moyens pécuniaires sont peu connus; il fait cependant toujours face à ses engagements, mais ses dépenses me paraissent assez considérables, et par conséquent je crois que le crédit à lui accorder doit être très-limité... quant à moi je lui accorderais tout au plus un crédit de 3000 francs.

Il a épousé une femme qui a des prétentions, ses parents étant passablement riches; mais vous savez, en cas de revers, sur quoi peuvent compter les créanciers du mari. Dans de pareilles conjonctures, si la femme a reçu son patrimoine, elle se tient à ses droits, même pour sa dot, et fait par conséquent la loi aux pauvres créanciers; ou si elle a à recevoir son héritage, les parents le substituent pour les enfants, avec l'usufruit pour les pères et mères, etc.

Ce sont de simples observations qui naissent du sujet, mais que je suis loin d'appliquer à la personne en question. Au reste, tout ce que je vous dis est sans aucune garantie de ma part, et uniquement dans vos intérêts. Constamment dévoué à vos ordres, je vous salue bien sincèrement.   **A.**

Lettre accusant Réception d'une Remise. — Son Renvoi avec Protêt et Compte de retour.

Paris, le 11 juin 18. .

Monsieur B..., à Rouen.

J'ai reçu la lettre que vous m'avez écrite le 4 du courant. Elle renfermait

Fr. 2000 sur T. et H. de c/V., payable le 9 de ce mois. Je vous la retourne ci-incluse, protestée faute de paiement, avec le compte de retour; veuillez me créditer de

Fr. 2055,95 pour son montant, suivant le détail ci-bas.

Je vous prie de m'en accuser la réception, et d'agréer les salutations amicales de votre tout dévoué.

T. H.

Formule du Compte de retour.

Compte de retour à une traite de deux mille francs, tirée par Pierre, de Rouen, le premier mai 18.., sur T. et H., de Paris, échue le 9 juin, protestée faute de paiement.

Savoir :

Capital.	fr. 2000	
Protêt.	16	45
Timbres de la retraite et du présent. . .	1	95
Courtage et certificat ¼ p. %.	5	»
Commission à ½ p. %.	10	»
Ports de lettres.	2	»
	fr. 2035	40
Perte à la négociation de la retraite à 1 p. %.	20	55
	fr. 2055	95

Corresp. Commerciale.   15

De laquelle somme de deux mille cinquante-cinq francs quatre-vingt-quinze centimes, je me suis remboursé sur M. B.., à Rouen, en ma traite de ce jour, payable à vue, à l'ordre de D. M.

A Paris, le 11 juin 18...

T. H.

Je soussigné, Agent de change (1) à Paris, certifie avoir négocié à M. D. M., à un pour cent de perte, la retraite désignée au compte de retour ci-dessus.

A Paris, le 11 juin 18..

A. D.

Lettre relative à un Redressement de Compte.

Lille, ce 6 janvier 18. .

Monsieur B. M., à Amiens.

J'ai reçu avec votre lettre du 1er l'extrait de mon compte courant chez vous, soldant en votre faveur par

Fr. 5291,05 valeur au 31 déc. dernier. Je l'ai fait examiner, voici les petites erreurs que j'y trouve :

Vous portez le total de l'addition de mon avoir pour la somme de. . . . . fr. 42297,69

Tandis qu'elle n'est que de. . . 42196,63

Ce qui forme une différence à votre avantage de. . . . . . fr. 101,06

A déduire deux petites erreurs que vous commettez à mon préjudice.

Au compte que vous m'avez remis et arrêté au 31 juillet dernier, vous portez votre commission à $1/3$ p. % sur. . . . . fr. 32235

Mais dans cette somme se trouve comprise le solde du compte antérieur qui s'élevait à. . 9345

---

(1) Lorsqu'il n'y a pas d'agent de change, ce certificat peut se délivrer par deux commerçants.

Différence. 101,06

Vous ne deviez donc percevoir la commission que sur. . . . . . fr. 22690

Ce qui fait fr. 75,63 c. au lieu de. . . . . fr. 107,45

Différence. . . . . fr. 31,82

Vous portez l'échéance de ma remise de fr. 2062,46, au 30 sept. tandis qu'elle est au 10 oct., il y a 10 jours, ce qui produit. 3,44   35,26

En définitif il y a erreur à votre préjudice de. . . . . fr.   65,80
En y joignant la balance de. . fr.   5291,05

Cela fait. . . . . fr.   5356,85
Dont vous êtes crédité à nouveau.

Veuillez examiner ces petites différences, et les trouvant d'accord, en passer écritures conformes.

Afin de solder le susdit compte, disposez sur moi de

Fr. 5356,85 , à présentation.

Salut affectueux.   V. A.

Réponse à la lettre précédente.

Amiens, ce 10 janvier 18. ,

Monsieur V. A., à Lille.

J'ai reçu votre lettre du 6 du courant, qui me signale quelques petites erreurs qui se sont glissées dans mes deux comptes précédents. Après les avoir vérifiées j'ai reconnu que votre relevé était juste. En conséquence je vous ai débité à nouveau de

Fr. 5356,85 cent. de conformité avec vous, et selon vos désirs je dispose sur vous en date de ce jour de

Fr. 5356,85 cent. en ma traite à mon ordre, payable à vue, vous priant d'en prendre note afin d'y préparer tout accueil au débit de mon compte pour solde, et agréer, etc.   B. M.

Lettres relatives à un Marché de Potasse, pour être livrée à une époque plus avancée. — Formule de ce Marché.

Tourcoing, ce 1er septembre 18. .

Monsieur N. Nau, à Lille.

Monsieur,

D'après les conventions verbales que nous avons faites ensemble, relativement à 50 barils de potasse d'Amérique, en première sorte, que vous devez me livrer au 30 octobre prochain, au prix de cent francs les 50 kilogrammes, poids net, déduction de la tare d'usage à raison de 12 p. %, afin d'éviter toute difficultés, je vous envoie ci-inclus deux marchés écrits (comme nous en sommes convenus), signés et approuvés par moi, contenant d'une manière précise nos conditions. Veuillez m'en renvoyer un par le prochain courrier, signé et approuvé par vous. Dans cette attente je vous salue sincèrement.

N. MOSARD.

Réponse à la lettre précédente.

Lille, ce 2 septembre 18. .

Monsieur N. Mosard, à Tourcoing.

Monsieur,

Pour satisfaire à v/ lettre en date d'hier, je vous remets ci-inclus un double du marché conclu entre nous, pour 50 barils de potasse d'Amérique, que vous m'avez achetés et que je dois vous livrer au 30 octobre prochain. Je l'ai revêtu de mon approuvé et de ma signature. J'espère qu'il sera exécuté ponctuellement. S'il en était autrement, soyez persuadé qu'il n'y aurait nullement de ma faute.

Votre tout dévoué,   N. NAU.

Formule du Marché aux cinquante Barils de Potasse d'Amérique, dont il est fait mention dans les deux lettres précédentes.

Entre nous soussignés, N. Nau, négociant demeurant à Lille, rue de . . . . . . ; d'une part, et N. Mosard, aussi négociant, demeurant à Tourcoing, d'autre part, a été convenu ce qui suit, savoir :

Au trente octobre prochain, sans nul retard, moi N. Nau, je m'engage à vendre et livrer, en mon domicile ci-dessus mentionné à Lille, à Monsieur N. Mosard de Tourcoing, la quantité de cinquante barils de potasse rouge d'Amérique, en première sorte, au prix de cent francs les cinquante kilogrammes, poids net, déduction faite de la tare d'usage à raison de douze pour cent, à condition que M. N. Mosard m'en paiera le montant dans Lille, moitié comptant et l'autre moitié en son obligation à trois mois, date de la livraison. Il est convenu entre nous que, si la qualité de cette marchandise ne convenait pas audit sieur Mosard, pour ce qu'elle est annoncée, elle sera vérifiée par deux experts, dont chacun de nous nommera le sien ; et en cas de partage d'opinion, ces experts pourront, de leur choix, s'en adjoindre un troisième, à défaut il en sera nommé un d'office par le tribunal de commerce de Lille. Dans tous les cas, nous promettons et nous nous obligeons de nous rapporter à leur décision, renonçant dès-lors comme à présent à toute prétention et réclamation contraires.

Nous sommes mutuellement d'accord que si, à l'arrivée de la marchandise, elle n'était pas de la qualité stipulée par le présent marché, et ce d'après l'avis des experts nommés par nous, ou d'office, le vendeur susdit, le sieur Nau, ne pourra être tenu d'en livrer d'autre, pourvu qu'il prouve de bonne foi par la correspondance de ses commettants, ou de toute autre manière légale, que c'est bien cette même marchandise qu'il a entendu et voulu vendre ; dans ce cas il sera libre à l'acheteur de l'accepter au prix déterminé par le présent marché ou par celui que les experts auront fixé en cas d'infériorité reconnue par eux.

Le présent fait en double, sous signatures privées, pour chacun de nous copie.

À Lille, le premier septembre 18. .

Approuvé l'écriture
et le tout ci-dessus.

Approuvé l'écriture
et le tout ci-dessus.

N. MOSARD.

N. NAU.

Lettre pour donner quelques renseignements demandés relativement aux Huiles fabriquées à Lille et aux environs, avec un compte simulé.

Lille, 10 mai 18. .

Messieurs Laurent et Cie., à Strasbourg.

Je vois par votre lettre du 2 du courant, que vous êtes dans l'intention de joindre à votre commerce de drogueries la partie des huiles de notre fabrique, et à cet effet vous me demandez quelques renseignements sur l'époque de leur récolte, les divers frais qu'elles occasionnent, etc.; je m'empresse de vous transmettre quelques détails qui sont relatifs à vos désirs.

On compte cinq espèces d'huile, qui sont celles de
Colza,
OEillette ou pavot blanc,
Lin,
Chanvre,
Et cameline.

Ces huiles sont fabriquées par le moyen de moulins à vent; on en compte environ trois cents dans le seul arrondissement de Lille.

Le colza se sème vers la fin du mois de juillet. On arrache les jeunes plants pour les replanter de la même manière que les choux, en septembre et octobre. Il passe l'hiver et est récolté à la fin de juin et au commencement de juillet.

L'œillette est semée en mars et avril, et récoltée fin d'août.

Le chenevis ou graine de chanvre se sème dans le courant de juin et se récolte en septembre.

Le lin se sème dans le courant de mars et mai, et se récolte en juillet.

La cameline est semée vers la fin de mai, et récoltée fin de septembre.

Ces huiles se vendent à la tonne qui est de la contenance d'un hectolitre, et se paient comptant.

La commission d'achat est de deux p. %. Les frais par tonne, sont :

Pour le rabatage en plein 1 fr.

> *Idem* en cinquième » » 30 centimes.
> Plâtrage. . . . . . . » » 50   id.
> Pesée. . . . . » » 05   id.

Quelquefois on les transvase dans de grosses pièces, alors on échange les petites tonnes contre ces pièces, et l'on donne tant par tonne en retour; par exemple : pour l'huile d'œillette on donne 2 fr. 50 cent. , attendu que ce sont des pipes à l'eau-de-vie; l'échange pour l'huile de colza va à 1 franc, le plâtrage est d'un franc par pièce, et le transvasage à 15 cent. par hectolitre ou tonne.

Vous trouverez ci-joint un compte simulé à 54 ¼/₃ tonnes huile d'œillette, transvasées en 11 grosses pièces.

On ne peut encore rien dire de positif sur la récolte de ces plantes oléagineuses, cependant tout fait espérer qu'elle sera passable, du moins quant au colza, l'œillette et le lin. Au reste, j'aurai soin de vous tenir au courant de ce qui se passera à cet égard. Agréez, en attendant, mes salutations, etc.

COMPTE SIMULÉ *d 54 ¹/₅ tonnes huile d'œillette pour salade, transvasées en 11 grosses pièces achetées à Lille, destinées pour, etc.*

H.	N° 1	»	674	lit.	92	kilog. tare.
	2	»	674	»	85	»
	3	»	462	»	77	»
	4	»	458	»	67	»
	5	»	449	»	80	»
	6	»	460	»	79	»
	7	»	439	»	82	»
	8	»	481	»	84	»
	9	»	464	»	73	»
	10	»	475	»	80	»
	11	»	384	»	72	»

5420 litres , faisant

54 tonnes ¹/₅. . . . . à 80 fr. Fr. | 4336 | »

Report.			4336	»

FRAIS.

Échange de 55 tonnes contre 11 pièces. . . à 2 50 c. Fr.	27	50	
Plâtrage. . . . . .1 »	11	»	
22 cercles de fer, un à chaque bout des pièc. 1 »	22	»	
Transvasage. . . . » 15	8	25	
Pesée. . . . . . .» 03	2	75	
Port de lettres, mémoire. . . . . » »	»	»	
Fr.	71	50	
	4407	50	
Commission 2 p. %.	88	15	
Fr.	4495	65	

Avis de l'Envoi d'une partie de Café, à vendre à commission.

Port-au-Prince, le 16 avril 18. .

Monsieur L. Bornier, à Bordeaux.

Conformément à la lettre que nous avons eu l'honneur de vous écrire le 10 du courant, que nous vous confirmons dans tout son contenu, nous avons chargé dans le navire l'*Aimable-Henriette*, de Bordeaux, capitaine Némorain, huit barriques et un quart café, dont vous trouverez ci-joint connaissement et facture, montant à

Fr., 2546 desquels il vous plaira faire la vente la plus avantageuse qu'il se pourra (1), et en payer nos engagements à votre domicile, suivant la note que nous vous remettons au bas de la présente; les huit barriques sont de la plus belle qualité de ce quartier; il est fin et d'un beau vert; le quart, quoique très-

---

(1) Quoique la facture soit envoyée, il n'est pas dit pour cela qu'il faille vendre au prix qu'elle porte. D'après cette dernière proposition, le commissionnaire peut vendre soit en plus, soit en moins, suivant les circonstances qui le détermineront.

joli, ne vaut pas l'autre, ainsi nous pensons que vous tirerez un bon parti de cet envoi; nous vous réitérons ce que nous vous avons précédemment marqué, que si vous êtes dans le cas d'avancer de quelques jours de vos fonds pour acquitter nos engagements, nous entendons que vous nous débitiez des intérêts, comme il est juste; nous nous disposons à vous faire un autre envoi par les premiers navires; mais, pour trouver quelque avantage, nous achetons le café par petites parties, et nous l'avons à meilleur compte; vous en serez avisé dans le temps, pour que vous ayez la bonté de pourvoir aux assurances; nous comptons que le produit des deux envois que nous vous avons faits, pourra monter à peu près à la somme que nous devons payer d'après la note suivante.

Le café que nous vous avons adressé par le navire l'*Éléonore*, capitaine Faucher, vous sera arrivé dans une bonne circonstance, suivant les lettres que nous avons reçues en janvier; cette graine ayant une grande vogue, il est fâcheux que nous n'ayons pu alors vous en faire un envoi plus considérable.

Vous verrez par le prix courant ci-joint, sur quel pied sont aujourd'hui les marchandises. Le mois prochain serait favorable, à ce que nous pensons, un navire tombera bien, s'il n'en arrive qu'un de votre rivière sous un mois.

Le capitaine Laurens est attendu tous les jours.

Le navire les *Trois-Amis*, capitaine Ustaritz, de Bayonne, expédié de Bordeaux, est arrivé au Cap.

Nous avons l'honneur d'être très-sincèrement, Monsieur, vos très-obéissants serviteurs.

ROBERT et GAUBINOT.

Note de nos Engagements à votre domicile.

Notre billet, ordre de Fresquet, du 1er juillet de l'année dernière, payable dans un an.	1443
Autre o/ de J. Fesinand, du 4 dit, à un an. . .	1753
A Descars, pour une malle.	45
Ensemble trois mille deux cent quarante et un francs.	3241

Ordre donné à un Correspondant d'acheter des Eaux-de-Vie.

Paris, ce 5 avril 18. .

Monsieur N. N., à Cognac.

Aussitôt la présente reçue, veuillez je vous prie, acheter pour mon compte huit tierçons eau-de-vie, à 19 degrés, si toutefois le prix est toujours à 227 fr. les 27 veltes, comme l'indique votre cours du..... Cette commission étant exécutée, faites soigner les futailles, et expédiez-les par le roulage ordinaire, à M. *Gérard*, à Nantes, à qui je donnerai des ordres ultérieurs. Le tout étant ponctuellement exécuté, vous disposerez pour m/compte, le montant de vos débours et frais, sur *Grandeau*, à Marseille, à 3 usances. En attendant facture et avis d'expédition,

Je vous salue, etc.   F. M.

Réponse à la lettre précédente.

Cognac, ce 15 avril 18. ,

Monsieur F. M., à Paris.

En réponse à v/lettre du 5 courant, par laquelle vous me donnez l'ordre d'acheter pour v/compte huit tierçons d'eau-de-vie, 19 degrés, au prix de 227 fr. les 27 veltes; j'en ai fait l'acquisition, et les ai expédiés, conformément à vos ordres, à M. *Gérard*, de Nantes; vous en trouverez ci-joint la facture s'élevant à

Fr. 8976, 45 cent. portés à v/débit. Pour me conformer à vos désirs, je viens de disposer pour votre compte, sur M. *Grandeau*, de Marseille, ma traite en date de ce jour, de

Fr. 8976, 45 cent. à mon ordre, payable à 3 usances; veuillez donner les ordres nécessaires, afin que tout accueil soit réservé à ma signature, vous en avez crédit pour solde de ma susdite facture.

Étant constamment dévoué à vos ordres, je vous salue bien sincèrement.

N. N.

Lettre qui remet la note de frais à 8 pièces de Vin.

Dunkerque, ce 2 mars 18. .

Mon sieur J. B. M..., à Lille.

Nous vous confirmons notre dernière du 28 du mois passé, vous annonçant la réception et réexpédition à votre adresse de vos 8 pièces de vin, par la voiture de Ch.-Tier... Depuis, privés de vos lettres, nous vous remettons ci-joint le compte de nos débours et frais à ces huit pièces, s'élèvant à

Fr. 128, 35 cent. à votre débit, et dont nous nous rembourserons sur vous à la première occasion, suivant ou sans autre avis de notre part, vous priant en prendre note pour y faire accueil, afin de solder entre nous cette petite opération.

Nous vous renouvelons nos services et vous saluons sincèrement.

E. et V.

_____

Compte de nos débours et frais à deux tonneaux (ou huit pièces) *d'envoi de Messieurs Ch. F... et Cie., de Bordeaux, reçus par le navire la* Bonne-Mère-de-Famille, *capitaine Lopens, pour le compte de Monsieur J.-B. M..., de Lille, à qui nous en avons fait l'expédition par l'entremise de M. Ch. Tier..., Commissionnaire de roulage en cette ville.*

Fret suivant connaissement et chapeau au capitaine. . . . . Fr.	104	»
Permis de débarquement	1	25
Aux gardiens du port pour une nuit.	2	50
Réception du tonnelier.	3	»
Ports de lettres de Lille et Bordeaux.	1	60
Commission de réception et d'expédition à 2 fr. .	16	»
Sauf erreur ou omission. . . . . Fr.	128	35

Dunkerque, le 2 mars 18. .

E. et V.

_____

Avis de plusieurs Traites sur le compte d'un autre.

Lille. . . . .

Monsieur Legendre, à Paris.

D'ordre et pour le compte de M. Jeannin, de Bordeaux, je viens de disposer sur vous en date de ce jour mes traites de

Fr. 2,000, à mon ordre, payable à usance.
     4,000, idem.   idem. à 3 dites.

Fr. 6,000 ensemble. Veuillez en prendre bonne note, afin de préparer tout accueil à ma signature au débit du susdit ami, et agréer mes salutations cordiales.

FRANÇOIS.

——————

Réponse à la lettre précédente.

Paris. . . . .

Monsieur François, à Lille.

J'ai reçu votre lettre du..., me donnant avis de vos traites sur moi en date du...., de

Fr. 2000 à v/ordre, payable à usance.
     4000 idem.   id. à 3 dites.

——————

Fr. 6000 ensemble. J'en ai pris note, et tout accueil y sera fait au débit du compte de M. Jeannin, de Bordeaux.

Etant tout ce qui s'offre à vous dire,

J'ai l'honneur de vous saluer.

——————

Correspondance relative à la demande d'un Crédit de Banque, refus et suite d'une liaison d'affaires.

PREMIÈRE LETTRE.

Copenhague, ce 7 janvier 18. .

Monsieur P..., à Hambourg.

Quoique jusqu'à présent vous ne nous ayez pas favorisé de vos commissions, nous osons néanmoins prendre la confiance de vous proposer quelques affaires à traiter ensemble. Notre commerce a tellement prospéré depuis deux ans que nous sommes établis ici, que nous désirons agrandir le cercle de nos affaires. Mais vous savez bien par vous-même que ce qui vivifie le commerce de banque de nos négociants d'ici, ce sont leurs connexions avec Hambourg, surtout depuis que votre banque s'est acquis une préférence marquée sur les autres de ce genre. Nous avons, il est vrai, quelques correspondants à Hambourg, avec lesquels nous avons ouvert un moyen crédit de banque, que nous nous passons mutuellement; mais, à vous parler franchement, ces maisons ne sont pas assez connues ici, pour que nous puissions facilement négocier les effets que nous tirons sur elles. Il en est de même de nous qui ne jouissons pas d'une renommée suffisante à Hambourg; cependant, selon toutes les apparences, il paraît que notre crédit s'améliorera bientôt, vu que messieurs S. et P. nous honorent d'une assez grande confiance pour nous consigner une cargaison considérable dont ils nous ont déjà envoyé le connaissement. Veuillez vous-même prendre des informations de nous auprès de ces Messieurs, et nous ne doutons pas qu'après leur réponse vous ne nous accordiez sans difficulté un crédit de 10,000 M. Lubs, sur votre maison. Nous avons plus d'un moyen de vous rembourser promptement, surtout si vous daignez nous honorer de vos commissions, à l'égard des marchandises des deux Indes, que les chances de la guerre font refluer vers notre place; car nous ne cherchons pas à entrer dans l'agiotage, mais plutôt à joindre à nos opérations de change un commerce solide de marchandises, et encore mieux, d'affaires de commission. En outre, nous serons en état de vous faire des remises en temps dû, moyennant les commissions que nous recevrons des villes danoises et de beaucoup d'autres places de l'étranger; mais il faut que vous permettiez aussi à ces amis de tirer sur vous de temps en temps de petites sommes. Nous vous les nommerons aussitôt que nous aurons reçu de vous la réponse favorable que nous attendons. Ensuite vous verrez par les informations que vous pourrez prendre sur chacun d'eux, que ce sont tous des gens très-solides. Si cependant il y en avait quelques–uns sur lesquels vous eussiez des doutes, vous pourriez alors les exclure de cette circulation de change.

Nous sommes, *etc.*   **M. et S.**

DEUXIÈME LETTRE.

Hambourg, ce 13 janvier 18. .

Messieurs M. et S., à Copenhague.

Je réponds à la lettre que vous m'avez fait l'honneur de m'écrire le 7 du courant. Quoique je n'aie aucun motif de douter de la solidité de votre maison, j'ai pourtant de très–fortes raisons pour refuser d'entrer dans les opérations de change que vous me proposez. Il est vrai qu'aux grandes affaires que j'entreprends, se joignent naturellement des affaires de change assez considérables, mais qui n'ont absolument rapport qu'aux premières. Aucune lettre de change ne parvient à mon comptoir qu'elle n'ait quelque relation avec une affaire d'un commerce réel. Je n'accepte jamais à découvert. Si j'accorde quelquefois un crédit de ce genre à l'un de mes correspondants, il faut pourtant que je sache toujours d'avance, quand et de qui je dois en recevoir la remise. Quand une fois la remise est rentrée, cette simple affaire de change se trouve alors terminée. Mais si elle éprouve des retards, alors il ne faut plus compter sur un renouvellement de crédit de ma part. Il serait à désirer que tous les négociants agissent de même, le commerce gagnerait à cela généralement plus de sûreté, et l'on ne verrait plus de ces jeunes gens qui veulent séduire par l'appareil imposant des grandes affaires qu'ils entreprennent avec l'argent d'autrui, alors ils se verraient forcés de régler leurs affaires selon leurs moyens et de commercer en petit, pour parvenir plus sûrement en grand. C'est en suivant cette marche que plusieurs négociants d'ici se sont enrichis, et ce sera toujours la meilleure route à suivre.

Mais pour vous donner pourtant une preuve de ma bonne volonté à vous guider dans une voie sûre, je vais, pour faire un essai avec vous, commencer par une commission assez considérable. Veuillez donc prendre des informations sur les prix et les différentes qualités de café qui se trouvent chez vous. Je sais fort bien, de vieille date, que l'on peut, en vous donnant des commissions chez vous, gagner en sus de vos prix. Mais si l'on n'est pas plus avancé maintenant à l'égard des commissions de marchandiises, qu'on ne l'était il y a 18 ans, où vous n'aviez pas un seul courtier qui fût instruit de son métier, il faudra alors que je mette dans mes conditions, que vous m'enverrez par la diligence, ou par le paquebot de Kiel, si la mer est encore navigable, des échantillons de toutes les qualités de café, afin que je sois à même de vous faire part de mes dernières résolutions.

Je suis, etc. P.

TROISIÈME LETTRE.

Hambourg, ce 51 janvier 18. .

Messieurs M. et S., à Copenhague.

Il était bien essentiel que je vous demandasse des échantillons de café, attendu que chaque différente qualité est désignée sous un autre nom que celui que nous lui donnons ici. Cependant, je me suis déterminé à vous donner deux commissions, l'une sur l'échantillon A que je prends pour du bon café Bourbon, et l'autre sur l'échantillon C qui me paraît être du café de Surinam.

Je pourrai prendre le premier à 52 sous, et le second à 28 sous danois. Si vous pouvez me les passer à ces prix, vous m'en enverrez trois mille kilos de chaque espèce, par le premier navire qui partira pour Lubeck, et tirerez directement sur moi à quinze jours ou à deux mois de date, mais non pas à vue ou à un certain nombre de jours de vue, sans désignation d'échéance, car je ne puis souffrir ces effets à vue, quoiqu'il ne puisse jamais en résulter aucun danger pour moi puisque j'en suis l'accepteur.

Je suis, etc. P.

QUATRIÈME LETTRE.

Copenhague, ce 14 février 18. .

Monsieur P..., à Hambourg.

Nous avons la satisfaction de vous apprendre que la commission de café que vous avez bien voulu nous donner par votre lettre du 31 expiré, a été exécutée avec toute la promptitude et les précautions imaginables. Nous sommes intimement convaincus que vous trouverez les différentes sortes de café que vous nous avez commises telles que vous les désirez, malgré l'erreur qui s'est glissée sous la dénomination des échantillons.

D'après la facture ci-incluse, l'achat se monte, les frais y compris, à

M. L. 9465 que nous portons à votre débit.

Nous espérons néanmoins que vous ne trouverez pas mauvais que pour faire un compte rond, nous ayons porté nos traites à :

M. L. Bco. 4000 ⎫
          4000 ⎬ o/ B. K. et L., à 2 mois de date.
          4000 ⎭

M. L. Bco. 12,000 ensemble. Cette différence disparaîtra bientôt si vous continuez de nous honorer de vos commissions. Le café, tant en tonneaux qu'en balles, ce qui est noté dans la facture, sera chargé demain sur le navire *Constancia*, capitaine Oluffen, qui doit mettre à la voile sous huit jours au plus tard. Ci-inclus deux connaissements.

Nous avons l'honneur, etc. M. et S.

CINQUIÈME LETTRE.

Hambourg, ce 21 février 18. .

Messieurs M. et S., à Copenhague.

Les traites que vous m'annoncez par votre lettre du 14 courant, m'ont déjà été présentées le 18, et pour cette fois-ci, je les ai acceptées toutes trois,

quoique je n'eusse guère envie que d'accepter 9465
M. L., et de faire protester le restant de 2535 M.;
car vous avez outre-passé la somme que je vous dois.
Vous vous êtes donc arrogés dans cette affaire un
crédit que je ne vous avais pas accordé et que je
n'ai nullement intention de vous ouvrir chez moi.
En conséquence, j'ai tiré sur vous, par le courrier
d'aujourd'hui,

M. L. 2535 à mon ordre, à deux mois de date.

J'espère que vous satisferez à cette traite. Si vous
l'acquittez seulement à l'échéance, et que je trouve
à la réception de la marchandise, que vous l'ayez
choisie selon mes instructions, alors je pourrai bien
vous donner de nouvelles commissions; mais il faut
que la chose prenne tout-à-fait une autre tournure,
et qu'il soit toujours tenu un compte net de mon
débet.

Je demeure, etc. P.

---

*Autre réponse sur une lettre semblable à la première,
en date du 7 janvier.*

PREMIÈRE LETTRE.

Hambourg, ce 11 janvier 18. .

Messieurs M. et S., à Copenhague.

J'ai reçu votre lettre du 7 courant. J'approuve
les raisons qui vous font désirer un commerce de
change étendu, mais en même temps solide : c'est
le seul moyen qui reste aux commerçants pour ne
pas rester dans l'inaction. Mais aussi celui qui se
soutient depuis long-temps dans les affaires, est souvent dans la nécessité de faire usage de son crédit
de banque, s'il ne veut pas paraître aux yeux du
public manquer d'argent. Rien n'est plus désagréable
que d'être obligé de recourir à l'entremise d'un courtier pour se procurer un capital sur gage, et d'apprendre ensuite que personne n'a voulu s'y prêter.
Ou bien si cette affaire s'exécute, vous vous trouvez
alors lié par des obligations à six mois, ce qui devient très-funeste à un négociant qui a besoin d'ar-

gent, tantôt plus, tantôt moins, ou plus tôt, ou plus tard. J'accepte donc votre offre, et vous pouvez tirer sur moi jusqu'à la concurrence de 20,000 M. L. Bc°., dont je formerai en retour mes traites sur vous. Vous me mandez que vous avez plusieurs amis avec qui vous êtes déjà en relation pour les opérations de banque. Si vous voulez me les nommer, je pourrai vous indiquer ensuite ceux avec qui je veux entrer en liaison. A la vérité j'aimerais mieux n'avoir affaire qu'à vous seuls. Mais les escompteurs s'aperçoivent bientôt que ce sont toujours les mêmes noms qui reparaissent sur les effets qu'on leur présente ; il faut pour cela que nous tâchions d'augmenter la liste de nos intéressés. Ici, à Hambourg, nous mettons volontiers un courtier dans nos intérêts, quoique son endossement envers des négociants et banquiers ne vaille que pour preuve qu'il tient cette lettre de change pour bonne et qu'il l'apostille, en conséquence, de son nom. Il ne faut pas nous dissimuler que l'escompte étant si haut, notre affaire va devenir d'une plus grande importance. Cependant, depuis que la banque est fermée, il a un peu diminué. Il se trouve pourtant encore à 7 pour cent, ce qui est exorbitant, si l'on ne peut pas employer avec profit son capital dans les affaires de consistance. Quant à moi, Dieu merci, ces sortes d'affaires me refluent, et j'imagine qu'il en est de même chez vous et auprès de vos compatriotes qui ont part à ce virement de change ; car voilà maintenant le Danemarck à une époque favorable pour les affrétements que lui procurent les autres nations durant cette guerre, et qu'il conservera encore long-temps après qu'elle sera terminée ; quoiqu'à la paix générale on doive se servir des navires de la Hollande, qui n'obtiendra pas de sitôt la paix des Algériens. C'est cela qui donnera encore pour long-temps la préférence au pavillon danois pour la Méditerranée.

Je demeure, etc.   **P.**

DEUXIÈME LETTRE.

Hambourg, ce 7 mars 18. .

Messieurs M. et S., à Copenhague.

J'ai été obligé de retarder ma réponse à votre lettre du 25 janvier, vu qu'il m'a fallu du temps pour prendre des renseignements exacts sur la solidité des maisons que vous m'avez indiquées dans votre susdite. Je vous envoie la note des personnes avec qui je traiterai volontiers des affaires de change. Ne me demandez pas, je vous prie, les raisons qui me forcent à ne point en contracter avec ceux dont les noms sont omis sur cette note. Il est fort possible que l'on ne m'ait pas rendu un compte juste sur ces maisons. Mais cela me démontre pourtant qu'aucune lettre de change où elles paraîtront, soit comme tireur, soit comme acceptant, ou bien comme endosseur, ne sera regardée comme du bon papier à notre bourse. Prenez ceci pour avis et tâchez, autant que possible, de vous y conformer, et de nous débarrasser de ces maisons de manière que nous n'ayons aucune liaison avec elles. En attendant, vous pouvez faire part aux autres que je suis disposé à entrer en relation avec elles, et qu'elles peuvent en conséquence s'adresser à moi à ce sujet; car je ne me soucie pas de m'offrir moi-même directement pour accepter en blanc. Je ne le ferais savoir tout au plus qu'à un autre moi-même, avec qui je serais déjà depuis long-temps en relation de commerce.

J'ai l'avantage, etc. **P.**

TROISIÈME LETTRE.

Copenhague, ce 14 mars 18. .

Monsieur P..., à Hambourg.

Nous avons pris la liberté de tirer sur vous aujourd'hui nos quatre traites de

M. L. B^{co}. 2500 ⎞
          2500 ⎛ à notre ordre et à deux mois
          2500 ⎜   de date.
          2500 ⎠

M. L. B^{co}. 10000 ensemble, dont nous vous prions de prendre note afin de préparer tout accueil à notre signature.

Nous avons eu la satisfaction de reconnaître que votre maison jouit ici d'un grand crédit, car les traites formées sur vous ont été négociées sans la moindre difficulté, comme vous le verrez par les noms des remetteurs. Mais nous n'en abuserons pas et nous partagerons le restant des 10,000 marcs en petites traites, que nous ne formerons point à dessein en sommes rondes, et que nous ne mettrons pas en circulation avant de vous en avoir prévenu chaque fois d'avance. Nous vous enverrons en temps dû de quoi vous couvrir, mais autant que possible sous un autre nom que le nôtre. Nous emploierons, par exemple, celui d'un de nos correspondants de Hambourg qui nous ont endossés. Vous pourrez aussi là-dessus facilement vous entendre avec nos correspondants qui vont maintenant devenir les vôtres, par cette circulation de nos traites et remises réciproques.

Nous avons l'honneur, etc. M. et S.

QUATRIÈME LETTRE.

Hambourg, ce 8 décembre 18. .

Messieurs M. et S., à Copenhague.

Je vous ai déjà souvent répété que notre revirement de change commençait à me mettre dans le plus grand embarras. Par la balance approximative que j'ai faite ces jours-ci, pour voir où en étaient nos comptes avec vous et nos amis communs, j'ai reconnu que dans cette circulation de change je me trouvais en avance, par ces revirements de traites et remises, de 400,000 M. L. B^{co}. de plus que je n'avais cru. Je me vois maintenant obligé de payer M. L. B^{co}. 130,000 pour lesquels j'attends bien des remise ; mais comme elles peuvent aussi manquer, je suis contraint de tirer de tous côtés avant que la banque soit fermée, ce qui ne va pas tarder. J'ignore si je trouverai assez de preneurs pour toutes mes traites, car on commence déjà à s'apercevoir à la bourse que nos papiers ne sont pas très-sûrs. Il me faut donner deux pour cent d'escompte au-dessus des autres, pour chaque remise qui m'arrive. N'avez-vous donc pas pu empêcher qu'il reparût si souvent dans nos lettres de change de ces noms qui, comme je vous l'avais marqué, ne sont pas en si bon crédit? Je vous avoue que si je puis attraper la clôture et l'ouverture de la banque, je tâcherai de me débarrasser de ces revirements, car je crois que ce jeu-là touche bientôt à sa fin. Ne tirez donc plus sur moi à compter de ce jour. Je me trouve trop surchargé ; aucun ne s'est tenu à la limite que j'avais fixée, et vous-mêmes, Messieurs, les premiers; car vous savez maintenant que je suis entré en crédit à découvert avec vous pour 50,000 M. L., tandis que nos conventions ne portaient que 20,000.

Je demeure, etc.   P.

Lettre annonçant l'Envoi d'une Procuration.

Rouen, ce. . . .

Monsieur E. D., à Dunkerque.

Monsieur,

Un de mes correspondants de votre ville, M. N. N., me mande par sa lettre du...... que la position malheureuse où sont ses affaires le force d'avoir recours à l'indulgence de ses créanciers, et m'invite à envoyer ma procuration à un ami pour en terminer d'une manière ou d'autre. Je n'ai pu mieux m'adresser qu'à vous pour vous prier de vouloir bien vous en charger, et mettre tous les procédés honnêtes à son égard, car je le connais réellement malheureux : ainsi, faites tout pour le bien et surtout pour le sien. Il me doit fr. 6500 pour solde de compte ; cette somme ne peut influer en rien sur mes affaires, j'en ferai volontiers le sacrifice, si toutefois c'est pour le rétablir, car je crois qu'il le mérite. Vous aimez à rendre service, voilà pourquoi je vous prie de vous charger de cette affaire.

Tâchez de l'obliger, et croyez-moi

Tout à vous.   **R. L.**

Formule de la Procuration.

Je soussigné R. L..., négociant, demeurant à Rouen, patenté pour l'an..., sous le n°.., déclare établir et constituer pour mon procureur général et spécial, Monsieur E. D...; auquel je donne pouvoir pour moi et en mon nom de toucher et recevoir du sieur N. N., négociant à Dunkerque, la somme de *six mille cinq cents francs*, pour marchandises à lui vendues et livrées, et pour solde de tout compte ; de tout reçu donner quittances et décharges valables ; et à défaut de refus ou retard de paiement, faire toutes poursuites pour le contraindre à payer ; assister à toutes assemblées de créanciers, y délibérer ; souscrire les résolutions ou s'y opposer ; nommer syndics provisoires et définitifs ; faire toutes vérifications de créances, ainsi que toutes saisies, arrêts et revendication de marchandises ; traiter, transiger, composer, modérer et attermoyer avec tous débiteurs, aux clauses et conditions que le constitué trouvera convenir pour le bien de mes intérêts. Recevoir les dividendes, en donner toutes quittances, accepter toutes cessions, accorder toutes mainslevées, céder toutes actions et créances, aux conditions que le constitué trouvera convenir, et faire toutes subrogations.

Fait à Rouen, le. . . . . an.

R. L.

« Vu par nous président du Tribunal de Commerce, séant à Rouen, département de la Seine-Inférieure, pour valoir légalisation de la signature R. L., négociant en cette ville. »

A Rouen, le. . . , an.

N. N., Président.

FIN DE LA PREMIÈRE PARTIE.

LA CORRESPONDANCE

COMMERCIALE.

—•◦◦◉◦◦•—

SECONDE PARTIE

CONTENANT : Le Copie de Lettres de Rodolphe, avec des instructions sur le Copie de Lettres Missives ; les Réponses qui y sont
relatives. — Correspondance relative à un Compte à demi en banque,
avec les Réponses. — Correspondance relative à un Compte en
participation de marchandises, avec les Réponses. — Copie de
Lettres d'un nommé Rollier, avec les Réponses. — Copie de Lettres
d'une maison de La Rochelle. — Lettre indiquant ce que c'est
qu'un port franc. — Formule d'un Acte de Société, avec Pétition
à présenter aux Président et Juges du Tribunal de Commerce pour
afficher l'extrait de l'Acte social. — Formule de l'Acte de Société.

———

COPIE DE LETTRES DE RODOLPHE.

Commencé à Lille, le 1er janvier 18. .

A

A Lille, 1er janvier 18...

Paris.

Monsieur Finguerlin. *Circulaire.*

M.

J'ai l'honneur de vous prévenir que je viens de former en cette ville un établissement de commerce sous mon nom particulier.

Soutenu par les résultats d'une laborieuse expérience et de fonds suffisants, je me livre avec confiance aux affaires, espérant obtenir par mes efforts et mon activité, la bienveillance des amis qui voudront bien me confier leurs intérêts.

R.

Je me chargerai de l'achat et de la vente par commission de diverses sortes de marchandises, tant du crû du pays que d'autres, sous une rétribution de 2 p. %; je traiterai aussi quelques spéculations pour mon compte.

Telles sont les diverses branches de commerce que j'embrasserai. Guidé par les sentiments de délicatesse et d'une probité reconnue, j'ose d'autant plus me flatter de captiver la bienveillance de mes amis, que j'emploierai tout ce qui dépendra de moi pour la mériter, et que j'envisagerai et ménagerai les intérêts qu'ils confieront à mes soins comme les miens particuliers.

Agréez-en l'assurance, M.-.., et si vous jugez à propos de confier une partie de vos ordres à mes soins, mon zèle pour vous servir vous convaincra de mes droits à votre confiance; veuillez ne point en douter, et croyez-moi avec la plus haute considération,

M..., *Votre dévoué serviteur.*

————— Du 1er janvier 18... —————

M. Finguerlin (*Lettre accompagnant la circulaire.*)

Me rappelant avec un plaisir particulier M...,

Nota. L'R mis en marge indique le rapport au répertoire.

Paris.

l'agréable accueil qu'il vous a plu m'honorer durant mes voyages, j'aime à me persuader que vous accueillerez également ma circulaire et prendrez note de ma signature. Vous verrez par elle les diverses branches de commerce que je me propose de suivre, et les diverses opérations de change qui pourront en être la suite.

R.

Si, comme vous me l'avez fait espérer dernièrement, lorsque j'eus le plaisir de vous voir, vous me permettez de me lier avec votre maison pour ce dernier objet, vous me fixerez le crédit que vous jugerez convenable de m'accorder, vous assurant d'avance que j'en userai avec réserve et discrétion.

En attendant votre réponse, j'ai l'honneur d'être,

> Monsieur, *Votre dévoué serviteur.*

————— Du 1er janvier 18... —————

Marseille. **R.**	M. Barbarin fils.	
Gand. **R.**	M. Chavanne.	
Amiens. **R.**	MM. Planchon et Cie.	
Londres. **R.**	MM. Thélusson frères et Cie.	Circulaire avec des prix courants.
Rotterd. **R.**	MM. Barguerie et Cie.	
Dunkerq. **R**	M. Emmery.	
Rouen. **R**	M. Taupenot.	
Beaune. **R.**	MM. Rougeot et Cie.	

————— Dudit jour. —————

Messieurs Raimond et Cie.

Naples.

Je suis redevable de votre connaissance à notre ami commun M. N., qui a bien voulu me remettre votre adresse, et duquel je vous remets une lettre. Cet ami m'a fait part que vous lui aviez coté le coton Castellamare au prix de 180 ducats le cantaro; s'il n'y a pas de changement dans ce cours, veillez, au reçu de la présente, en acheter dix balles pour mon compte, en première qualité, et les diriger de suite sur Amiens, à l'adresse de MM. Planchon et compagnie; cette place en est dépourvue, et la nôtre en manque presque totalement; mettez, je vous prie, beaucoup de célérité pour exécuter ma demande.

Pour vous couvrir de vos débours et frais, vous vous en rembourserez sur M. Finguerlin, de Paris, en vos traites à trois mois, au change le plus avantageux, vous pouvez compter que tout accueil sera réservé à votre signature.

En attendant facture et avis d'expédition, je vous salue, etc.

R.

—————— Du 10 janvier 18.. ——————

Monsieur Finguerlin.

Paris.

J'ai reçu la lettre que vous m'avez fait l'honneur de m'écrire le 8 du courant. Je vous remercie infiniment, Monsieur, des souhaits que vous faites pour l'heureux succès de mes entreprises, agréez-en toute ma reconnaissance; de même que pour le crédit à découvert que vous daignez m'offrir, comme j'ai déjà eu l'avantage de vous l'écrire, j'en ferai usage avec discrétion.

R.

Messieurs Raimond et Cie., de Naples, disposeront peut-être sur vous, pour mon compte, de 2700 à 2800 ducats; s'ils vous avisaient de leurs traites et qu'elles vous soient présentées à l'acceptation avant que j'aie pu vous en aviser, vous m'obligerez de les accueillir.

Je demeure, etc.

—————— Du 31 dit. ——————

Monsieur Barbarin fils,

Marseille.

Je remarque dans le prix courant de v/ place,

que vous me remettez par v/ lettre du 29 courant, le coton Salonique de 298 à 300 fr. le quintal; si la qualité en est belle, je vous autorise à en acheter pour mon compte de 30 à 36 quintaux, et me les expédier de suite par roulier, vous recommandant de soigner mes intérêts tant pour le choix de la marchandise que pour les frais. Vous pourrez vous rembourser sur moi de vos avances, ou bien tirer pour mon compte sur Monsieur Finguerlin, de Paris.

En attendant une prompte réponse,

Je vous salue, etc.

——————— Du 3 février 18.. ———————

Monsieur Chavanne.

J'ai reçu votre lettre du 1er courant.

Si la potasse de Russie dont vous m'entretenez est belle, je pourrai vous en procurer la vente de 98 à 100 fr. le quintal décimal, au terme de 4 mois. Cet article est assez rare sur notre place, mais plusieurs maisons en attendent; si vous vous décidez à m'en consigner, ne perdez pas de temps, et vous pouvez être assuré que je ferai tout ce qui dépendra de moi pour vous en procurer un placement aussi prompt qu'avantageux. En attendant votre réponse,

Je suis, etc.

——————— Du 10 dit. ———————

Monsieur Chavanne.

J'ai reçu hier les 8 tonneaux potasse de Russie que m'annonce votre lettre du 6 courant. Je suis charmé que vous vous soyez décidé à m'en consigner, et avec d'autant plus de plaisir que j'en ai opéré la vente ce matin au prix de 100 fr., terme de 4 mois. Je m'empresse de vous en remettre ci-inclus le compte de vente dont le net produit s'élève à

Fr. 3612,03 que je porte à votre crédit, sauf rentrée, vous priant de l'examiner, et le trouvant d'accord en passer écritures conformes,

R.

Gand.

R.

Gand.

J'aime à me persuader que vous serez satisfait de cette vente, et qu'elle vous engagera à me faire d'autres consignations.

R.

Les sucres en pains paraissent demandés, le poivre a éprouvé une baisse, parce qu'il y a peu de demandes sur cet article et que nos magasins en sont bien pourvus. Je me réfère au prix courant ci-inclus; et étant constamment dévoué à vos ordres, je vous salue affectueusement.

——————— Du 12 février 18.. ———————

Messieurs Planchon et Cie.

Amiens.

Je vois par votre lettre du 8 courant, que le coton de Castellamare et la soude d'Alicante manquent sur votre place; un de mes amis m'en avait déjà fait part. Désirant commencer quelques opérations avec votre maison, je viens de vous expédier par le voiturier français de Wazemmes,

4 balles soude d'Alicante, desquelles vous avez ci-bas la note; veuillez les recevoir sèches et bien conditionnées, ayant été remises de même au voiturier. Vous me cotez cet article de 148 à 150 fr. le quintal décimal, j'espère que vous en obtiendrez ce dernier prix, mais 1 fr.

R.

de plus ou de moins ne doit pas vous arrêter pour vendre de suite, je n'aime pas à voir ma marchandise séjourner dans les magasins.

J'ai commis à Naples 10 balles coton de Castellamare, avec ordre de vous les acheminer promptement; aussitôt que j'aurai avis de leur achat et de leur expédition je vous en ferai part.

Si vous voyez que quelques articles manquent ou sont prêts à manquer sur votre marché, n'oubliez pas de m'en donner avis. *Tout à vous.*

Note de 4 balles soude d'Alicante.

L. N° 1 — 450 kmes.
　　 2 — 425
　　 3 — 430
　　 4 — 445
　　　 1750 kmes. brut.

——————— Du 15 février 18.. ———————

Monsieur Wattel.

Gand.

Je vous expédie ce jour par Bertrand, batelier d'Arras, quatre pièces huile d'œillette, marquées

R. N° 1 à 4. Veuillez les recevoir pleines et bien conditionnées, en lui payant 24 francs pour le fret des 4 pièces.

R.

Aussitôt leur réception, vous les réexpédierez par bateau à MM. Barguerie et Cie., de Rotterdam, et agréez mes salutations affectueuses.

——————— Du 15 dit. ———————

Messieurs Barguerie et Cie.

Rotterd.

J'ai trouvé joint à la lettre que vous m'avez fait l'honneur de m'écrire le 9 courant, un compte de vente simulé à une partie d'huile d'œillette, pour me faire connaître les frais que cet article peut occasioner sur v/ place, je vous en remercie infiniment. Malgré la répugnance que j'ai à consigner des liquides, je me suis déterminé, d'après votre avis, à faire un petit essai. En conséquence, je viens de faire charger sur le bateau de Bertrand, d'Arras,

R.

4 pièces d'huile d'œillette, contenant 20 tonnes ordinaires, marquées comme ci-bas, je les adresse à M. Wattel, de Gand, avec ordre de vous les faire parvenir le plus tôt possible. D'après ce que vous me dites de ce liquide, j'espère que vous tirerez un parti avantageux de celui que je vous envoie.

J'ai l'honneur de vous saluer.

4 pièces huile d'œillette.
      R. N° 1 — 5.
            2 — 5.
            3 — 5.
            4 — 5.
      _____
            20 tonnes ou hectolit.

———— Du 15 février 18.. ————

MM. Thélusson frères et Cie.

Londres.

Votre lettre du 10 courant me cote le prix de l'étain à 5 fr. 55 c. le quintal, et celui du plomb à liv. st. 29 le fod. A ces prix vous pouvez acheter p/ m/ c/.

Six saumons d'étain, et

Quatre saumons de plomb.

R.

Vous aurez la complaisance de les faire charger sur le premier navire qui partira pour Dunkerque, à l'adresse de M. Emmery, dudit lieu, à qui je donnerai des ordres ultérieurs.

C'est un essai que je fais, ménagez mes intérêts; si cette petite opération me présente quelque avantage, cela m'engagera à vous donner des ordres plus considérables.

En attendant facture, j'ai, etc.

———— Du 20 dit. ————

Monsieur Taupenot.

Rouen.

Je vous confirme, Monsieur, ma circulaire du 1er janvier, qui vous annonçait mon établissement en cette ville. J'ai en ce moment en magasin une partie de 50 tonnes de graine de lin de Riga, de la dernière récolte, que je pourrais vous céder à 62 fr. la tonne, prise ici, payables à 2 usances; si tout ou partie de cette graine peut vous convenir, transmettez-moi de suite votre demande, je l'exécuterai d'autant que cette marchandise ne serait pas vendue d'ici à votre réponse.

R.

Je vous salue, etc.

———— Du 20 dit. ————

Monsieur Finguerlin.

Paris.

Je vous confirme, Monsieur, ma lettre du 10 janvier. Messieurs Raimond et Cie., de Naples, me font part qu'ils ont tiré sur vous, en date du 15 janvier;

Ducats 1236 ⎱ à leur ordre, payables à
      1237 ⎰   5 mois.

Ducats 2473 au change de 90, soit fr. 11,128,
50 c. Veuillez S. V. P. en prendre note, afin
de préparer tout accueil à leur signature au
débit de mon compte.

Mes prochaines vous porteront des remises.

J'ai l'avantage, etc.

———— Du 20 février 18.. ————

Messieurs Planchon et Cie.

Amiens.

J'ai l'avantage de vous confirmer ma lettre du
12 courant, qui vous remettait la note de 4
balles de soude d'Alicante, que je vous ai expédiées pour m/ c/; j'espère qu'elles vous seront
bien parvenues et que vous ne tarderez pas à
m'en remettre le compte de vente.

Je reçois avis de MM. Raimond et Cie, de
Naples, que le 15 janvier dernier ils vous ont
expédié pour m/ c/, par l'entremise de Cyprien
Barison, de Milan, à 240 fr. du quintal décimal, droits d'entrée en France et voiture compris, pour vous être rendues en 90 jours.

R.

P. C. Nº 1 à 10. Dix balles coton de Castellamare, pesant ensemble environ 1165 kilogrammes; veuillez en soigner la réception et
examiner si ce lainage est de première qualité;
dans le cas contraire vous feriez nommer des
experts pour en constater la qualité, afin que je
puisse avoir mon recours. Ce coton me reviendra à peu près à 12 fr. le kilogramme, rendu
chez vous; ceci vous servira de base pour en
opérer la vente au mieux de mes intérêts.

J'ai l'avantage, etc.

———— Du 20 dit.. ————

Messieurs Raimond et Cie.

Naples.

Je reçois avec votre lettre du 15 janvier la
facture aux 10 balles coton de Castellamare

que je vous avais commis, elle s'élève, avec les frais, à ducats 2473. Je vous en ai crédité provisoirement.

Pour vous couvrir de vos débours et frais, vous avez tiré pour mon c/ sur M. Finguerlin, de Paris,

R. Ducats 1236 } à v/ ordre, à 3 mois, du
1237 } 15 janvier.

Ducats 1473 au change de 90. J'ai donné les ordres nécessaires afin que tout accueil soit préparé à votre signature.

S'il survient quelque changement dans le prix des cotons, vous m'obligerez de m'en faire part.

J'ai l'honneur, etc.

——— Du 20 février 18.. ———

Messieurs Rougeot et Cie.

Beaune. J'ai reçu votre lettre du 14 courant; mon intention est bien de faire quelques affaires dans la partie des vins. Celui que vous m'offrez à 200 fr. la pièce peut me convenir; si toutefois, comme vous me le dites, la qualité en est bonne et qu'il soit de garde, vous pouvez m'en expédier vingt pièces; je vous recommande R. le choix ainsi que le prix de la voiture; c'est un essai que je fais; si cette petite opération me réussit, je pourrai vous faire d'autres demandes.

En attendant facture et avis d'expédition, je vous prie d'agréer mes salutations affectueuses.

——— Du 21 dit. ———

Monsieur Emmery.

Dunkerq. J'ai l'honneur de vous confirmer ma lettre du 1er janvier, qui accompagnait ma circulaire de même date, pour vous faire part de mon établissement en cette ville. De mon côté je saisirai toujours avec empressement toutes les occasions qui s'offriront pour me lier d'affaires avec votre maison, veuillez en faire de même du vôtre et nous pourrons peut-être traiter quelques opérations.

J'ai commis à MM. Thélusson frères et Cie., de Londres :

R.

6 saumons d'étain, et
4 saumons de plomb.

Je leur ai donné l'ordre de vous les consigner. Aussitôt que j'aurai reçu l'avis d'achat je vous en ferai part ; si le cours de votre place me laisse un peu de marge, je vous prierai d'en effectuer la vente pour mon compte ; à défaut, vous voudrez bien me les faire parvenir.

En attendant de vos nouvelles, je demeure tout à votre service et vous salue cordialement.

——— Du 25 février 18.. ———

Monsieur Finguerlin.

Paris.

Je reçois votre lettre du 22 courant. Je vous remercie infiniment de l'accueil favorable que vous préparez aux traites de MM. Raimond et Cie., de Naples.

R.

Je vous remets ci-inclus, à valoir sur cette disposition,

Fr. 5,600 sur Robillard, de v/V., au 10 mars prochain ; veuillez en soigner le nécessaire et les porter à mon crédit.

J'ai l'honneur, etc.

——— Du 26 dit. ———

Monsieur Finguerlin.

Paris.

J'ai l'avantage de vous confirmer ma lettre d'hier, qui vous portait

R.

Fr. 5600 sur Robillard, de v/V., au 10 mars.
Vous trouverez de nouveau sous ce pli

Fr. 5595,50 sur Sieber, de v/V., au 15 avril, à votre débit. *Je demeure, etc.*

——— Du 26 dit. ———

Messieurs Planchon et Cie.

Amiens.

Je reçois votre lettre du 24 courant, qui répond aux deux miennes des 12 et 20 du même mois. Je ne puis que vous réitérer, Messieurs, de vendre promptement et au mieux de mes intérêts les 4 balles de soude d'Alicante que vous avez en magasin, de même que les 10 balles coton Castellamare que vous recevrez de Naples; je ne vous prescris rien à cet égard, le succès de ces deux opérations me déterminera à vous faire d'autres consignations.

R.

Vous me remettez :

Fr. 5595,50 sur Sieber, de Paris, au 15 avril, vous en avez crédit sauf rentrée. Agréez, S. V. P., mes salutations cordiales.

——— Du 27 février 18.. ———

Monsieur Barbarin fils.

Marseille.

J'ai reçu avec v/ lettre du 15 courant la facture d'une partie de coton Macédoine que je vous avais commis, elle s'élève à

Fr. 10232,59, je vous en crédite sauf vérification de la marchandise à son arrivée. Vous pouvez vous prévaloir sur moi ou sur M. Finguerlin, de Paris, à votre choix; il est entendu que si l'échéance de vos traites est plus courte ou plus longue que celle de votre facture, nous nous tiendrons compte réciproquement des intérêts à raison de $\frac{1}{2}$ p. % par usance.

R.

Tenez-moi au courant, S. V. P., des variations que pourront éprouver les prix des cotons sur v/ place.

Je vous salue bien sincèrement.

——— Du 28 dit. ———

Messieurs Thélusson frères et Cie.

Londres.

Je vois avec plaisir, par votre lettre du 21 courant, que vous avez rempli le petit ordre que je vous avais donné, de 6 saumons d'étain et 4 saumons de plomb; vous avez crédit pour cet objet de L. st. 129,5,9, conformément à votre facture. Il est bien que vous ayez expédié

cette marchandise à M. Emmery, de Dunkerque.

R.

Vous pouvez disposer sur moi pour cet objet,
en votre traite au 22 avril prochain, au change
le plus avantageux qu'il vous sera possible,
vous pouvez compter que tout accueil y sera fait
sans autre avis.

J'ai l'honneur, etc.

——— Du 1er mars 18.. ———

Monsieur Taupenot.

Rouen.

Pour satisfaire à v/ lettre du 27 du mois
passé, j'ai l'avantage de vous remettre ci-inclus facture aux 50 tonnes graine de lin de Riga,
que vous me demandez, elle s'élève à
Fr. 3100, à votre débit, payables à deux
usances.

R.

Ces 50 tonnes sont parties ce matin sous la
conduite de Samson, voiturier d'Orléans, à fr.
7,50 cent. de la tonne, veuillez vous les procurer à devoir.

Je demeure constamment à vos ordres et vous
salue sincèrement.

——— Du 4 dit. ———

Messieurs Planchon et Cie.

Amiens.

Il m'est infiniment agréable de voir par votre
lettre du 2 courant, que vous avez vendu les
4 balles soude d'Alicante que vous aviez à moi.
Je vous débite pour cet objet, conformément
au compte de vente que vous me remettez, de
Fr. 2526,41 payables à 5 mois.

R.

Je remarque avec plaisir que les prix des cotons en laine augmentent sur v/ place, cela
m'est d'un bon augure pour les 10 balles que
vous attendez de Naples pour m/c.; instruisez-
moi des changements qui pourront survenir sur
les prix de ce lainage.

Agréez, en attendant, mes sincères salua-
tions.

——— Du 10 mars 18.. ———

Monsieur Emmery.

Dunkerq.

Votre lettre du 12 courant me donne avis que les 6 saumons d'étain et les 4 saumons de plomb vous sont parvenus, ce qui est bien. Si, comme vous me le faites espérer, vous pouvez vendre l'étain à 3 fr. le kilogramme, et fr. 80 le quintal décimal de plomb, veuillez

R.

les placer de suite et m'en remettre le compte de vente.

A quel prix pourriez-vous m'obtenir la potasse de Dantzick ?

Dans l'attente de vos nouvelles, je vous salue sincèrement.

——— Du 14 dit. ———

Messieurs Barguerie et Cie.

Rotterd.

J'ai trouvé joint à v/ lettre du 10 courant le compte de vente aux 4 pièces huile d'œillette que je vous ai envoyées à vendre pour m/ compte, et dont le net produit s'élève à

Fr. 1056,06, à votre débit.

Pour solder cet objet, et d'après votre autorisation, je viens de disposer sur vous ma traite de

Fr. 1056,06 o/ Wacrenier, au 23 juin prochain; veuillez en prendre bonne note pour que

R.

tout accueil soit fait à ma signature.

Les huiles ont éprouvé une nouvelle hausse sur notre marché; vos prix actuels ne laissent pas assez de marge pour que je vous fasse une consignation ; s'ils prennent faveur, faites-m'en part, je me déciderai alors à vous faire un envoi.

En attendant je vous salue bien sincèrement.

P. S. Vos lettres des 20 février et 1er du courant n'exigent point de réponse.

——— Du 4 avril 18.. ———

Monsieur Emmery.

Dunkerq.

J'ai reçu la lettre que vous m'avez fait

l'honneur de m'écrire le 30 mars dernier. J'y vois avec beaucoup de plaisir que vous avez vendu à mon gré les 6 saumons d'étain et les 4 saumons de plomb que vous aviez à moi. Je vous ai débité conformément au compte que vous me remettez de ces objets, de

R.   Fr. 3223,96 payables à deux mois.

Vous me cotez la potasse de Dantzick à 165 fr. le quintal décimal ; ce prix est trop élevé pour que je puisse vous en demander maintenant ; mais si d'ici au 10 du mois prochain cette marchandise venait à descendre au prix de 160 fr. vous pouvez en acheter pour mon compte 4 tonneaux, si toutefois je ne vous donne pas contre-ordre. En cas d'achat je vous recommande la qualité, surtout qu'elle soit nouvelle et d'un bleu vif.

Je vous prie d'agréer mes salutations sincères.

—— **Du 9 avril 18.. ——**

Messieurs Rougeot et Cie.

Beaune.   Je vois par v/ lettre du 13 mars que vous m'avez expédié, le 15 du même mois, les 20 pièces vin rouge que je vous avais demandées ; persuadé que la qualité sera celle que vous m'annoncez, je vous ai crédité de

Fr. 4000 », faisant le montant de v/ facture.

R.   Pour solder cet objet je vous remets sous ce pli

Fr. 4000 » en ma traite sur Finguerlin, de Paris, au 15 juin ; veuillez en soigner la rentrée à mon crédit.

Je verrai avec plaisir que cette opération réussisse au gré de mes désirs, et que je puisse bientôt vous faire d'autres demandes. Dans cette attente, je vous salue, etc.

—— **Dudit. ——**

Monsieur Finguerlin.

Paris.   J'ai reçu dans le temps la lettre que vous m'avez fait l'honneur de m'écrire le 29 février dernier, d'accord sur son contenu, je la passerai sous silence.

R.

Je prends la confiance de disposer sur vous, en date de ce jour, ma traite de

Fr. 4000 » o/ Rougeot et Cie., au 15 juin prochain, vous priant de l'accueillir et d'en débiter mon compte.

J'ai l'avantage de vous saluer.

———— Du 12 avril 18.. ————

Monsieur Finguerlin.

Paris.

Je vous confirme ma lettre du 9 courant qui vous avisait de ma traite sur vous de

Fr. 4000 » o/ Rougeot et Cie., au 15 juin.

Ci-inclus :

R.

Fr. 3000 » sur Lange, de v/V., au 15 courant; veuillez en soigner le nécessaire à mon crédit et m'en accuser réception.

Je demeure, etc.

———— Du 16 dit. ————

Monsieur Finguerlin.

Paris.

Je reçois votre lettre du 14 courant, m'accusant réception des deux miennes des 9 et 12 de ce mois, ainsi que des deux effets qu'elles vous remettaient.

Je vous remercie du bon accueil que vous préparez à ma traite de

R.

F. 4000 » o/ Rougeot et Cie., au 15 juin. Veuillez en faire de même à celle que je forme aujourd'hui sur vous de

Fr. 4000 » o/ Leroux, au 16 juillet; votre compte en est crédité.

J'ai l'honneur, etc.

———— Du 20 dit. ————

Monsieur Barbarin fils.

Marseille.

J'ai reçu la lettre que vous m'avez fait le plaisir de m'écrire le 10 courant; elle me donne avis de vos deux traites sur moi de

Fr. 2000 » o/ Graissière, au 11 mai.
     2000 » o/ Delon, au 16 dit.

———

R.

Fr. 4000 » ensemble. Elles viennent d'être revêtues de mon acceptation et sont portées à votre débit.

Les 10 ballots et 3 balles de coton Salonique que vous avez achetés pour m/c. sont arrivés le 15, la qualité en est belle; je vous remercie du choix que vous avez bien voulu en faire.

Je vous salue bien sincèrement.

——— Du 22 avril 18.. ———

Messieurs Planchou et Cie.

Amiens.

Avec votre lettre du 20 courant, j'ai reçu le compte de vente des 10 balles coton de Castellamare; l'ayant trouvé d'accord, je vous en débite de v/ conformité en

R.

Fr. 13,313,46 valeur au 20 juillet, avec le ducroire. Etant tout ce qui s'offre à vous dire, je vous salue affectueusement.

——— Du 22 dit. ———

Messieurs Thélusson frères et Cie.

Londres.

Je vous confirme ma lettre du 28 février. L'unique but de la présente est pour vous faire part que je viens d'acquitter v/ traite sur moi de

R.

L. st. 129,5,9 au change de 30 deniers sterlings pour 3 francs; vous en êtes débités pour solde.

J'ai l'honneur d'être, etc.

——— Du 23 dit. ———

Monsieur Taupenot.

Rouen.

Il m'est infiniment agréable d'apprendre par votre lettre du 19 courant, que vous avez été satisfait de la qualité des 50 tonnes graine de lin de Riga que je vous ai expédiées en mars dernier. Selon vos désirs, et pour solder cet envoi, je viens de former sur vous ma traite de

Fr. 3,100 » à mon ordre, payable au 30 courant; veuillez l'accueillir au débit de mon compte.

Je demeure constamment dévoué à votre service, et v/ salue sincèrement.

———— Du 24 avril 18.. ————

Monsieur Finguerlin.

Paris.

J'ai reçu votre lettre du 16 courant. Je vous suis très-obligé du bon accueil que vous préparez à ma traite de

Fr. 4000 o/ Leroux, au 16 juillet.
Ci-inclus :

R.

Fr. 1984,50, sur Trancin, de v/ V., au 1er mai, soignez-en le nécessaire et portez-en l'encaissement à mon crédit, S. V. P.

Monsieur Barbarin fils, de Marseille, aura dû se prévaloir sur vous pour m/c. de 6 à 7000 fr.; veuillez dans ce cas faire honneur à sa signature et débiter mon compte de cette somme.

Tout à vous, etc.

———— Du 1er mai 18.. ————

Monsieur Finguerlin.

Paris.

Votre lettre du 26 avril m'accuse réception de ma remise de

Fr. 1984,50 sur v/ V. au 1er mai, ce qui est bien.

Monsieur Barbarin fils (ainsi que je vous en prévenais par ma précédente) me donne avis qu'il a tiré sur vous en date du 22 avril,

R.

Fr. 2000 o/ Gervaud, au 25 courant.
2000 o/ Pierre, au 30 dit.
2000 o/ Jacques, au 5 juin.

Fr. 6000 ensemble, vous priant les acquitter et d'en débiter mon compte.

Je vous salue affectueusement.

——— Du 7 mai 18.. ———

Monsieur Emmery.

Dunkerq.

Je vois par v/ lettre du 4 courant qu'il vous a réussi d'acheter au prix de mes limites les 4 tonneaux potasse de Dantzick que je vous avais demandés, vous m'en remettez facture s'é-levant, avec les frais, à

R.

Fr. 6414,37 que je porte à votre crédit, va-leur au 4 août. Cette marchandise me parvient à l'instant, la qualité en est assez belle.

J'ai l'avantage de vous saluer.

——— Du 31 dit. ———

Monsieur Finguerlin.

Paris.

Je me réfère à ma lettre du 1er courant, qui vous donnait avis des traites sur vous de M. Barbarin fils, de Marseille, ensemble Fr. 6000.

Je vous remets ci-inclus :

Fr. 5000 sur Charlier, de v/V, au 10 juin, à votre débit. Je viens de faire le relevé de mon compte chez vous, vous en trouverez ci-joint l'extrait, il solde en votre faveur par

R.

Fr. 3,990,77 ; les intérêts réciproques comp-tés à 6 p. % par an, fixé à ce jour ; veuillez l'exa-miner, et le trouvant d'accord, m'en accuser réception. En attendant je vous salue bien sin-cèrement.

——— Du 31 dit. ———

Monsieur Barbarin fils.

Marseille.

Je vous confirme ma lettre du 20 avril qui s'est croisée avec la vôtre du 22 du même mois, m'avisant de vos traites pour m/c. sur M. Fin-guerlin, de Paris, de

Fr. 2000 o/ Gervaud, au 25 courant.

2000 o/ Pierre, au 30 dit.

2000 o/ Jacques, au 5 juin.

Fr. 6000 ensemble. Les ordres ont été don-

nés pour que tout honneur soit fait à v/ signature, vous en ayant débité.

Pour satisfaire à vos désirs, je vous remets
ci-joint l'extrait de v/ compte courant et d'intérêts, soldant en votre faveur par

R.

Fr. 247,74, valeur à ce jour. Veuillez l'examiner, le trouvant d'accord, en passer écritures conformes et m'en accuser réception.
Vous pourrez disposer sur moi de ce reliquat
quand vous le jugerez convenable.

Je vous prie d'agréer mes salutations affectueuses.

FIN.

RÉPERTOIRE *du Copie de Lettres de Rodolphe.*

	A.		**N.**
	B.		**O.**
Marseille.	Barbarin fils, 194, 195, 203, 207, 210.		**P.**
Rotterd.	Barguerie et Cie., 194, 198, 205.	Amiens.	Planchon et Cie., 194, 197, 200, 202, 204, 208,
	C.		**Q.**
Gand.	Chavanne, 194, 196, 197.		**R.**
	D.	Beaune.	Rougeot et Cie., 194, 201, 206.
	E.	Naples.	Raimond et Cie., 194, 200.
Dunkerq.	Emmery, 194, 199, 201, 205, 210.		**S.**
			T.
	F.	Rouen.	Taupenot, 194, 199, 204, 208.
Paris.	Finguerlin, 193, 194, 195, 199, 202, 202, 206, 207, 207, 209, 209, 210.	Londres.	Thélusson frères et Cie., 194, 199, 203, 208.
	G.		**U.**
	H.		**V.**
	J.	Gand.	Wattel, 198.
	K.		**X.**
	L.		**Y.**
	M.		**Z.**

RÉPONSES *aux Lettres de Rodolphe, mises par ordre alphabétique de noms et non par date, afin de pouvoir suivre la Correspondance avec chacun d'eux en particulier.*

NOTE DES NOMS

DESDITS CORRESPONDANTS.

Correspondants de Rodolphe.

Marseille, 29 janvier 18. .

Monsieur Rodolphe, à Lille.

J'ai reçu votre circulaire en date du 1er janvier dernier, qui m'annonce votre établissement de commerce. Je désire que vos opérations réussissent toutes au gré de vos souhaits. Bonne note est prise de votre signature pour n'ajouter foi qu'à elle seule.

Je verrai avec plaisir naître l'occasion d'entrer en relation d'affaires avec vous ; fournissez-m'en bientôt les moyens en me demandant quelques articles du prix courant ci-inclus. Les cotons, par exemple, pourroient v/ offrir de l'avantage, ceux de Salonique surtout.

Ma principale branche de commerce est la commission de ventes et d'achats de toutes sortes de marchandises dont notre place est susceptible. Ma commission est de deux pour cent ; pour vous donner une idée des autres frais, je joins sous le pli de la présente un compte simulé à une partie de coton.

Entièrement dévoué à vos ordres,

Je vous salue bien sincèrement.

BARBARIN fils

———————

Marseille, 15 février 18. .

Monsieur Rodolphe, à Lille.

Aussitôt la réception de v/ lettre du 31 du mois dernier, qui me donne l'ordre d'acheter pour v/ compte

30 à 36 quintaux de coton de Salonique, dans les prix de 298 à 300 fr. le quintal, je me suis occupé de son exécution ; mais y ayant eu beaucoup de demandes de ce lainage, les détenteurs ont été plus tenaces dans leurs prétentions ; cependant je vous annonce avec plaisir que je suis parvenu à remplir votre commission à votre dernière limite, je veux dire à 300 fr. le quintal. Vous en trouverez ci-inclus facture s'élevant, avec les frais, à

Fr. 10,232, 59 que je porte à votre débit, payable à trois mois à partir de ce jour. Les dix ballots et trois balles composant cette facture vous parviendront par l'entremise de M. Giraud, commissionnaire en cette ville ; veuillez vous en procurer bonne réception, espérant bien que vous serez entièrement satisfait de cet envoi.

Selon vos désirs je me prévaudrai sur vous ou sur M. Finguerlin, de Paris, pour cet envoi.

Depuis mon dernier cours il n'y a pas de variations sur les prix des autres articles.

Constamment dévoué à vos ordres, je vous salue.

BARBARIN fils.

———————

Marseille, 10 avril 18. .

Monsieur Rodolphe, à Lille.

J'ai reçu votre lettre du 27 février. Il est bien que vous m'ayez donné crédit de

Fr. 10,232,59, montant de mon achat de coton

pour v/ compte. J'espère que vous me féliciterez du choix que j'ai fait de ce lainage lorsque vous l'aurez reçu.

Je consens à ce que vous me proposez, de nous tenir réciproquement compte de l'intérêt de nos avances à raison d'un demi pour cent par mois.

D'après votre autorisation je viens de disposer sur vous, en date de ce jour, mes traites de

Fr. 2000 o/ Graissière, payable au 11 mai.
    2000 o/ Delon,   idem   au 16 dit.

Fr. 4000 ensemble. Vous priant d'en prendre note afin de préparer tout accueil à ma signature.

Point de variations dans le cours de notre place, la gomme arabique seule paraît demandée. Du reste je me réfère au prix courant ci-inclus.

Constamment dévoué à vos ordres, je vous salue.

BARBARIN fils.

Marseille, 22 avril 18. .

Monsieur Rodolphe, à Lille.

Je me réfère à ma lettre du 10 courant, qui vous donnait avis de mes traites sur vous de

Fr. 2000 o/ Graissière, au 11 mai.
    2000 o/ Delon, au 16 dit.

Fr. 4000 ensemble.

Je viens de disposer pour v/ compte sur M. Finguerlin, de Paris, mes traites de

Fr. 2000 o/ Gervaud, au 25 mai.
    2000 o/ Pierre,   au 30 dit.
    2000 o/ Jacques, au 5 juin.

F. 6000. Vous priant de donner les ordres nécessaires afin que tout accueil soit réservé à ma signature.

Vous m'obligerez de m'envoyer l'extrait de mon compte courant arrêté au 31 mai prochain.

Étant toujours dévoué à votre service, je vous salue, etc.

BARBARIN fils.

Marseille, 12 juin 18. .

Monsieur Rodolphe, à Lille.

J'ai reçu vos lettres des 20 avril et 31 mai. Je passe sous silence ce qui n'exige aucune réponse, seulement je vous remercie de l'accueil fait et préparé à mes diverses traites.

Votre seconde me remet l'extrait de mon compte soldant en ma faveur par

Fr. 247,74, valeur au 31 mai dernier. J'en ai passé écritures conformes, l'ayant trouvé d'accord. A l'occasion je me prévaudrai sur vous de ce petit reliquat. En attendant, je vous prie d'agréer, etc.

BARBARIN fils.

Rotterdam, 9 février 18. .

Monsieur Rodolphe, à Lille.

Votre circulaire du 1er janvier dernier nous est bien parvenue. Nous avons pris bonne note de votre signature. Nous espérons pouvoir nous lier d'affaires ensemble, car notre place offre, comme vous le savez, un débouché très-avantageux presque pour toutes les productions. L'huile d'olive étant rare sur notre marché, votre huile d'œillette qui, en quelque sorte remplace la première, a éprouvé une augmentation assez forte dans le prix, qui est actuellement de 95 à 96 livres de gros les 340 stoops. Ce cours nous paraît avantageux, et nous pensons qu'il vous engagera à nous faire quelques consignations de ce liquide : notre change pour Lille étant 168 ½, il y a une belle marge !... Pour vous fixer sur les frais, nous vous remettons ci-inclus un compte simulé concernant la vente de cet article. Vous trouverez aussi sons ce pli un prix courant.

Tout dévoués à votre service, etc.

BARGUERIE et Cie.

Rotterdam, 20 février 18. .

Monsieur Rodolphe, à Lille.

Nous voyons avec plaisir par v/ lettre du 15 courant, que d'après nos avis vous vous êtes déterminé à nous expédier par bateau, à l'adresse de M. Wattel, de Gand, 20 tonnes huile d'œillette transvasée en 4 pièces. Aussitôt leur réception nous nous occuperons de la vente, et même, si nous pouvons vendre sur l'arrivée, nous le ferons. Comptez sur nos soins pour le bien de vos intérêts, et agréez nos salutations, etc.

BARGUERIE et Cie.

Rotterdam, 1er mars 18. .

Monsieur Rodolphe, à Lille.

Nous avons l'avantage de vous confirmer notre lettre du 20 février dernier. Vos 4 pièces d'huile d'œillette sont arrivées, on s'occupe à les décharger du bateau; nous espérons sous peu pouvoir vous en annoncer la vente, ce liquide continuant à jouir d'une certaine faveur sans cependant que le prix en augmente.

Nous vous saluons etc.

BARGUERIE et Cie.

Rotterdam, 10 mars 18. .

Monsieur Rodolphe, à Lille.

Nous nous référons à nos lettres des 20 février et 1er du courant. Nous vous annonçons avec plaisir que nous venons de placer vos 4 pièces huile d'œillette au prix de 95 livres de gros les 340 stoops, payables à trois mois et demi; vous en trouverez ci-inclus le compte de vente dont le net produit s'élève à

Flo. cts. 1056,6 que nous portons à v/ crédit.

Comme notre commission de 3 pour cent est pour le ducroire, vous pouvez disposer de cette somme sur nous à l'échéance. On placerait encore facilement de ce liquide, si vous vous décidiez à nous en envoyer, il ne faudrait mettre aucun retard dans l'expédition, attendu que la consommation de cet article tire à sa fin.

Etant tout dévoués à vos ordres, nous vous, etc.

BARGUERIE et Cie.

Rotterdam, 25 mars 18. .

Monsieur Rodolphe, à Lille.

Nous avons reçu votre lettre du 14 courant, nous donnant avis de votre traite sur nous de

Flo. cts. 1056,06 à l'ordre de Wacrenier, payable au 23 juin prochain, nous en avons pris note pour l'accueillir à votre débit.

Nous remarquons que les huiles ont éprouvé une hausse sur v/ marché; sur le nôtre il n'y a point encore de changement dans les prix; il y a néanmoins de la demande et il pourrait bien y avoir de l'augmentation; nous aurons soin de vous tenir au courant des variations qui arriveront sur cet article.

En attendant nous vous saluons bien sincèrement.

BARGUERIE et Cie.

Gand, 1er février 18. .

Monsieur Rodolphe, à Lille.

Votre circulaire du 1er janvier dernier m'est bien parvenue ainsi que le prix courant qui s'y trouvait joint. J'ai remarqué dans celui-ci le prix de la potasse de Russie coté de 98 à 100 fr. le quintal décimal. Si vous prévoyez un placement prompt et avantageux de cet article, je vous en consignerai une petite partie; indiquez-moi le terme que l'on accorde sur v/ place pour cet objet. Attendant de suite une réponse, je vous prie d'agréer, etc.

CHAVANNE.

Gand, 6 février 18. .

Monsieur Rodolphe, à Lille.

Je vous avais déjà expédié hier 8 tonneaux potasse de Russie. Votre lettre du 3 courant me fait présumer que j'ai bien fait de prendre l'avance. Ces huit tonneaux, dont vous avez ci-bas la note, vous parviendront par l'entremise de M. Wattel, de c/V., à raison de 4 fr. du quintal décimal. Veuillez les recevoir bien conditionnés et en opérer de suite la vente.

En attendant votre avis à cet égard, je, etc.

CHAVANNE.

Note.

H. N°. 1 — 540 ^{kmes} brut.

    2 — 525

    3 — 575

    4 — 582

    5 — 592

    6 — 555

    7 — 554

    8 — 520

4443 ^{kmes} brut.

Gand, 6 février 18. .

Monsieur Rodolphe, à Lille.

J'ai reçu votre lettre du 10 courant qui m'accuse réception des 8 tonneaux de potasse que je vous ai envoyés pour m/ compte et que vous avez vendus au prix de 100 fr. le quintal décimal, payables à 4 mois. Je vous débite de

Fr. 3612,03 pour leur net produit suivant le compte de vente que vous m'en remettez, l'ayant trouvé d'accord.

Je vois que le sucre en pains paraît demandé. Je suis en marché pour en acheter une partie; si je réussis à l'obtenir, je crois que je me déterminerai à vous la consigner.

Tenez-moi toujours au courant sur les variations du prix des potasses, ainsi que sur le plus ou le moins de demandes de cet article sur votre place.

Veuillez, etc.

CHAVANNE.

Dunkerque, 12 mars 18. .

Monsieur Rodolphe, à Lille.

Votre circulaire ainsi que v/ lettre du 1er janvier dernier qui l'accompagnait, ainsi que celle du 21 février, me sont bien parvenues.

Je suis bien sensible à l'offre obligeante de vos services; je ferai tout ce qui dépendra de moi pour chercher à établir entre nous des relations qui puissent devenir aussi utiles qu'agréables.

Les 6 saumons d'étain et 4 saumons de plomb pour lesquels vous avez donné l'ordre à MM. Thé-lusson frères et comp. de m'expédier, sont arrivés sur le navire la *Jenny*. Je vais m'occuper de leur placement. L'étain vaut 3 fr. 25 c. le k^{me}, le plomb 80 fr. 50 cent. le quintal décimal, mais pour placer de suite on pourrait obtenir 3 fr. du premier et 80 fr. du second, au terme de deux mois. Au reste j'agirai pour vos intérêts comme pour les miens particuliers.

Agréez , etc.

EMMERY.

Dunkerque , 30 mars 18. .

Monsieur Rodolphe , à Lille.

J'ai reçu en temps dû la lettre que vous m'avez fait le plaisir de m'écrire le 14 courant, par laquelle vous me donnez l'autorisation de vendre pour votre compte les 6 saumons d'étain et 4 saumons de plomb que j'avais à vous, le premier à 3 fr. le kilog., et le second à 80 fr. le quintal métrique ; je viens d'en effectuer la vente à vos limites, vous en trouverez ci-inclus le compte de vente dont le produit net s'élève à

Fr. 3223,96, que je porte à v/ crédit, payables à deux mois ; veuillez l'examiner, et le trouvant d'accord, en passer écritures de conformité.

La potasse de Dantzick vaut en ce moment 165 fr. le quintal décimal en belle qualité. Si vous m'honorez de vos ordres, je puis les remplir au gré de vos désirs. Tout dévoué à votre service, je vous salue, etc.

EMMERY.

Dunkerque , 4 mai 18. .

Monsieur Rodolphe , à Lille.

J'ai reçu votre lettre du 1er du courant. Il est bien que vous m'ayez débité de

Fr. 3223,96 pour le produit net de votre étain et

plomb. Je vous annonce avec plaisir qu'il m'a réussi d'acheter pour v/ compte les 4 tonneaux de potasse de Dantzick que vous m'avez commis.; vous en trouverez ci-inclus le compte d'achat s'élevant, avec les frais, à

Fr. 6414,57, veuillez m'en donner crédit valeur au 4 août prochain. Ces tonneaux vous parviendront par Jacques, voiturier d'Hazebrouck, pour vous être rendus en 2 jours, à 117 fr. 48 c. pour toute voiture; procurez-vous-en bonne réception, et agréez mes salutations affectueuses.

EMMERY.

Paris, 8 janvier 18. .

Monsieur Rodolphe, à Lille.

J'ai reçu v/ circulaire du 1er du courant ainsi que la lettre de même date qui l'accompagnait. Je vous félicite du parti que vous avez pris de vous établir pour votre compte; j'augure bien de vos talents et de votre probité, et j'espère que vos entreprises seront couronnées d'un heureux succès, c'est ce que je désire de tout mon cœur; je ferai tout ce qui dépendra de moi pour y contribuer. Pour première preuve de mon zèle à cet égard, je vous ouvre un crédit à découvert jusqu'à la concurrence de 20,000 fr., espérant que vous en userez avec circonspection.

Je suis, etc.

FINGUERLIN.

Paris, 22 février 18. .

Monsieur Rodolphe, à Lille.

Vos lettres des 10 janvier et 20 du courant me sont parvenues. La première n'exige pas de réponse.

La seconde me fait part que MM. Raimond et Cie, de Naples, ont tiré sur moi pour v/ compte, en date du 15 janvier dernier,

Ducats 1256 } à leur ordre, payables à 3 mois.
1257 }

Ducats 2473, au change de 90, soit fr. 11,128,50,

dont j'ai pris note pour accueillir lesdites traites au débit de votre compte.

J'ai l'avantage d'être, etc.

FINGUERLIN.

———

Paris, 29 février 18. .

Monsieur Rodolphe, à Lille.

Vos lettres des 25 et 26 courant me sont parvenues. La première renfermait
Fr.   5600 » sur Robillard, de c/ V., payables au 10 mars prochain.
La seconde contenait
Fr.   5595,50 sur Sieber, de c/ V., payables au 15 avril prochain.

———

Fr. 11,195,50 ensemble, dont je passerai écritures à votre crédit.

Je demeure, etc.

FINGUERLIN.

———

Paris, 14 avril 18. .

Monsieur Rodolphe, à Lille.

J'ai par devers moi vos lettres des 9 et 12 de ce mois.

La première m'annonce votre disposition sur moi de Fr. 4000, o/ Rougeot et Cie, payables au 15 juin prochain ; tout accueil est réservé à votre signature.

J'ai l'avantage, etc.

FINGUERLIN.

———

Paris, 24 avril 18. .

Monsieur Rodolphe, à Lille.

Votre lettre du 16 courant m'est parvenue en temps. Je passe sous silence ce qui n'exige point de réplique. Tout accueil est réservé à votre traite sur moi de Fr. 4000 o/ Leroux, payable au 16 juillet, qui sera acquittée à votre débit. Étant tout ce qui s'offre à vous dire,

Je, etc.

FINGUERLIN.

Paris, 26 avril 18..

Monsieur Rodolphe, à Lille.

Je reçois à l'instant v/ lettre du 24 courant, qui renferme

Fr. 1984,50 sur Trancin, de c/V., payables au 1er mai, vous en êtes crédité sauf rentrée.

Si M. Barbarin fils, de Marseille, se prévaut sur moi pour v/ compte de 6 à 7000 fr., comme vous me l'annoncez, ses dispositions seront bien accueillies à votre débit.

J'ai l'honneur, etc.

FINGUERLIN.

————————

Paris, 5 juin, 18. .

Monsieur Rodolphe, à Lille.

J'ai sous les yeux vos lettres des 1er et 31 mai dernier.

La première me donne l'avis des traites fournies sur moi pour v/cte, par M. Barbarin fils, de Marseille, en date du 22 avril, qui déjà m'en avait prévenu : elles sont de

Fr. 2000 o/ Gervaud, au 25 courant.
    2000 o/ Pierre, au 30   id.
    2000 o/ Jacques, au 5 juin prochain.

Fr. 6000 ensemble, que j'acquitterai à votre débit.

La seconde me remet :

Fr. 5000 sur Charlier, de c/V., payables au 10 courant; j'en soignerai la rentrée à votre crédit. La même renfermait l'extrait de mon compte courant et d'intérêts, soldant en ma faveur par

Fr. 3990,77, valeur au 31 mai. Celui que je vous ai envoyé était prêt; se trouvant parfaitement conforme au vôtre, je vous ai débité à nouveau de ladite somme.

Je demeure, etc.

FINGUERLIN.

Amiens, 8 février 18. .

Monsieur Rodolphe, à Lille.

Nous avons reçu la circulaire en date du 1er janvier, que vous nous avez fait le plaisir de nous envoyer. Bonne note est prise de votre signature ainsi que des diverses branches de commerce que vous vous proposez de suivre. Nous vous remercions infiniment des offres obligeantes de services que vous voulez bien nous faire, nous nous empresserons d'en profiter lorsque l'occasion s'en présentera. De notre côté nous ferons tout ce qui dépendra de nous pour nous lier d'affaires avec votre maison, et nous verrons avec plaisir que nos offres puissent également vous être agréables.

Nous traitons comme vous la commission de ventes et d'achats de marchandises pour compte d'amis.

Vous trouverez ci-inclus un prix courant de n/ place. La soude d'Alicante, cotée de 148 à 150 fr. le quintal décimal, est très-rare et se placerait facilement; il en est de même du coton de Castellamare, qui se cote de 14 à 15 fr. le kilogramme.

Tout dévoués à vos ordres, nous vous, etc.

PLANCHON et Cie.

—————

Amiens, 24 février 18. .

Monsieur Rodolphe, à Lille.

Nous avons reçu vos lettres des 12 et 20 du courant. La première nous fait part de l'envoi que vous nous faites par François, voiturier de Wazemmes, de 4 balles soude d'Alicante, nous en soignerons bonne réception, et aussitôt leur arrivée nous nous occuperons de les vendre pour v/ compte et au mieux de vos intérêts, sans cependant en effectuer la vente trop en-dessous de vos limites qui sont de 148 à 150 fr.; comptez sur nos soins à cet égard.

La même lettre nous fait part que vous avez commis à Naples 10 balles coton de Castellamare, avec ordre de nous les acheminer le plus promptement possible, et votre seconde nous en avise l'expédition de Naples en date du 15 janvier, pour nous être rendues en 90 jours, par l'entremise de Cyprien Barison, de Milan, à raison de 240 fr. du quintal décimal, pour voiture et droits d'entrée en France compris. Vous pouvez compter sur notre ponctualité à les vérifier avec soin au moment de leur arrivée, ainsi que d'opérer leur vente.

Ci-inclus nous vous remettons à valoir sur vos expéditions,

Fr. 5595,50 sur Sieber, de Paris, payables au 15 avril prochain. Veuillez en soigner le nécessaire à notre crédit, et agréer, etc.

PLANCHON et Cie.

Amiens, 2 mars 18. .

Monsieur Rodolphe, à Lille.

Nous avons bien reçu la lettre que vous nous avez écrite le 26 février dernier, il est bien que vous nous ayez crédité de

Fr. 5595,50 sur Paris, payables au 15 avril prochain.

Il vient de nous réussir à vendre pour votre compte les 4 balles de soude d'Alicante an prix de 150 fr. le quintal décimal, payables à trois mois. Vous en avez ci-inclus le compte de vente dont le produit net s'élève à

Fr. 2,526,41, que nous portons à votre crédit, sauf rentrée.

Le coton de Castellamare continue toujours à être rare et demandé sur n/ place, le prix de ce lainage est de 14 fr. 50 cent. à 15 fr. du kilogramme.

Agréez, je vous prie, etc.

PLANCHON et Cie.

Amiens, 20 mars 18.

Monsieur Rodolphe, à Lille.

Votre lettre du 4 mars dernier nous est parvenue en temps, nous n'y avons pas répondu parce qu'elle n'exigeait aucune réplique.

Vos dix balles de coton de Castellamare nous sont arrivées il y a peu de jours; la qualité étant belle, nous sommes parvenus à les placer au prix de 15 fr. le kilogramme, payables à 3 mois. Vous en trouverez ci-inclus le compte de vente dont le produit net s'élève à

Fr. 13,313,46, que nous portons à votre crédit pour le ducroire, ayant prélevé notre commission à 3 p. %, à cause de notre garantie. Vous remarquerez que nous avons payé pour voiture de Naples ici et pour l'entrée en France,

Fr. 2,649,60; il est fâcheux que les droits d'entrée soient portés à un taux aussi haut tant pour le commerce en général que pour les fabriques en particulier, car les débours préliminaires sont plus gênants pour le commerçant que l'achat même de la marchandise.

Nous sommes constamment dévoués à vos ordres et vous saluons, etc.

PLANCHON et Cie.

Beaune, 14 février 18. .

Monsieur Rodolphe, à Lille.

Nous avons reçu votre circulaire en date du 1er janvier dernier. Bonne note est prise de votre signature ainsi que des opérations que v/ v/ proposez de suivre. Mais à ces dernières nous pensons que vous pourriez y joindre la partie des vins. Nous avons actuellement à vous offrir une partie de vin rouge de notre crû, que nous pourrions vous céder au prix de 200 fr. la pièce, payables à 3 mois sur Paris. Nous vous garantissons que ce vin est de garde, et nous pensons qn'il n'en faudra pas davantage pour vous engager à nous transmettre v/ commande. Dans cette attente nous vous saluons, etc.

ROUGEOT et Cie.

Beaune, 31 mars 18. .

Monsieur Rodolphe, à Lille.

Nous avons reçu la lettre que vous nous avez écrite le 20 février dernier. Suivant vos désirs nous vous avons expédié le 15 du courant 20 pièces vin rouge de notre crû, vous en trouverez ci-inclus la facture s'élevant à Fr. 4000, que nous portons à votre débit.

Nous avons obtenu le prix de la voiture à raison de 60 fr. par pièce ; veuillez vous en procurer bonne réception et agréer nos salutations cordiales.

ROUGEOT et Cie.

Beaune, 16 avril 18. .

Monsieur Rodolphe, à Lille.

Nous avons sous les yeux la lettre que vous nous avez écrite le 9 du courant. Il est bien de nous avoir crédités de

Fr. 4000 pour n/ envoi de 20 pièces de vin.

Pour solder cet objet vous nous remettez

Fr. 4000 en votre traite sur Finguerlin, de Paris, payable au 15 juin prochain.

Nous sommes tout dévoués à vos ordres et vous saluons, etc.

ROUGEOT et Cie.

Naples, 15 janvier 18. .

Monsieur Rodolphe, à Lille.

Nous avons bien reçu v/ lettre en date du 1er du courant, ainsi que celle de notre respectable ami, M. N. N., qui y était jointe. Nous aurons soin de lui témoigner notre reconnaissance particulière de nous avoir procuré l'honneur de votre connaissance. Nous ferons tout ce qui dépendra de nous pour justifier la bonne opinion qu'il vous a donnée de notre manière de travailler.

Nous sommes parvenus à nous procurer les 10 balles de coton de Castellamare au prix de votre limite, qui était de 180 ducats le cantaro, mais en qualité supérieure ; vous en avez ci-joint la facture s'élevant, avec les frais, à

Ducats 2473, dont vous voudrez bien nous créditer. Ces balles font route et sont adressées à M. Cyprien Barison, de Milan, et pour être rendues en 90 jours à MM. Planchon et Cie., d'Amiens, à raison de 240 fr. du quintal décimal, y compris les droits d'entrée en France et la voiture jusqu'à Amiens.

Suivant votre invitation nous avons disposé pour v/ compte, sur M. Finguerlin, de Paris, nos traites de

Ducats 1236 } à n/ordre, payables à 3 mois, du
     1237 }   15 janvier.

Ducats 2473 ensemble, au change de 90 sous de francs pour un ducat. Veuillez en prendre note et donner les ordres nécessaires afin que tout accueil soit réservé à notre signature.

Etant entièrement dévoués à vos ordres, etc.

RAIMOND et Cie.

_____

Naples, 10 mars 18. .

Monsieur Rodolphe, à Lille.

Votre lettre du 10 mars dernier nous est bien parvenue; n'exigeant pas de réponse nous la passerons sous silence.

Les cotons se cotent aujourd'hui de 180 à 181 ducats le cantaro, mais on ne pourrait plus s'en procurer à ce premier prix, surtout en qualité semblable à notre envoi, les demandes de ce lainage ayant été assez considérables; ceci pour vous servir de gouverne.

Agréez, S. V. P., nos salutations bien affectueuses.

RAIMOND et Cie.

_____

Rouen, 27 février 18. .

Monsieur Rodolphe, à Lille.

J'ai reçu, Monsieur, votre circulaire en date du 1er janvier dernier, et votre lettre du 20 du courant. Bonne note est prise de votre signature et des branches de commerce que vous vous proposez d'embrasser; je désire que toutes vos opérations soient couronnées du succès le plus heureux.

Votre lettre m'offre une partie de 50 tonnes de graine de lin de Riga de la dernière récolte, au prix de 62 francs la tonne, payables à 2 usances. Si la qualité en est belle, veuillez m'expédier de suite ces 50 tonnes par roulier, au plus bas prix de voiture possible; en attendant facture et avis d'expédition, je demeure, etc.

TAUPENOT.

Rouen, 19 avril 18. .

Monsieur Rodolphe, à Lille.

Votre lettre du 1er mars dernier m'est bien parvenue ainsi que les 50 tonnes graine de lin de Riga dont elle me remet facture s'élevant à

Fr. 3100 » ; vous en avez crédit, étant très-satisfait de la qualité. Vous pouvez disposer de cette somme sur moi, payable fin du courant. Tout accueil sera fait à votre signature. Agréez, je vous prie, etc.

TAUPENOT.

Londres, 10 février 18. .

Monsieur Rodolphe, à Lille.

Nous avons reçu, Monsieur, votre circulaire en date du 1er janvier dernier, avec le prix courant qui y était joint, nous n'avons remarqué aucun article où les prix puissent nous fournir matière à vous transmettre quelques ordres.

Nous vous remettons ci-inclus le cours de quelques marchandises de n/ place. Nous pensons que l'étain et le plomb pourront fixer v/ attention. Nous sommes entièrement dévoués à vos ordres et avons l'honneur de vous saluer.

THÉLUSSON frères et Cie.

Londres, 21 février 18. .

Monsieur Rodolphe, à Lille.

Conformément à v/ lettre du 15 du courant, nous avons acheté pour v/ compte

6 saumons d'étain, au prix de 111 sous le quintal, et 4 saumons de plomb, au prix de 29 liv. st. le fod.

Ils ont été chargés sur le navire la *Jénny*, capitaine James, à la consignation de M. Emmery, à Dunkerque, à qui vous voudrez bien donner les ordres pour leur destination ultérieure. Vous en trouverez ci-inclus le compte d'achat s'élevant à

Liv. st. 129,5,9, dont il vous plaira nous créditer.

Nous disposerons de cette somme à l'occasion, sans autre avis.

Nous sommes, etc.

THÉLUSSON frères et Cie.

Gand, 17 février 18. .

Monsieur Rodolphe, à Lille.

je reçois à l'instant v/ lettre du 15 courant, m'annonçant l'envoi de 4 pièces d'huile d'œillette, par le batelier Bertrand, d'Arras, marquées

R. Nos 1 à 4. Aussitôt leur réception je les réexpédierai à MM. Barguerie et comp., à Rotterdam.

Constamment dévoué à vos ordres, je vous salue sincèrement.

WATTEL.

Correspondance relative à un Compte à demi en banque.

——— Lille, 12 juillet 18. . ———

Amsterdam, M. Jh. ██lens.

Par la lettre dont vous nous avez honorés le 9 du courant, vous nous proposez des opérations en banque de compte à demi : en effet, le cours des changes paraît offrir quelques chances avantageuses; nous acceptons donc avec plaisir votre proposition. Pour commencer nous vous remettons sous ce pli :

M. L. Bco. 4000 No 15, sur Hambourg, au 12 août prochain, pris ici au change de 178, faisant

Fr. 7120 », dont nous avons débité le compte à demi dans la colonne de notre monnaie; aussitôt que vous nous aurez remis la note de négociation, nous vous en débiterons au compte à demi.

Nous vous saluons bien sincèrement.

RODOLPHE et GUILLAUME.

———— Du 13 juillet 18. . ————

Amsterdam , M. Jh. Kaulens.

Nous avons l'avantage de vous confirmer notre lettre d'hier , qui vous portait

M. L. B^{co}. 4000 sur Hambourg.

Nous venons de disposer sur vous notre traite en date de ce jour , de

Flo. c^{ts}. 3200 o/ André , payables au 31 du courant , négociée au change de 170 , soit

Fr. 6716,05 dont le compte à demi est crédité ; veuillez prendre bonne note de cette disposition pour l'accueillir favorablement , et agréer nos salutations cordiales.

RODOLPHE et GUILLAUME,

———— Du 17 dit. ————

Amsterdam , M. Jh. Kaulens.

Nous avons sous les yeux , Monsieur, votre lettre datée du 15 du courant. Etant entièrement d'accord sur son contenu, nous la passons sous silence.

Nous vous remettons ci-inclus :

Liv. st. 200 n° 20 , sur Londres , payables au 20 septembre prochain, que nous avons obtenus au change de 21 , ce qui fait

Fr. 4200 dont nous débitons le compte à demi. Remettez-nous le plus tôt possible la note de négociation , afin de connaître son produit pour remplir ledit article sur nos livres.

Nous venons de fournir notre traite sur vous, en date de ce jour , de

Flo. cts. 2000 o/ Gisors au 15 septembre , que n/ avons négociée au change de 170 $\frac{1}{2}$ faisant

Fr. 4209,87 , le compte à demi s'en trouve crédité. Prenez-en note afin de préparer un accueil favorable à la signature de vos tout dévoués.

RODOLPHE et GUILLAUME.

———— Du 18 juillet 18. . ————

Amsterdam, M. Jh. Kaulens.

Nous vous confirmons notre lettre en date d'hier, vous portant

Liv. st. 200, sur Londres, et vous annonçant notre disposition sur vous de

Flo. cts. 2000 o/ Gisors, au 5 septembre.

Nous vous remettons de nouveau sous ce pli :

Fr. 4000 n° 22, sur Paris au 16 septembre, pris à 1 p. % de n/ bénéfice commun, soit

Fr. 3960, dont le compte à demi est débité.

Nous attendrons votre note de négociation pour terminer l'article.

Nous vous saluons bien affectueusement.

RODOLPHE et GUILLAUME.

———— Du 19 dit. ————

Amsterdam, M. Jh. Kaulens.

Nous nous référons à nos lettres des 17 et 18 du courant.

L'unique but de la présente est pour vous donner avis de notre traite sur vous, en date de ce jour, de

Flo. cts. 1900 » o/ Firmin, payable fin de ce mois, négociée au change de 170, faisant

Fr. 3987,65, le compte à demi s'en trouve crédité.

Prenez-en note, S. V. P., et agréez nos sincères salutations.

RODOLPHE ET GUILLAUME.

———— Du 22 dit. ————

Amsterdam, M. Jh. Kaulens.

Nous avons sous les yeux votre lettre du 21 du courant, répondant aux nôtres des 17, 18 et 19 du même mois. Ecritures ont été passées de conformité pour vos négociations des

Livres sterlings 200 sur Londres, ayant produit

                                       flo. c^{ts}. 2100 » »
Fr. 4000 sur Paris,   id.   1833, 6, 9

Il est bien que vous ayez pris note de mes dispositions de

Flo. c^{ts}. 2000 o/ Gisors, au 5 septembre.
            1900 o/ Firmin, au 31 courant.

Selon vos désirs n/ vous remettons ci-inclus l'extrait de notre compte à demi en banque, arrêté ce
jour, et soldant en notre faveur par

Fr. 387,07, dont nous vous débitons à nouve   a
notre compte chez vous, en

Flo. c^{ts}. 183,9,6, au change de 170.

Vous remarquerez au débit de ce compte :

Fr. 18,64 qui sont pour le courtage sur fr. 14913,57,
à raison d'un huitième pour cent.

Nous attendrons votre extrait pour connaître le bénéfice et régler nos écritures de conformité.

Votre intention n'étant pas de continuer les mêmes
opérations de compte à demi, nous les continuerons
pour notre compte particulier. Nous profiterons de vos
offres obligeantes à cet égard, et vous prions d'a-
gréer nos salutations affectueuses.

                              RODOLPHE et GUILLAUME.

————— Du 31 juillet 18. . —————

Amsterdam, M. Jh. Kaulens.

Nous avons reçu la lettre que vous nous avez écrite
le 29 du présent mois. Nous passons sous silence ce
qui n'exige aucune réplique. Nous vous débitons à
notre compte chez vous de

Flo. c^{ts}. 71,4,3 pour n/ demi de bénéfice sur le
compte à demi que vous nous remettez, l'ayant trouvé
parfaitement d'accord.

Ainsi les deux premiers articles, au débit de notre
compte chez vous, et que vous nous redevez, sont

Flo. cts 183,9,6, solde du compte à vous remis.
            71,4,3, pour n/ demie de bénéfice pour
celui que vous nous remettez.

Flo. c^{ts} 254,13,9 ensemble.

Afin de commencer les opérations de banque pour

n/ compte, nous vous remettons sous ce pli

Fr. 3000, n° 27, sur Paris, payables au 20 septembre ; veuillez nous en procurer la négociation au mieux de notre avantage, nous en remettre la note, et agréer nos salutations.

RODOLPHE et GUILLAUME.

———— Du 2 août 18. . ————

Amsterdam, M. Jh. Kaulens.

Nous avons l'avantage de vous confirmer n/ lettre du 31 juillet passé, qui vous remettait pour la négociation

Fr. 3000, sur Paris, au 20 septembre.

Nous vous remettons de nouveau sous ce pli.

M. L. Bco 8000, n° 29, sur Hambourg, au 5 octobre prochain, dont nous vous prions de soigner la négociation au mieux de nos intérêts.

Nous venons de disposer sur vous, en date de ce jour, notre traite de

Flo. c^{ts} 3100, o/ J. Jansens, payable au 1er novembre, vous priant en prendre note pour l'accueillir favorablement au débit du compte de vos tout dévoués,

RODOLPHE et GUILLAUME.

———— Du 15 dit. ————

Amsterdam, M. Jh. Kaulens.

Nous avons par devers nous vos lettres des 2 et 6 du courant.

La première nous fait part que vous avez négocié les Fr. 3000, sur Paris, au change de 55 ; je vous débite de Flo. c^{ts} 1446,17,6 pour le produit.

Votre seconde m'annonce aussi la négociation des M. L. Bco 8000, sur Hambourg, au change de 35 ; vous êtes débité de

Flo c^{ts} 7000, pour leur produit.

Il est au mieux que vous ayez pris note de notre traite sur vous de

Flo. c^{ts} 3100, o/ J. Jansens, payable au 3 octobre prochain; pour préparer tout accueil à notre signature, nous vous prions en faire autant pour les suivantes que nous formons sur vous en date de ce jour.

Flo. c^{ts}. 3000 — au 15
2000 — au 20 } Septembre prochain,
2000 — au 25 }   o/ Finguerlin.
1000 — au 30

Flo. c^{ts} 8000 ensemble; v/ compte en est crédité. Nous avons l'avantage de vous saluer bien sincèrement.

RODOLPHE et GUILLAUME.

———— Du 16 août 18. . ————

Amsterdam, M. Jb. Kaulens.

Nous venons vous confirmer notre lettre d'hier qui vous faisait part de nos quatre traites sur vous, ensemble
Flo. c^{ts} 8000, à diverses échéances.
Nous vous remettons sous ce pli
M. L. B^{co} 3000, n° 37, sur Hambourg, payables au 30 septembre prochain, vous priant d'en soigner la négociation au mieux de notre avantage et d'agréer nos salutations affectueuses.

RODOLPHE et GUILLAUME.

———— Du 18 dit. ————

Amsterdam, M. Jh. Kaulens.

Nous vous confirmons nos lettres des 15 et 16 de ce mois. La seconde vous portait
M. L. B^{co} 3000 sur Hambourg, au 30 septembre.
Ci-inclus de nouveau
Liv. st. 200, n° 38, sur Londres, au 10 octobre, soignez-en la négociation, et agréez nos cordiales salutations.

RODOLPHE et GUILLAUME.

——————— Du 20 août 18. . ———————

Amsterdam, M. Jh. Kaulens.

Nous nous référons à nos lettres des 15, 16 et 18 du courant.

La présente est uniquement pour vous donner avis que nous venons de disposer sur vous, en date de ce jour, notre traite de

Flo. cts 1400 o/ André, payable au 20 septembre prochain ; prenez-en note, S. V. P., afin de préparer bon accueil à notre signature, et agréez notre salut affectueux

RODOLPHE et GUILLAUME.

——————— Du 27 dit. ———————

Amsterdam, M. Jh. Kaulens.

Nous sommes possesseurs de votre lettre du 24 du courant.

Nous ne ferons aucune mention des objets sur lesquels nous allons d'accord.

Nous vous avons débité de

Flo. cts 2662,10 pour produit de M. L. Bco 5000 sur Hambourg. Plus de

Flo. cts 2100, pour produit de liv. st. 200, sur Londres.

Nous vous remercions de l'accueil favorable que vous préparez à notre traite sur vous de

Flo. cts 1400 o/ André, payable au 20 septembre.

Veuillez avoir la complaisance d'en agir de même à l'égard de celle que nous tirons sur vous, en date de ce jour, de

Flo. cts 2500 o/ Louis, payable à la même échéance, votre compte en étant crédité.

Nous vous remettons sous le couvert de la présente

Fr. 5000, no 41, sur Paris, au 27 octobre ; aussitôt la négociation remettez-nous-en la note, ainsi que l'extrait de notre compte courant chez vous. Dans cette attente, nous vous saluons bien sincèrement.

RODOLPHE et GUILLAUME.

———— Du 4 octobre 18. . ————

Amsterdam, M. Jh. Kaulens.

Nous sommes possesseurs de vos lettres des 31 août et 29 septembre derniers.

Rien à répondre à la première, excepté que nous avons porté à v/ débit :

Flo. c^{ts} 1425, p/ produit de n/ remise de fr. 3000 sur Paris, au 27 octobre, que vous avez négociée au change de 57.

Votre seconde nous remet l'extrait de notre compte courant chez vous, soldant à votre avantage par

Flo. c^{ts} 207, y compris 96,1,5 pour votre commission, courtage et ports de lettres.

L'ayant trouvé d'accord, je vous remets :

Flo. c^{ts} 207, n° 59, sur v/V., payables à vue ; veuillez encaisser cette remise pour solde, et agréer nos salutations amicales.

RODOLPHE et GUILLAUME.

————

Réponses aux Lettres précédentes.

Amsterdam, 9 juillet 18. .

Messieurs Rodolphe et Guillaume, à Lille.

Messieurs,

C'est sous les auspices de M. N. N., de cette ville, que je prends la confiance de vous écrire. Inclus une lettre de lui qui vous est adressée.

Les chances présentant actuellement quelque avantage, je viens vous proposer un compte à demi en banque, afin de partager les bénéfices ou les pertes par moitié. Si ces sortes d'opérations entrent dans vos vues, nous pourrons commencer. Je joins à cet effet la cote de nos changes. Je vous fais observer que les valeurs sur Hambourg sont recherchées sur notre place et qu'on négocierait facilement de 34 $7/8$ à 35.

Je verrai volontiers que mes propositions puissent faire naître entre nous des opérations mutuellement utiles et agréables,

Veuillez, Messieurs, en attendant, croire à l'assurance de ma parfaite considération.

Jh. KAULENS.

___

Amsterdam, 15 juillet 18.

Messieurs Rodolphe et Guillaume, à Lille.

Je suis favorisé, Messieurs, de vos lettres des 12 et 13 du courant. Je vois par la première que v/ avez accepté mes propositions relativement au compte à demi en banque, et pour le commencer elle renfermait un effet de

M. L. B^{co} 4000, sur Hambourg, au 12 août, que j'ai négocié au change de 35, ce qui fait

Flo. c^{ts} 3500 dont le compte à demi est crédité.

La seconde me fait part avoir disposé sur moi v/ traite de

Flo. c^{ts} 3200, o/ André, au 31 ct, négociée au change de 178, soit Fr. 6716,05 ; tout accueil est réservé à votre signature au débit du compte à demi.

Point de variations dans le cours de nos changes depuis ma dernière.

Salut cordial.

Jh. KAULENS.

___

Amsterdam, 21 juillet 18. .

Messieurs Rodolphe et Guillaume, à Lille.

J'ai successivement reçu les lettres que vous m'avez écrites les 17, 18 et 19 de ce mois.

La première renfermait votre remise de

Liv. st. 200, s/ Londres, au 20 septembre, négociée au change de 35, faisant

Flo. c^{ts} 2100, dont le compte à demi est crédité.

Elle m'annonce aussi votre disposition sur moi de

Flo. c^{ts} 2000, o/ Gisors, au 5 septembre, que vous avez négociée au change de 170 $\frac{1}{2}$, ce qui a produit

Fr. 4209,87 ; bonne note en est prise pour l'accueillir, au débit du compte à demi.

La seconde me remet

Fr. 4000, sur Paris, au 16 septembre, pris à 1 p. %

de notre bénéfice, soit fr. 5960. Je viens de négocier
cet effet au change de 55, ce qui a produit

Flo. c^{ts} 1833,6,9, portés au crédit du compte à demi.

Enfin, la troisième et dernière me fait part de votre
traite sur moi de

Flo. c^{ts} 1900 o/ Firmin, payable fin courant, placée
au change de 170, faisant

Fr. 5987,65 ; tout accueil sera fait à votre signature, au débit du compte à demi.

Ne prévoyant pas que les changes puissent offrir
quelque avantage, je vous prie de ne plus rien traiter pour le compte à demi ; vous m'obligerez de m'envoyer de suite l'extrait dudit compte, afin de déterminer notre bénéfice réciproque.

S'il entre dans vos intentions de continuer de pareilles opérations pour votre compte, mes services
vous sont entièrement dévoués; dans ce cas la commission à m'allouer sera d'un $\frac{1}{2}$ p. $^0/_0$, le courtage
et les ports de lettres en sus, comme de coutume.

Etant tout dévoué à vos ordres, je vous salue bien
sincèrement.

Jh. KAULENS.

———————

Amsterdam, 29 juillet 18. .

Messieurs Rodolphe et Guillaume, à Lille.

J'ai reçu la lettre que vous m'avez fait le plaisir
de m'écrire le 22 du courant, je passerai sous silence tous les objets sur lesquels il n'y a rien à répondre.

Vous me remettez l'extrait du compte à demi,
dans lequel est compris

Fr. 18,64, pour le courtage, et soldant en votre
faveur par

Fr. 385,07, qui, au change de 170, font

Flo. c^{ts} 183,9,6 que je porte au crédit de votre
compte chez moi.

Ci-inclus notre compte à demi chez moi, il présente un bénéfice de

Flo. c^{ts} 142,8,6, vous avez également crédit à votre
compte ici de

Flo. c^{ts} 71,4,3, pour v/ demie de bénéfice, vous

remarquerez au débit de ce compte

Flo. c^{ts} 7,8,9, pour courtage, sur flo. c^{ts} 7433,6,9, à un pour mille ; veuillez l'examiner et le trouvant d'accord m'en accuser le bien trouvé.

Je remarque avec plaisir que v/ vous déterminez à continuer les opérations de banque pour votre compte. Je joins ici un cours de nos changes pour vous servir de gouverne.

Je suis entièrement dévoué à votre service et vous salue affectueusement.

Jh. KAULENS.

Amsterdam, 2 août 18. .

Messieurs Rodolphe et Guillaume, à Lille.

J'ai reçu votre lettre du 31 juillet; je passe sous silence les objets sur lesquels nous sommes d'accord.

Votre susdite renfermait

Fr. 3000, sur Paris, au 20 septembre prochain, je viens de la négocier au change de 55, je vous en crédite, sauf rentrée, en

Flo. c^{ts} 1446,17,6, veuillez en passer écritures conformes, et agréer mes salutations cordiales.

Jh. KAULENS.

Amsterdam, 6 août 18. .

Messieurs Rodolphe et Guillaume, à Lille.

J'ai le plaisir de vous confirmer ma lettre du 2 courant qui s'est croisée avec la vôtre de même date, renfermant votre remise de

M. L. B^{co} 8000, sur Hambourg, au 3 octobre prochain, négociée au change de 35, vous en avez crédit, sauf rentrée, en

Flo. c^{ts} 7000, passez-en, je vous prie, écritures conformes.

Bonne note est prise de v/ traite sur moi de

Flo. c^{ts} 3100, o/ J. Jansens, payable au 3 octobre prochain, tout accueil y est réservé à votre débit.

Salut affectueux.

Jh. KAULENS.

Amsterdam, 24 août 18. .

Messieurs Rodolphe et Guillaume, à Lille.

J'ai successivement reçu vos lettres des 15, 16, 18 et 20 du courant, je passerai sous silence ce qui n'exige aucune réplique.

La première me fait part de vos traites sur moi de

$$\left. \begin{array}{l} \text{Flo. c}^{ts} . 3000 , \text{ au } 15 \\ 2000 , \text{ au } 20 \\ 2000 , \text{ au } 25 \\ 1000 , \text{ au } 30 \end{array} \right\} \begin{array}{c} \text{septembre prochain ,} \\ \text{o/ Finguerlin.} \end{array}$$

Flo. c^{ts} . 8000 ensemble ; tout accueil y sera fait au débit de votre compte.

La seconde me remet

M. L. B^{co}. 3000, sur Hambourg, au 30 septembre, la négociation en a été faite au change de 35, vous en avez crédit, sauf rentrée en

Flo. c^{ts} . 2662,10. La troisième renfermait une autre remise de

Liv. st. 200, sur Londres, au 10 octobre , négociée à 35, ce qui fait

Flo. c^{ts} . 2100, dont vous êtes crédités, sauf bonne fin.

La quatrième et dernière me donne avis de votre traite sur moi de

Flo. c^{ts} . 1400, o/ André, payable au 20 septembre prochain ; bon accueil y est réservé à votre débit.

Tout à vous ,

Jh. KAULENS.

Amsterdam, 31 août 18. .

Messieurs Rodolphe et Guillaume, à Lille.

J'ai sous yeux votre lettre en date du 27 du courant.

Il est au mieux que v/ ayez passé écritures de conformité pour les négociations faites pour votre compte de

M. L. B^{co} . 3000, sur Hambourg.

Liv. st. 200, sur Londres.

Je prends note de v/ nouvelle traite s/ moi de

Flo. c^{ts}. 2500 o/ Louis, au 20 septembre ; tout honneur y sera fait au débit de v/ compte. Par contre vous avez crédit de

Flo. c^{ts}. 1425, pour produit de v/ remise sur Paris, de

Fr. 3000, au 27 octobre, négociée au change de 57.

Selon vos désirs je ferai faire le relevé de votre extrait de compte chez moi, et je vous l'enverrai par ma prochaine.

J'ai l'avantage de vous saluer cordialement.

Jh. Kaulens.

———————

Amsterdam, 29 septembre 18. .

Messieurs Rodolphe et Guillaume, à Lille.

Conformément à ma lettre du 31 août dernier, que je vous confirme, vous trouverez ci-inclus l'extrait de votre compte courant chez moi, soldant en ma faveur par

Flo. c^{ts}. 207 dont vous êtes débités à nouveau ; veuillez l'examiner, et le trouvant conforme à vos écritures, m'en accuser l'exactitude.

Vous remarquerez au débit un article de

Flo. c^{ts}. 96,01,3, pour ma commission, courtage et ports de lettres.

Constamment dévoué à vos ordres, je vous salue de cœur.

Jh. Kaulens.

———————

Amsterdam, 8 obtobre 18. .

Messieurs Rodolphe et Guillaume, à Lille.

J'ai reçu votre lettre du 4 courant ; je suis charmé que v/ ayez trouvé mon extrait de compte d'accord. Vous me remettez

Flo. cts. 207, sur cette ville, à vue ; elle a été encaissée à votre crédit pour solde.

Ci-inclus le cours de nos changes.

Etant toujours dévoué à votre service, je vous salue sincèrement.

Jh. Kaulens.

Correspondance relative à un Compte en participation de Marchandises.

———— Du 1er juin 18.. ————

Paris, M. Lafère.

Nous sommes bien sensibles, Monsieur, aux offres obligeantes de service que vous voulez bien nous faire; nous saisirons avec empressement l'occasion où nous pourrons les utiliser. Les huiles de colza qui valent en ce moment 60 fr. l'hectolitre nous paraissent devoir offrir de l'avantage, car il y a tout lieu de croire que ce liquide augmentera, la navette paraissant avoir manqué dans le pays où ce genre de culture est établi. S'il entrait dans vos vues de traiter un compte à demi avec nous, n/ le ferions avec plaisir; dans ce cas nous nous chargerions de l'achat et de la vente sans commission. Nous disposerions sur vous de la moitié de nos achats et nous établirions un compte réciproque d'intérêts à raison de six pour cent par an. Bien entendu que tous les frais seront partagés par moitié.

Nous attendons v/ réponse au sujet de n/ proposition et v/ saluons bien cordialement.

RODOLPHE et GUILLAUME.

———— Du 5 dit. ————

Paris, M. Lafère.

Il nous est agréable de voir par votre lettre du 3 du courant, que vous êtes disposé à traiter un compte à demi avec nous pour 300 hectolitres d'huile de colza, aux conditions reprises dans notre précédente.

Nous venons d'en acheter 100 hectolitres au prix de 60 fr., mais nous ne pensons pas pouvoir continuer le restant de l'achat à ce prix; au reste, comme vous nous le dites fort bien, nous agirons pour le mieux de nos intérêts communs.

Pour nous couvrir de la moitié de cet achat, nous

disposons sur vous, en date de ce jour, notre traite de
Fr. 3000, à notre ordre, payable au 5 septembre
prochain, vous priant en prendre note, afin de préparer tout accueil à notre signature et agréer nos salutations affectueuses.

RODOLPHE et GUILLAUME.

————— Du 8 juin 18. . —————

Paris, M. Lafère.

Nous avons l'avantage de vous confirmer notre
lettre du 5 de ce mois, qui vous faisait part de l'achat
que n/ avions fait de 100 hectolitres huile de colza au
prix de 60 fr. pour le compte à demi, et qui vous
avisait aussi de n/ traite sur vous de
Fr. 3000, à notre o/, payable au 5 septembre.

Comme nous vous l'annoncions, ce liquide est demandé et tend à la hausse. Nous avons eu beaucoup
de peine à nous en procurer 100 hectolitres au prix
de 61 francs. Prenez-en note, ainsi que de notre traite
sur vous de
Fr. 3050, à notre ordre, payable au 31 juillet;
veuillez l'accueillir favorablement à notre débit, et
agréer, etc.

RODOLPHE et GUILLAUME.

————— Du 12 dit. —————

Paris, M. Lafère.

Nous sommes favorisés de votre lettre du 10 de ce
mois, qui répond aux deux nôtres des 5 et 8.

Il est bien que vous ayez pris note de notre achat
à 200 hectolitres huile de, colza, ainsi que de nos
deux traites sur vous de
Fr. 3000, à n/ ordre, au 31 septembre.
    3050,   id.   au 31 juillet.

Nous venons d'acheter les 100 derniers hectol.
d'huile pour compléter les trois cents, mais il ne nous
a pas été possible de les obtenir au-dessous de 62
francs.

Voici la note d'achat des 300 hectolitres, veuillez nous créditer de

Fr. 9375, pour votre demie, ainsi que des frais, valeur aux échéances suivantes :

100 hect. mont. à fr. 6000, pour v/demie.

		val. au 6 cour. fr.	3000		
100 dito	———	6100, au 8 dit.	3050		
100 dito	———	6200, au 12 dit.	3100		
Pour frais —		450, *id. id.*	225		

Ensemble fr. 9375

Veuillez en passer écritures conformes et nous croire vos tout dévoués,

RODOLPHE et GUILLAUME.

————— Du 14 juin 18. . —————

Paris, M. Lafère.

Nous nous référons à notre lettre du 12 courant, vous remettant la note de l'achat et frais aux 300 hectolitres d'huile de colza. La présente est pour vous donner avis que nous disposons sur vous, en date de ce jour, notre traite de

Fr. 5325, à n/ordre, payable au 25 août prochain, veuillez l'accueillir favorablement et en débiter notre compte. L'huile de colza s'est vendue 64 fr. au marché de ce jour, les détenteurs de ce liquide paraissent vouloir encore augmenter leurs prétentions.

Tout à vous.

RODOLPHE et GUILLAUME.

————— Du 19 dit. —————

Paris, M. Lafère.

Nous avons sous les yeux la lettre que vous nous avez écrite le 18 de ce mois.

Il est bien que v/ n/ ayez donné crédit de

Fr. 9375, pour votre demie à l'achat de 300 hect. d'huile.

Nous vous remercions du bon accueil que vous réservez à notre traite sur vous de

Fr. 5325, au 25 août.

Les huiles continuent à être demandées. Aussitôt que nous trouverons à placer avantageusement celle que nous avons en commun, nous nous empresserons d'en opérer la vente, étant dans l'intention ainsi que vous de vendre lorsqu'on le peut avec avantage, sans vouloir avoir le dernier centime de bénéfice.

Comptez sur n/ soins à cet égard et croyez-nous tout à vous.

RODOLPHE et GUILLAUME.

——————— Du 31 août 18.. ———————

Paris, M. Lafère.

Nous v/ confirmons notre lettre du 19 juin dernier, notre silence depuis cette époque a dû vous faire connaître qu'il y avait eu peu ou point de changement dans le cours de l'huile de colza; aujourd'hui il y avait de la demande de fr. 64 à fr. 64,50, si ce liquide monte à fr. 65, nous pensons qu'on pourrait commencer à en vendre une centaine d'hectolitres. Vous nous obligerez de nous dire votre sentiment là-dessus. Dans cette attente, nous vous saluons sincèrement.

RODOLPHE et GUILLAUME.

——————— Du 16 septembre 18.. ———————

Paris, M. Lafère.

Nous avons vu avec plaisir, par votre lettre du 3 courant, que vous entriez dans nos vues relativement à la vente d'une centaine d'hectolitres au prix de 65 fr.

Il est agréable pour nous de vous annoncer que nous venons d'en placer cette quantité au susdit prix.

Nous avons reçu pour cette vente

Fr. 6500, valeur de ce jour.

Le prix se soutient, mais nous ne manquerons pas de vendre si nous en trouvons l'occasion.

Salut affectueux.

RODOLPHE et GUILLAUME.

————— Du 20 octobre 18.. —————

Paris, M. Lafère.

Votre lettre du 19 septembre dernier nous est parvenue; il est au mieux que vous ayez pris note de la vente que nous avons faite de 100 hectolitres d'huile à 65 fr.

Nous venons de nouveau vous faire part de deux nouvelles ventes.

L'une du 17 courant, à 100 hectolitres au prix de 67 fr.

L'autre de ce jour, à 50 dito au même prix, ces deux ventes payables à un mois.

Il nous en reste 49 hectolitres pour lesquels nous sommes en marché; aussitôt la vente opérée, nous vous remettrons la note ainsi que le compte d'intérêts réciproques, afin de terminer cette première opération, qui, nous l'espérons, ne sera pas la dernière.

Recevez, en attendant, nos salutations cordiales.

RODOLPHE et GUILLAUME.

————— Du 2 novembre 18.. —————

Paris, M. Lafère.

Étant d'accord sur le contenu de votre lettre du 27 octobre dernier, nous la passons sous silence.

Nous avons vendu le 26 du même mois les 49 hectolitres d'huile qui restaient au prix de 67 fr. 50 c. payables à un mois; voici la note des ventes faites par nous, v/ êtes crédité de

Fr. 9928,75, pour v/ demie aux 300 hectolitres d'huile de colza, valeur aux échéances suivantes :

100 hect. mont. à fr. 6500 pour v/ demie,

			val. au 16 sept.	3250
100 dito.	————	6700	17 »	3350
50 dito.	————	3350	20 »	1675 »
49 dito.	————	3307,50	26 »	1653,75
1 dito pour coulage.				

300 hect. pour   Ensemble. fr.   9928,75
votre portion.

Nous vous remettons sous ce pli
Fr. 3000 , n° 63 sur v/ ville au 25 courant.
    3200, » 64   *id.*   au 30   *id.*

Fr. 6200, dont il vous plaira soigner l'encaissement et les passer à notre crédit.

Nous vous remettons également sous ce pli l'extrait de votre compte courant et d'intérêts, soldant en votre faveur par

Fr. 3652,16, valeur au 10 de ce mois ; veuillez l'examiner et, trouvant le tout à v/ satisfaction, nous en faire part. Vous nous obligerez de disposer sur nous de

Fr. 3652,16 pour le 10, et agréer nos salutations amicales.

RODOLPHE et GUILLAUME.

——— Du 10 novembre 18.. ————

Paris, M. Lafère.

Nous avons reçu v/ lettre du 6 courant. Il est au mieux que vous nous ayez débités de

Fr. 9928,75, pour votre demie au produit des 300 hectolitres huile de colza que nous avions en participation.

Par contre, que vous nous ayez crédités de

Fr. 6200, pour notre remise en deux effets sur votre ville, aux 25 et 30 de ce mois.

Nous sommes charmés que v/ ayez trouvé d'accord l'extrait du compte courant et d'intérêts soldant à votre avantage par

Fr. 3652,16 ; pour solder ledit compte nous venons d'acquitter votre traite sur nous de

Fr. 3652,16, à v/ ordre, échue ce jour.

Entièrement dévoués à votre service, nous vous prions d'agréer notre salut amical.

RODOLPHE et GUILLAUME.

Réponses aux Lettres précédentes.

Paris, le 3 juin 18. .

Messieurs Rodolphe et Guillaume, à Lille.

J'ai par devers moi la lettre que vous m'avez écrite en date du 1er courant. Je m'empresse d'y répondre, car mon désir bien sincère est de me lier d'affaires avec votre maison. Pour commencer, vous me proposez d'acheter, de compte à demi, une partie d'huile de colza que vous me cotez à 60 francs l'hectolitre ; j'accepte volontiers votre proposition ainsi que les conditions auxquelles cette opération aura lieu entre nous, et qui se trouvent détaillées dans votre lettre. Mais mon intention serait de la borner à l'achat de 300 hectolitres ; d'après cela vous pouvez commencer à acheter quand vous le jugerez convenable. J'attendrai vos avis à cet égard, et vous salue, etc.

LAFÈRE.

Paris, le 10 juin 18. .

Messieurs Rodolphe et Guillaume, à Lille.

J'ai reçu successivement vos lettres des 5 et 8 de ce mois. La première me fait part que vous avez acheté pour le compte à demi

100 hect. huile de colza, à raison de 60 fr.

J'en ai pris note ainsi que de votre traite sur moi de

Fr. 3000 à votre ordre, payable au 5 septembre prochain.

Tout accueil est réservé à votre signature.

Votre seconde m'avise aussi d'un second achat de 100 hectolitres au prix de 61 fr., tâchez de tout obtenir à ce taux, car d'après ce que je puis voir ici il y aura d'autres spéculateurs que nous.

J'ai annoté votre nouvelle traite sur moi de

Fr. 3050 à votre ordre, payable au 31 juillet; l'accueil le plus flatteur y est réservé à v/débit.

Salut affectueux.

LAFÈRE.

Paris, le 19 juin 18. .

Messieurs Rodolphe et Guillaume, à Lille.

Vos lettres des 12 et 14 de ce mois me sont bien parvenues. La première me donne l'avis que vous venez de compléter l'achat des 300 hectolitres huile de colza au prix de 62 fr. pour les cent derniers. Elle m'en remet le compte d'achat s'élevant pour ma demie, avec les frais, à

Fr. 9375 portés à votre crédit. La seconde m'avise de votre disposition sur moi de

Fr. 3325 à votre ordre, payable au 25 août prochain. Elle sera bien accueillie à v/ débit.

Je vous salue, etc. LAFÈRE.

———

Paris, le 3 septembre 18. .

Messieurs Rodolphe et Guillaume, à Lille.

J'ai reçu vos lettres des 19 juin et 31 août. Je passe sous silence ce qui n'exige point de réponse.

D'après ce que vous dites par votre dernière, je pense que vous ferez bien d'écouler nos huiles si elles montent à 65 fr. Quoique le bénéfice ne soit pas considérable, j'aimerais assez à en apprendre la vente; car l'huile à la cave c'est un cheval à l'écurie.

Tout à vous. LAFÈRE.

———

Paris, le 19 septembre 18. .

Messieurs Rodolphe et Guillaume, à Lille.

Je viens d'annoter la vente de 100 hectolitres d'huile au prix de 65 fr. que vous m'annoncez par votre lettre du 16, ainsi que la recette de

Fr. 6500, que vous avez faite pour leur montant, valeur dudit jour. Tâchez de vendre, et croyez-moi, etc. LAFÈRE.

———

Paris, le 27 octobre 18. .

Messieurs Rodolphe et Guillaume, à Lille.

Je suis charmé des nouvelles ventes suivantes que m'annonce v/ lettre du 20 ct.

L'une de 100 hectolitres, en date du 17; l'autre de 50 hect. en date du 20, au prix de 67 francs, payables à un mois.

Vendez le plus promptement possible les 49 hect. qui n/ restent. Je recevrai volontiers le compte de vente au total, ainsi que le compte d'intérêts que vous me promettez, afin de terminer cette première affaire; j'espère comme vous que ce ne sera pas la dernière.

Votre tout dévoué, LAFÈRE.

Paris, le 6 novembre 18. .

Messieurs Rodolphe et Guillaume, à Lille.

J'ai sous les yeux votre lettre du 2 du courant, me faisant part de la vente des 49 hectolitres d'huile qui restaient à vendre de notre compte à demi, au prix de

Fr. 67, 50, payables à un mois, ce qui est exact. Je vous débite de

Fr. 9928,75 pour ma demie, au produit de 300 hectolitres huile de colza (moins un pour coulage), valeur des diverses échéances relatées dans votre compte de vente.

Vous me remettez en deux effets :

Fr. 3000 sur n/ ville, au 25 du courant.
    3200   idem   au 30   idem.

Fr. 6200 ensemble, dont je soignerai la rentrée à votre crédit.

Le compte courant et d'intérêts que vous me remettez, et soldant à mon avantage par

Fr. 3652,16, valeur au 10 de ce mois, étant d'accord, j'en ai passé écritures conformes.

Suivant vos désirs je dispose sur vous, en date de ce jour, ma traite de

Fr. 3652,16, à mon ordre, payable au 10 courant, vous priant l'accueillir au débit de mon compte pour solde, et agréer mes salutations affectueuses.

LAFÈRE.

Correspondance d'un nommé Rollier avec divers Correspondants.

Lettre accompagnant la Circulaire en date du 20 décembre.

———— Lille, le 25 décembre 18.. ————

Paris, M. Doibes.

Monsieur,

Je me rappelle avec un véritable plaisir l'accueil amical que vous m'avez témoigné lorsque je voyageais pour la maison N N., de cette ville.

J'ai dû songer depuis à mes propres intérêts, et vous verrez, par ma circulaire, que je me suis déterminé à former un établissement de commerce en cette ville. Il me serait infiniment agréable de vous compter au nombre de mes correspondants, comme je vous compte au nombre de mes meilleurs amis.

J'ai en ce moment du beau sucre terré que je pourrais vous céder à 2 fr. 50 c. le demi-kil., il m'en reste deux boucauts à v/ service.

En attendant votre réponse, veuillez agréer mes salutations les plus amicales.

ROLLIER.

———— Du 2 janvier 18.. ————

Paris, M. Doibes.

Conformément à l'ordre que vous me donnez par votre lettre du 28 décembre dernier, j'ai l'avantage de vous remettre ci-joint facture aux deux tonneaux de sucre terré que vous m'avez commis, elle s'élève à

Fr. 7000, que je porte à votre débit, payables en ma traite sur vous, à 60 jours.

Ces deux tonneaux ont été chargés sur la voiture du nommé Charlier, de St.-Omer, au prix de 3 francs par 50 kilogrammes, pour vous être rendus en 8 jours; veuillez les recevoir bien conditionnés, ayant été délivrés de la même manière audit voiturier.

J'espére que vous serez entièrement satisfait de cet envoi, et que la bonne qualité de cette marchandise vous engagera à me transmettre quelques nouvelles demandes. En attendant, je vous salue bien sincère-rement.

ROLLIER.

——— Du 4 janvier 18. ———

Amsterdam, M. Stuerman.

Monsieur,

Je suis redevable de votre connaissance à notre ami commun M. Duriez, de cette ville, qui a bien voulu me remettre votre adresse; c'est aussi sous ces auspices que je prends la confiance de vous écrire pour vous prier d'agréer favorablement ma circulaire et mes offres de services.

Il m'a promis également de vous écrire en ma fa-veur et m'a dit que vous vous chargeriez volontiers de mes opérations de banque.

Pour commencer une affaire avec vous, je vous re-mets ci-inclus :

Flo. c^{ts} 800 au 30 courant.	Sur Teengs et Cie.,
2000 au 10 juin.	de v/ ville.
5000 au 15 dit.	

Flo. c^{ts}. 7800 ensemble, dont il vous plaira pas-ser écriture à mon crédit, et m'en faire le retour en papier qui conviendra le mieux à mes intérêts, d'a-près la cote des changes de Paris que vous avez ci-jointe.

En attendant l'honneur de votre réponse, je vous prie d'agréer mes salutations cordiales.

ROLLIER.

——— Du 5 dit. ———

Rouen, M. Huet.

Suivant les ordres que vous avez bien voulu me donner à votre passage par notre ville, j'ai acheté pour v/compte 18 barils d'amidon, vous en trouverez ci-inclus la facture s'élevant, avec les frais, à

Fr. 2184, veuillez m'en donner crédit, payable à deux usances.

J'aime à me persuader que vous serez satisfait de la qualité de la marchandise, et que cette première affaire vous engagera à me transmettre bientôt de nouveaux ordres. Dans cette attente, je vous remets ci-joint le prix courant de notre place, et vous salue bien affectueusement.

ROLLIER.

———— Du 6 janvier 18.. ————

Rouen, M. Huet.

J'ai omis, par ma lettre d'hier, de vous donner avis de ma traite sur vous de

Fr. 2184, à mon ordre, payable au 5 mars prochain; veuillez en prendre bonne note afin de préparer tout accueil à ma signature, pour solde, et agréer mes salutations cordiales.

ROLLIER.

———— Dudit. ————

Paris, M. Doibes.

Je vous confirme ma lettre du 2 du courant. L'unique but de la présente est pour vous donner avis que j'ai formé sur vous, en date de ce jour, ma traite de

Fr. 7000, à mon ordre, payable au 2 mars prochain; veuillez en prendre note pour accueillir favorablement ma signature, et étant constamment dévoué à votre service,

Je vous salue sincèrement.

ROLLIER.

———— Du 9 dit. ————

Bordeaux, M. Ravel.

Je reçois, Monsieur, votre lettre du 28 décembre dernier, me remettant facture à dix tonneaux de vin rouge que j'ai commis à votre voyageur; elle s'élève, avec les menus frais, à

Fr. 1080, je vous en créditerai après vérification de la marchandise.

Je vous remets ci-inclus :

Fr. 1050 sur Morin frères, de Paris, échu.

    50 pour anticipation de paiement.

Fr. 1100 ensemble, dont je vous débite.

Si la qualité du vin me convient, je pourrai vous en commettre une partie assez considérable.

Veuillez, en attendant, agréer mes sincères salutations.

ROLLIER.

———— Du 29 janvier 18.. ————

Amsterdam, M. Stuerman.

J'ai reçu en temps dû, Monsieur, la lettre que vous m'avez écrite, en date du 12 courant.

Nous sommes parfaitement d'accord sur v/commission de banque, courtage et ports de lettres, ainsi que sur les intérêts à nous allouer réciproquement.

Il est bien que vous encaissiez à mon crédit ma remise de

Flo. cts. 7880 en trois effets sur votre ville.

Vous me remettez :

Pistles. 1300 sur Don Maria, de Madrid, au 30 avril, que vous me comptez au change de 94 den. de g., vous en avez crédit pour

Flo. cts. 8863,10, sauf rentrée.

Ci-inclus :

Fr. 4000 sur Morin frères, de Paris, payables au 1er mai, que je vous prie de négocier au mieux de mon avantage, et me remettre la note de la négociation. Etant avec une parfaite considération,

Votre tout dévoué,

ROLLIER.

Réponses aux Lettres précédentes.

Paris, le 28 décembre 18. .

Monsieur Rollier, à Lille.

J'ai reçu la lettre que vous m'avez écrite le 25 du courant, ainsi que votre circulaire qui y était jointe. Bonne note est prise de votre genre de commerce, de même que de votre signature, pour n'ajouter foi qu'à elle seule.

Vous me cotez le sucre terré à 2 fr. 50 c. le demi-kilogramme : si la qualité en est belle, veuillez, pour commencer une petite affaire avec vous, m'en expédier deux tonneaux par le premier roulier. Je présume que le terme est de 60 jours comme de coutume.

Si vous me servez bien, nous traiterons des affaires plus considérables ensemble.

En attendant facture, je vous salue bien sincèrement.

DOIBES.

———————

Bordeaux, le 28 décembre 18. .

Monsieur Rollier, à Lille.

J'ai le plaisir de vous remettre ci-joint facture aux dix tonneaux de vin que vous avez commis à mon voyageur, elle s'élève, avec les menus frais, à

Fr. 1080, que je porte à votre débit, au terme de six mois.

Ce vin fait route depuis hier. J'espère que vous serez satisfait de la qualité, et que cela vous engagera à me transmettre de nouveaux ordres. Dans cette attente, je vous prie d'agréer mes salutations affectueuses.

RAVEL.

———————

Reims, le 18 janvir 18. .

Monsieur Rollier, à Lille.

Je vous confirme ma lettre du 9 courant, qui vous donnait avis de ma traite sur vous de

Fr. 6000, o/ Laurent, au 30 mars, j'espère que

vous aurez accueilli favorablement cette disposition.

Vous trouverez sous ce pli ma remise de

Fr. 5000 sur Davoise, de v/ville, payable à vue ; veuillez l'encaisser, m'en créditer et m'en accuser la réception. *Tout à vous.*

STUBERGER.

————

Amsterdam, le 12 janvier 18. .

Monsieur Rollier, à Lille.

J'ai reçu, Monsieur, la lettre que vous m'avez fait l'honneur de m'écrire le 4 du courant. Je remercierai particulièrement notre ami commun M. Duriez, de m'avoir procuré votre connaissance, et je me chargerai avec plaisir de toutes vos opérations de banque, aux conditions ordinaires, c'est-à-dire, à demi pour cent de commission, les ports de lettres et le courtage en sus. L'intérêt réciproque sera fixé à raison de demi pour cent par 30 jours.

Votre susdite renfermait trois effets de

Flo. cts. 800 au 30 ct.	Sur Teengs et Cie de
2000 au 10 juin.	n/ ville.
5000 au 15 dit.	

————

Flo. cts. 7800 ensemble, dont je soignerai la rentrée à votre crédit.

En retour vous trouverez ci-inclus ma remise de

Pist.les. 1300 sur Don Maria, de Madrid, au 30 avril prochain. Veuillez m'en créditer en

Flo. cts. 8863,10, au change de 94 den. de gros p/ un ducat. Le cours de Paris est à 58. Il y a des preneurs.

Agréez, S. V. P., mes sincères salutations.

STUERMAN.

————

Lettre d'avis annonçant l'envoi de plusieurs Marchandises.

Du 16 mai. 18. .

Monsieur,

Conformément à votre lettre d'avis du 5 courant, j'ai reçu, par l'entremise de Monsieur Dericour, une petite boîte contenant deux montres à répétition et une chaîne d'or. J'ai fait remettre le tout à Monsieur Leblanc.

Je vous ai adressé par le roulage une caisse et deux tonneaux emballés et plombés. Veuillez les faire embarquer pour St.-Pétersbourg, à l'adresse de Monsieur George, sur le premier navire en charge pour cette ville. Vous voudrez bien les faire assurer pour la somme de 1200 francs ; et quand vous aurez la note des frais de voiture et d'assurance, avec la copie de la police, vous me les ferez passer, et ferez traite sur moi pour la valeur.

Votre traite de 595 francs ne m'a pas encore été présentée. J'ai envoyé à Monsieur *** de votre ville, une paire de bracelets d'un excellent goût, d'une brillante apparence : je suis persuadé qu'ils vous plairont et que vous m'en commanderez de semblables. Le prix en est un peu élevé, 600 francs ; mais ils sont si riches qu'ils vous paraîtront encore bon marché.

Recevez, Monsieur, etc.

Lettre au sujet de plusieurs Papiers égarés.

Du 21 mai. 18. .

Monsieur,

Je viens de recevoir votre lettre, en date du 15 courant, par laquelle vous me marquez avoir joint un petit envoi que vous m'avez fait le 3 de ce mois, d'une lettre adressée à Monsieur Lefèvre, receveur de rentes, laquelle contenait quatre certificats de vie. J'ai bien reçu le coupon de 20 mètres de taffetas noir, que vous m'avez adressé, mais il n'y avait aucun papier. Vous les aurez sans doute mis dans un envoi destiné à un de vos autres correspondants. La lettre qui me prévenait de l'arrivée de ce coupon, n'en fait aucune mention. Ces papiers ne se seraient-ils pas égarés à la régie, où tous les paquets qui viennent par la diligence sont remis en sortant de la douane ? Il se pourrait bien qu'ils eussent été perdus en développant le paquet, et n'étant d'aucune utilité à la personne qui les aura trouvés, ils auront été jetés comme inutiles. Je crains bien pour vous que ce ne soient d'autres certificats à refaire.

J'ai payé, selon vos désirs, votre abonnement au Courrier de l'Europe; je joins, ci-inclus, la quittance de 40 francs. Veuillez en créditer mon compte.

J'ai l'honneur de vous saluer.

Avis pour faire obtenir un certificat d'origine.

Ce 4 juin 18. .

Monsieur Pedro à Cadix.

Dans ma dernière lettre, datée du premier courant, vous avez dû trouver la facture des quatre tonneaux H. S. B., montant à 5420 fr. Je viens de recevoir la vôtre en date également du premier de ce mois, par laquelle vous m'annoncez avoir reçu de Marseille la caisse N° 3, bien conditionnée. Vous me mandez que vous avez trouvé les rosaires trop petits; à l'avenir on les fera plus gros. Vous me demandez s'il serait possible d'obtenir un certificat de Monsieur Lebon pour un tonneau de quincaillerie et de mercerie, marqué D. A. B., et une autre caisse N° 7, afin de pouvoir les faire parvenir à Cadix. Il n'est pas possible que Monsieur Lebon donne un certificat sans en avoir un de notre douane de Paris, qui puisse constater que les marchandises sortent des fabriques de la Capitale; mais pour vous les faire passer, il faudrait les faire venir à Paris : alors je chargerais tous les papiers anglais, et je vous expédierais vos marchandises comme étant sorties des fabriques de France. Si vous prenez cette détermination, ayez la bonté de m'envoyer la facture du contenu du tonneau et de la caisse, afin que je puisse faire ma déclaration, et faites-les adresser à Monsieur Durand, négociant à Ostende; mais cela vous occasionera beaucoup de frais. Si, cependant, il n'y a que de la mercerie et de la quincaillerie ordinaires, les frais seront beaucoup moindres.

Aussitôt votre réponse, je ferai diligence pour que vous n'éprouviez aucun retard, et je prendrai toutes les précautions possibles afin de ménager vos intérêts.

Recevez, Monsieur, etc.

Envoi de Marchandises.

Monsieur,

J'ai l'honneur de vous prévenir que je viens de vous expédier par le roulage de * * * une caisse emballée et plombée F B D, n° 49, à l'adresse de M. Dandré. Vous trouverez ci-joint la facture montant à 3560 fr. dont je vous prie de me créditer. Vous aurez vu par ma dernière lettre que je vous ai crédité du montant des rasoirs que vous m'avez renvoyés. J'ai remis la tabatière d'or à M. Rougemont, banquier, suivant l'ordre que j'en avais reçu de MM. Dubois père et fils, et j'en ai tiré un reçu. Quant à l'autre boîte d'or, je la ferai remettre à neuf le mieux possible.

J'ai fait parvenir la lettre à M. Pezana, comme vous m'en avez chargé; il a répondu qu'il avait remis cette somme à M. Dupuis, en conséquence je vous renvoie la traite que vous avez tirée sur lui.

L'ouvrier ne veut pas consentir à me livrer les rasoirs d'écaille au prix que vous offrez, je ne les lui ai pas commandés.   *J'ai l'honneur de vous saluer.*

Refus de livrer des Marchandises autrement qu'au comptant.

Monsieur,

J'ai reçu votre lettre datée du 8 courant dans laquelle vous me marquez que mon adresse vous a été remise par M. Julien de notre ville, et que vous désirez faire emplette de quincailleries, de bijouteries et d'autres articles de Paris, en échange desquels vous donneriez des bois de Palissandre et autres bois des îles, dont vous faites le commerce. Je vous préviens que je n'ai rien de fait dans mon magasin, j'expédie sur commande, et je me contente d'une commission de 3 p. %; mais je ne puis pas prendre de bois en échange, et si vous désirez que je vous serve pour les articles dont vous pouvez avoir besoin, veuillez accompagner vos commandes d'une remise sur quelque personne bien famée de notre ville. Telle est ma manière de travailler. Occupé autant que je le suis avec mes anciens correspondants, je ne m'écarterai en rien de la conduite que j'ai tenue jusqu'à ce jour.

Recevez, Monsieur, etc.

COPIE DE LETTRES D'UNE MAISON DE LA ROCHELLE.

COPIE DE LETTRES.

A.

La Rochelle, le 1er septembre 18. .

Monsieur Dacier, banquier.

Paris.

Circulaire.

M.

J'ai l'honneur de vous prévenir de l'établissement d'une maison de commerce que je forme en cette ville sous mon seul et privé nom. Ci-bas ma signature, vous priant d'en prendre note pour y avoir égard. Quinze années de travail dans une des premières maisons de commerce de Bordeaux, l'expérience que j'ai acquise dans les affaires, ma prudence et des fonds suffisants me mettent à même d'offrir mes services aux amis qui voudront bien m'honorer de leur confiance, vous priant, Monsieur, de croire au zèle et au désintéressement que je mettrai à servir vos intérêts, quand vous m'en fournirez l'occasion, et croyez-moi avec une parfaite considération,

R.

Votre dévoué serviteur,

N. N.

——— Du 23 novembre 18. ———

Messieurs Mauris et Cie.

Hâvre.

J'ai reçu la lettre que vous m'avez adressée le 5 du mois passé, par laquelle vous me cotez le cours de notre sel sur votre place, à 5 fr. les 50 kilogrammes; profitant de vos offres de services, je viens vous remettre ci-inclus connaissement de 54 muids 12 boisseaux de sel, chargés pour m/ compte, à votre consignation, sur le navire l'*Antoine*, capitaine Delarche, en destination pour votre port ; veuillez à l'arrivée en soigner le déchargement, me procurer la vente du sel au cours le plus avantageux, et m'en remettre le compte de vente. Vous pourrez me faire remise du produit, soit sur cette ville, Paris, Bordeaux ou Nantes. Je ne vous limite pas pour le prix de la vente, ni pour les conditions ; étant persuadé que vous agirez pour le mieux de mes intérêts, et que cette première affaire n/ conduira à en traiter de plus majeures.

Ci-joint, pour votre gouverne, la facture simulée de ce chargement rendu chez vous, vous observant qu'il ne reste que 14 jours de planche pour la décharge, après laquelle vous me retournerez en règle l'acquit à caution, N⁰...

En attendant l'avis de l'arrivée de ce navire, je vous prie de m'accuser réception de la présente.

————— Du 28 novembre 18. ●━━━━━

R. *(marginal)*

Orléans. *(marginal)*

Monsieur Saint-Charles.

Ce n'est que par le courrier d'hier que j'ai reçu votre lettre du 15 courant, par laquelle vous me donnez l'ordre d'acheter et de charger pour votre compte

R. *(marginal)*

Cinq pièces d'eau-de-vie de La Rochelle, à 162 fr. les 27 veltes, et au prix de 10 fr. de voiture par quintal composé de 6 veltes pour le roulage. Je me suis occupé de suite de votre demande, et c'est avec plaisir que je viens vous annoncer l'achat de ces cinq pièces, que j'ai obtenues à 160 fr. à 4 degrés au tempéré. Actuellement je vais m'occuper à me procurer une voiture que je tâcherai d'obtenir au prix le plus modéré. Ma première vous remettra facture de cet envoi.

———— Du 20 novembre 18.. ————

Dieppe.

Messieurs Lenormand et Loir.

J'ai sous les yeux votre lettre du 20 du courant, sous le pli de laquelle était le connaissement du chargement à ma consignation, par le
navire *la Concorde*, capitaine Thibaud, de
   82 barils,   } de harengs blancs,
   106 demi-barils,   }   plus de
   40 petits barils harengs saurets.

R.

Avec ordre de vous en procurer la vente au
prix le plus avantageux. Comptez sur mon zèle
pour vous en tirer le meilleur parti possible :
dans ce moment les barils de harengs blancs se
vendent 38 à 39 fr., et les demi-barils de 18 à
19 fr., avec apparence de hausse.

Comme vous avez frété votre navire pour
l'aller et le retour, vous me donnez l'ordre de le
recharger en sel, et de 5 à 6 tonneaux de vinaigre ; à son arrivée je vous achèterai sa cargaison au cours. En attendant l'avantage de vous
annoncer l'arrivée de votre navire, je vous, etc.

———— Du 2 décembre 18. ————

Monsieur J. Pérès.

Nantes.

J'ai reçu la lettre que vous m'avez adressée
le 22 du mois passé ; sur l'avis que vous me
donnez de la vente publique d'une cargaison de
sucre et de café de la Jamaïque, et profitant de
vos offres de services, je viens vous prier d'a-
cheter et expédier pour mon compte, le plus
promptement possible, par terre, quatre barriques sucre cassonade, bien grené et le plus
blanc que vous trouverez, et deux boucauts de
café.

R.

Le tout aux prix et conditions de la vente.
Agissez à cet égard pour le mieux de mes intérêts. En attendant le détail de ce qu'il vous aura
réussi de faire, je demeure, etc.

——————— Du 3 décembre 18.. ———————

Orléans.

Monsieur Saint-Charles.

Vous confirmant ma lettre du 28 novembre, qui vous annonçait l'achat, pour votre compte, de 5 pièces d'eau-de-vie, la présente a pour but de vous prévenir que je viens de les faire charger sur la voiture du roulier Berger, de Niort, au prix de 9 fr. 75 cent. du quintal, tous frais compris. Vous en trouverez ci-joint la facture montant à

R.

Fr. 2918,60, que je porte à v/ débit; il vous plaira m'en rembourser en remises à courts jours, ce liquide, comme vous le savez, ne s'achetant qu'au comptant; j'apprendrai volontiers que cet envoi vous parvienne à bon port, car j'ai tout lieu d'espérer que vous serez satisfait tant de la qualité que du bon conditionnement des pièces, et que ce premier envoi vous mettra à même de me commettre d'autres ordres.

——————— Du 4 dit. ———————

Paris.

Monsieur J. Victor.

Votre lettre du 28 novembre dernier m'accuse réception de ma circulaire en date du 1er septembre; il est bien que vous ayez pris bonne note de ma signature. Vous me demandez le cours des vins rouges et blancs de nos cantons, et le prix du fret pour les rendre à Nantes; je m'empresse de vous le transmettre, et je verrai avec joie naître l'occasion de pouvoir nous lier d'affaires ensemble; soyez persuadé que de mon côté je ne négligerai rien pour le bien-être de vos intérêts.

R.

Les vins en général ne sont pas très-recherchés en ce moment; cependant il s'en vend aux prix ci-après :

Vin rouge 180 fr. le tonneau de 4 barriques bordelaises, de la contenance de 28 à 29 veltes, chaque barrique.

Vin blanc 150 fr., idem.

Le fret se compte aussi par tonneaux de 4 barriques, et le cours actuel pour Nantes est de 20 fr., et 10 p. %/₀ d'avaries, plus une barrique de vin buvante sur la totalité du chargement. Tout à vos ordres, je vous, etc.

————— Du 15 décembre 18.. —————

Dieppe.

Messieurs Lenormand et Loir.

Vous confirmant ma dernière du 30 novembre, je n'ai que le temps de vous annoncer l'heureuse arrivée du navire *la Concorde*, capitaine Thibaud; il va se mettre à quai ce jour, et demain il déchargera. Beaucoup de marchands détaillants d'ici et des environs sont venus me voir, et je crois que j'écoulerai facilement votre cargaison. J'espère obtenir 42 à 44 francs des harengs en gros barils; 22 à 23 fr. des demi-barils, et 24 fr. des harengs saurets.

R.

Je vais faire mes dispositions pour recharger votre navire; il prendra six tonneaux de vinaigre et environ 40 muids de sel que je vais acheter. Mes prochaines vous fixeront sur le résultat de mes opérations.

————— Du 20 dit. —————

Etampes.

Monsieur Devienne.

J'ai reçu la lettre que vous m'avez fait l'honneur de m'écrire le 11 du courant. Je vois que c'est à Messieurs Bouriel et Cie, de votre ville, que j'ai l'avantage d'être redevable de votre connaissance, et de la confiance dont vous voudrez bien m'honorer, je leur en témoignerai ma reconnaissance particulière.

R.

Vous me marquez que vous êtes dans l'intention de m'envoyer des farines à vendre pour votre compte. Cet article varie comme tous les autres; dans le moment actuel elles valent de 63 à 64 fr. la sachée ou culasse de 162 kilo; dans tous les cas, comptez sur ma vigilance pour vous en tirer, en quelque temps que ce soit, le parti le plus avantageux.

Je suis entièrement dévoué à vos ordres,

——————— Du 22 décembre 18.. ———————

Nantes.

Monsieur J. Pérès.

Par votre lettre du 14 courant, vous me prévenez d'avoir acheté pour mon compte les
4 barriques de sucre brut et les
2 boucauts de café que je vous avais commis; et que profitant d'une occasion qui s'est présentée, vous les avez chargés à mes risques dans le bâtiment *l'Hirondelle*, capitaine Pons; votre susdite m'en remet le compte d'achat, s'élevant, avec les frais, à

R.

Fr. 6138,75, dont je vous crédite; et pour vous en rembourser vous trouverez sous ce pli :
Fr. 6138,75, en ma traite à v/ordre, sur Dacier, de Paris, payable à deux usances; veuillez en soigner l'encaissement, m'en créditer pour solde, et m'en accuser la réception.

J'aurai soin de vous renvoyer en règle l'acquit-à-caution.

——————— Du 22 dit. ———————

Paris.

Monsieur Dacier.

J'ai reçu en son temps la lettre que vous m'avez adressée le 6 octobre dernier, par laquelle vous voulez bien m'accorder un crédit à découvert, de 15,000 fr., à la recommandation de notre ami commun M. N. N., ce dont je vous remercie infiniment. Vous pouvez du reste être persuadé que je n'en ferai usage qu'avec discrétion.

R.

Je prends la confiance de disposer sur vous, en date de ce jour, ma traite de
Fr. 6,138,75, à l'ordre de J. Perès, payable à deux usances, vous priant d'en prendre bonne note, afin de préparer tout accueil à ma signature au débit de mon compte.

——————— Du 27 dit. ———————

Dieppe.

Messieurs Lenormand et Loir.

Me référant à mes lettres du 30 novembre dernier et du 15 courant; la dernière vous annonçant l'arrivée de votre navire *la Concorde* ; la décharge de sa cargaison est effectuée ; j'en ai déjà placé la majeure partie dans les prix cotés par ma dernière, et je compte sous peu de jours que tout sera vendu. La présente a pour but de vous annoncer l'achat de 6 tonneaux de vinaigre blanc, mis en tierçons et quarts, à 160 fr. le tonneau, et 40 muids de sel à 700 fr. les 28 muids, le tout rendu à bord de votre navire. Je vais donc faire accélérer ce chargement, et ma première vous en remettra facture, ainsi que le compte de vente de vos harengs.

———— Du 8 janvier 18. ————

R.

Orléans.

Monsieur Saint-Charles.

J'ai reçu votre lettre du 1er courant, qui m'accuse réception de mon compte d'achat des 5 pièces d'eau-de-vie que vous m'aviez commises ; il est bien de m'en avoir crédité. Votre susdite renfermait un effet de

Fr. 1650, billet de Lambert, de cette ville, payable au 19 de ce mois, dont je soignerai l'encaissement à votre crédit ; conformément à vos désirs et suivant vos ordres, je dispose pour v/ compte sur MM. Bourdon frères, de Paris, ma traite de

Fr. 268,60, à mon ordre, payable au 30 du courant ; vous en êtes crédité pour solde, persuadé que tout accueil y sera réservé.

Constamment dévoué à vos ordres, je, etc.

———— Dudit. ————

R.

Paris.

Monsieur Dacier.

J'ai lu avec plaisir la lettre que vous m'avez écrite le 22 décembre dernier. Je v/ remercie infiniment de l'accueil favorable que v/ préparez à ma traite sur v/ de

Fr. 6,138,75, payable à deux usances, en date du 22 décembre.

Je vous remets sous ce pli :

Fr. 268,60 sur Bourdon frères, de votre ville,

R.

payables au 30 courant ; veuillez en soigner la rentrée à mon crédit et m'en accuser la réception.

——————— Du 8 janvier 18. ———————

Paris.

Messieurs Bourdon frères.

D'ordre et p/ le compte de M. Saint-Charles, d'Orléans, j'ai disposé sur vous, en date de ce jour, ma traite de

R.

Fr. 268,60, à mon ordre, payable au 30 du courant ; veuillez en prendre bonne note pour l'accueillir favorablement au débit du susdit ami.

——————— Du 17 février 18. ———————

Hàvre.

Messieurs Mauris et Cie.

J'ai sous les yeux vos trois lettres des 10 décembre, 26 janvier et 6 courant. La première m'accuse réception de la mienne du 23 novembre, du connaissement du chargement de sel du navire *l'Antoine* ; la seconde m'annonce l'heureuse arrivée de ce navire, et la troisième me remet le compte de vente de sa cargaison, dont le net produit s'élève à

R.

Fr. 4234,50, que je porte à votre débit, l'ayant trouvé juste.

Vous me remettez à compte deux effets de

Fr. 1800	} Sur Delaville et Cie, de Paris,	
2200	} à deux usances.	

Fr. 4000 ensemble, dont vous avez crédit, sauf rentrée.

J'ai également trouvé sous le pli de votre dernière l'acquit-à-caution dûment rédigé ; je vais faire le nécessaire pour faire annuler ma soumission.

——————— Du 20 dit. ———————

Élampes.

Monsieur Devienne.

J'ai reçu votre lettre du 12 janvier dernier, sous le pli de laquelle se trouve une lettre de voiture à

20 sacs de farine que vous adressez à ma consignation, par la voiture du nommé Vincent,

R.

de Niort; j'en soignerai la réception à leur arrivée, pour vous en procurer le placement le plus avantageux que je pourrai. Vous me marquez qu'aussitôt que vous vous serez procuré d'autres voitures, vous ferez suivre vos envois, je vais en donner connaissance à nos boulangers, à l'effet de vous en obtenir un prompt placement.

—————— Du 21 février 18.. ——————

Dieppe.

Messieurs Lenormand et Loir.

R.

J'ai reçu en son temps votre lettre du 28 décembre dernier, qui a croisé la mienne du 27, au contenu de laquelle je me réfère; depuis, j'ai terminé la vente de vos harengs. Ne pouvant vous remettre mes comptes par celle-ci, vu l'heure du départ du courrier, je n'ai seulement que le temps de vous envoyer le connaissement de 6 tonneaux de vinaigre, et 43 muids 15 boisseaux de sel, chargés sur votre navire *la Concorde*, que j'ai expédié hier; les pluies survenues ont contrarié et retardé ce chargement; mais, en récompense, je vous annonce que le navire a mis à la voile ce matin par un vent favorable, et j'apprendrai avec plaisir son heureuse arrivée. Le prochain courrier vous portera les comptes que j'ai à vous remettre.

—————— Du 26 dit. ——————

Dieppe.

Messieurs Lenormand et Loir.

R.

Vous confirmant ma lettre du 21 courant, qui accompagnait le connaissement de la cargaison de votre navire *la Concorde*, celle-ci est pour vous remettre le compte de vente de vos 82 barils, 106 demi-barils harengs blancs, et 40 barils harengs saurets, dont le produit s'élève à

Fr. 6490, que j'ai portés à votre crédit. Je vous remets également facture à 6 tonneaux vinaigre, et 48 muids 15 boisseaux de sel, que j'ai achetés pour votre compte; elle s'élève à

Fr.2,155,65, portés à v/débit. Veuillez, après vérification, m'en accuser l'exactitude, et en passer écritures conformes.

————— Du 4 mars 18. —————

Etampes.

Monsieur Devienne.

R.

Je reçois votre lettre du 26 du mois passé, qui a croisé la mienne du 20, au contenu de laquelle je me réfère. La vôtre m'annonce l'envoi de

42 sacs de farine, dont 19 par la charrette de Robert, de Rohan, et 23 par celle de Lésiau, de Surgères. J'en soignerai également la réception et la vente à leur arrivée, et vous ferai part du résultat de mes démarches à cet égard.

P. S. La charrette de Vincent, de Niort, vient d'arriver.

————— Du 6 dit. —————

Dieppe.

Messieurs Lenormand et Loir.

R.

Vous confirmant ma lettre du 26 du mois passé, qui renfermait le compte de vente de vos harengs et facture du chargement de *la Concorde*, dont il sera bien que vous m'accusiez la réception;

J'ai l'avantage de vous remettre sous ce pli :

Fr. 2000, billet de Marion, payable dans Paris, au 5 avril prochain; veuillez en soigner le nécessaire à mon crédit. Le papier est très-rare, on m'en a promis; aussitôt en ma possession je vous le ferai passer.

————— Du 12 dit. —————

Paris.

Monsieur Dacier.

R.

Vos deux lettres des 27 février et 1er du courant m'accusent réception de mes diverses remises. La présente est pour vous donner avis que je dispose sur vous, en date de ce jour, ma traite de

Fr. 643,30, o/ Lenormand et Loir, payable

au 31 du courant. Vous priant d'en prendre note, afin de préparer tout accueil à ma signature au débit de mon compte.

Etampes.

—————— Du 4 avril 18. ——————

Monsieur Devienne.

R.

J'ai reçu votre lettre du 17 mars dernier. Je passe sur son contenu, n'exigeant point de réplique. La présente est pour vous donner avis de l'arrivée de vos deux autres voitures de farine, dont les chargements ont été emmagasinés. J'en ai déjà vendu 44 sacs, dans les prix de 62 à 64 fr., j'espère que je ne tarderai pas à placer le reste, et il sera bien de me continuer vos envois afin de ne pas manquer de ventes, et d'entretenir les pratiques que je me suis faites. Incessamment je serai à même de vous faire parvenir le compte de vente de vos premiers envois.

Etampes.

—————— Du 7 mai 18. ——————

Monsieur Devienne.

J'ai reçu votre lettre du 30 du mois passé, qui s'est croisée avec la mienne du 4 courant. La vôtre renferme deux lettres de voitures à 45 sacs de farine, dont 21 par la charrette du nommé Chrétien, et 24 par celle de Julien, qui doivent être ici en 15 jours de route, à compter du 28 avril dernier; je ferai le nécessaire à leur arrivée.

R.

J'ai l'avantage de vous prévenir que je viens de vendre les 18 sacs de farine qui me restaient au prix de 63 fr. 50 cent.; en conséquence je vous remets ci-joint le compte de vente de vos 62 culasses, dont le produit net s'élève à

Fr. 2,715,10, dont vous êtes crédité, et par contre débité de

Fr. 2,715,10, pour espèces que je vous envoie par la diligence d'ici à Paris; veuillez réclamer cet argent, passer écritures de conformité, et m'en accuser réception.

RÉPERTOIRE du Copie de Lettres.

	A.			**M.**
	B.		Hâvre.	Mauris et Cie, 261, 268.
Paris.	Bourdon frères, 268.			**N.**
				O.
	C.			**P.**
	D.		Nantes.	Perès, J., 263, 266.
Paris.	Dacier, 261, 266, 267, 270.			**Q.**
Étampes.	Devienne, 265, 268, 270, 271, 271.			**R.**
				S.
	E.		Orléans.	St.-Charles, 262, 264, 267.
	F.			**T.**
	G.			**U.**
	H.			**V.**
	J.		Paris.	Victor; J., 264.
	K.			**X.**
	L.			**Y.**
Dieppe.	Lenorm^d et Loir, 263, 265, 266, 269, 269, 270.			**Z.**

Lettre indiquant ce que c'est qu'un Port Franc.

Paris ce 15 mars 18. .

Monsieur A. N., à N.

Par votre dernière lettre vous me demandez ce que c'est qu'un port franc... C'est un port de mer où il est libre à tous commerçants, de quelques nations qu'ils soient, d'y entrer librement par mer, et d'en sortir de même, sans payer aucun droit, sauf ceux de peu d'importance et qui se trouvent ordinairement consignés dans l'ordonnance qui affranchit ce port. Afin de ne pas m'étendre davantage, et pour vous donner tous les détails que vous pouvez désirer à cet égard, je crois ne pouvoir mieux faire que de vous envoyer l'ordonnance du Roi, en date du 20 février 18.., qui établit la franchise du port de Marseille.

Disposez toujours de moi quand vous le jugerez convenable, et agréez mes salutations amicales.

R. L.

Envoi d'une Table pour les proportions que l'on observe dans la construction de Vaisseaux de Guerre.

Anvers, le 6 mars 18. .

Monsieur Renaud, à Besançon.

Je vous envoie ci-inclus, Monsieur, la copie de la table pour les proportions que l'on observe dans la construction de Vaisseaux de Guerre. Je désire qu'elle puisse utiliser la coupe de vos bois, mais je pense que ce qui pourrait vous être le plus lucratif, ce seraient les pièces de bois courbes pour former l'étrave, c'est un objet rare pour le moment dans les chantiers de construction.

Je vous salue sincèrement.   D. L.

Formule d'un Acte de Société entre deux particuliers nommés Rollier et Larue.

Nous soussignés, Jacques Rollier et François Larue, tous deux demeurant en cette ville, sommes convenus de faire ensemble le commerce de commission ou tout autre que nous croirons convenir à nos intérêts, aux clauses et conditions ci-dessous, et ce, sous la raison de *Rollier et Larue*. Ladite société commencera le premier janvier mil huit cent quarante, pour finir à la même époque de l'an mil huit cent quarante-trois ; ladite société étant contractée pour durer l'espace de trois années consécutives et sans interruption.

Art. 1er. Le fonds capital de notre société sera de la somme de cent trente mille francs, fourni par chacun de nous, par égale part et portion.

Art. 2. La mise de fonds de notre sieur Jacques Rollier se composera des débiteurs de son précédent commerce ; de marchandises qui seront évaluées pour le comptant et au cours du jour où doit commencer le présent acte, des effets en porte-feuille et le restant en espèces.

Art. 3. Quant aux débiteurs du précédent commerce de notre sieur Jacques Rollier, il est expressément convenu que dans le cas où il y aurait quelques pertes, soit par faillites desdits débiteurs ou de toute autre manière, cela concernerait personnellement notre sieur Rollier, et il s'engage à réintégrer avec les intérêts au taux légal du commerce, tout ce qui ne rentrerait pas (1), et cela en espèces.

Art. 4. Tous les actes sociaux, lettres de change, mandats, billets, et enfin tous engagements, quittances, comptes, factures, et généralement tous les écrits que le bien de notre commerce exigera, seront signés indifféremment par chacun de nous, sous la raison ci-dessus de Rollier et Larue.

Art. 5. Les bénéfices ou les pertes qui résulteront de la présente société, seront supportés par moitié entre nous, et portés sur nos comptes respectifs de bénéfices annuels.

Art. 6. Les livres de notre société seront tenus en parties doubles, et la balance ou inventaire devra en être fait à la fin de chaque année et copié sur le livre des inventaires, conformément à l'art. 9 du Code de Commerce.

Art. 7. Attendu le besoin de subvenir à nos dépenses

(1) On peut stipuler une époque déterminée pour la rentrée des sommes dues par les débiteurs de Rollier, cela devient même essentiel, afin de ne pas confondre les nouvelles créances de la nouvelle société, avec celles de Rollier, qui, d'après l'article 3 de l'acte social, sont à sa charge, et même il serait bon d'établir un compte particulier pour cet objet. On peut faire la même chose pour les lettres de change et autres effets de commerce.

tant de ménage que personnelles, chacun de nous pourra prélever annuellement une somme de quatre mille francs, et ce par moitié de six en six mois (1).

Art. 8. La caisse sociale sera tenue par notre sieur Rollier, qui devra en faire la balance tous les mois, répondre de l'exactitude des recettes et dépenses y annotées et des espèces y contenues, excepté le cas de force majeure (2).

Art. 9. Les loyers de maison, magasins, appointements de commis, frais de bureau et autres concernant le commerce, seront supportés par la société.

Art. 10. En louant une maison pour l'exploitation de notre commerce, les appartements y attenant et propres à notre logement, seront partagés autant que faire se pourra en deux portions égales, par la voie du sort.

Art. 11. Etant dans le cas de recevoir nos correspondants et de leur faire des invitations, il est convenu que chacun de nous aura son tour pour les recevoir, et ce à nos frais particuliers (3).

Art. 12. Si l'un de nous vient à mourir et qu'il laisse une veuve avec ou sans enfants, il sera libre à cette veuve de continuer la société pendant tout le reste du temps qu'elle aura à durer, et en ce cas ladite société sera gérée et administrée par le survivant des associés, tout comme si l'autre existait; la veuve devra pour cela faire connaître sa volonté en dedans les trois mois et quarante jours, que le Code civil lui accorde pour délibérer sur ses droits, mais en aucun cas, et quel que soit le parti qu'elle prenne, elle ne pourra faire examiner les affaires de la société que par une seule personne choisie par elle et qui devra être acceptée par le survivant, afin de pouvoir vérifier à l'amiable la situation de la maison, délivrée par le survivant : elle ne pourra non plus exiger aucun partage soit des fonds de la société, soit de ses bénéfices, jusqu'à ce que toutes les af-

(1) A cet article on peut faire beaucoup de restrictions, attendu que les prélèvements pourraient absorber non-seulement les bénéfices, mais encore le capital.

(2) On alloue ordinairement à celui qui tient la caisse une certaine petite somme par année, pour les mauvaises monnaies qu'il peut recevoir, si toutefois il en répond.

(3) Cet article est encore susceptible de beaucoup de modifications; un seul des associés peut se charger de cet objet en arrêtant la dépense chaque fois de concert avec son associé, ou bien faire la dépense à frais communs, etc.

faires en soient liquidées par l'associé survivant, mais toujours sous la surveillance de la personne préposée par la
veuve.

Art. 13. Dans le cas de continuation de la société par la
veuve, il sera alloué au gérant à titre de gratification pour
ses peines et soins une somme de huit cents francs par chaque année dont il sera crédité à son compte de bénéfices
annuels.

Art. 14. En cas de non continuation de la société par la
veuve, la liquidation sera opérée par le survivant (toujours sous la surveillance de la personne préposée par elle)
qui sera tenu de donner un état de situation des affaires de
la société, et en outre de rendre compte de sa gestion de
liquidation tous les deux mois, jusqu'à la balance définitive,
qui devra être opérée en dedans six mois (date de la renonciation) sauf les cas litigieux, pour lesquels le survivant
devra s'entendre avec la veuve, les héritiers ou ayant cause
du défunt, afin de les terminer le plus promptement possible.

Art. 15. Au cas de mort de l'un de nous, si le défunt ne
laisse point de veuve, mais seulement des enfants majeurs
ou mineurs, la société sera dissoute, et la liquidation devra se faire comme il est dit en l'article 12 ci-dessus.

Art. 16. Il est encore convenu, qu'en cas de dissolution
de ladite société, soit à l'expiration d'icelle ou de tout autre manière, la liquidation se fera de concert entre les deux
associés pour la terminer le plus promptement possible ;
mais les livres sociaux, papiers, etc., concernant le commerce, resteront entre les mains de notre sieur Rollier ; .
néanmoins notre sieur Larue pourra les réclamer quand bon
lui semblera, afin de pouvoir en prendre des extraits et tous
les renseignements qu'il jugera convenables.

Art. 17. Nul de nous ne pourra rompre la présente société
avant le terme fixé par le présent acte, à peine, contre le
demandeur, de payer à son associé une somme de huit
mille francs, ladite somme payable comptant, sans partage
ni discussion.

Art. 18. Six mois avant l'expiration de ladite société,
nous conviendrons si nous devons la continuer ou non, afin
que nous puissions nous préparer à la liquidation (1).

_____

(1) On peut stipuler que cette convention sera écrite au bas de l'acte
social.

Art. 19. A l'expiration de la société, il sera fait un inventaire de tout l'actif et passif d'icelle : avec l'argent en caisse et les rentrées, on commencera par payer les créanciers, même par escompte s'ils veulent y consentir; ensuite le restant servira à rembourser nos mises de fonds : le surplus sera partagé par portions égales.

Art. 20. Quant aux meubles ou ustensiles de la société, il en sera fait deux lots, le plus également qu'il sera possible, et ils seront partagés par la voie du sort entre les associés.

Art. 21. S'il survient quelques difficultés entre nous, nous promettons et nous nous obligeons à les résoudre à l'amiable; et dans le cas où nous ne parviendrions pas à nous concilier, il est convenu qu'aucune de nos contestations ne sera portée devant les tribunaux, mais jugée souverainement, sans recours à cassation, par trois arbitres amiables compositeurs, dont deux seront nommés par chacun de nous, et le troisième tiré au sort par l'un des arbitres déjà nommés, dans une liste de quatre, dont deux seront aussi indiqués par chacun de nous.

Art. 22. Nous terminons le présent acte en nous promettant fidélité, union et amitié, et d'observer religieusement son contenu, comme aussi de remplir de notre mieux la tâche que nous avons réciproquement acceptée, et de faire tous nos efforts pour accroître nos relations et faire fleurir notre commerce.

Le présent acte fait en double à Lille, sous signatures privés, ce quinze décembre mil huit cent trente-neuf.

(Signé) LARUE. ROLLIER.

Formule de la Pétition à présenter aux Président
et Juges du Tribunal de Commerce.

A Messieurs,

Les Président et Juges du Tribunal de Commerce séant à Lille, département du Nord.

Messieurs,

Jacques Rollier et François Larue, tous deux demeurant en cette ville, place St.-Martin, N°...

Ont l'honneur de vous exposer que, par acte sous seing-

privé, passé en deux exemplaires le quinze décembre mil
huit cent trente-neuf, dont l'extrait dûment enregistré par
N. N..., qui a reçu..., ci-annexé, ils ont contracté une Société de Commerce en nom collectif, sous la raison de *Rollier
et Larue ;* comme les exposants désirent se conformer à l'article 42 du Code de Commerce, à partir du premier janvier mil huit cent quarante, ils vous présentent leur requête
afin qu'il vous plaise, Messieurs, ordonner que l'extrait ci-
annexé soit enregistré ès-registres du greffe, et affiché pendant trois mois dans la salle des audiences, conformément
à l'article 42 du Code précité, afin qu'il soit notoire à tous,
et qu'on y puisse recourir au besoin.

A Lille, le quinze décembre mil huit cent trente-neuf.

LARUE , ROLLIER.

---

*Formule de l'extrait de l'Acte social à faire transcrire au
greffe du Tribunal de Commerce , et à faire afficher dans
ledit Tribunal, conformément à l'article 42 du Code de
Commerce.*

Extrait de l'acte social des sieurs Jacques Rollier et François Larue, tous deux associés en nom collectif, demeurant
actuellement place St.-Martin, N°..., à Lille, lieu où ils
ont établi le siège de leur commerce.

Par acte en deux exemplaires, sous seing-privé, pour
chacun de nous copie, en date du quinze décembre mil huit
cent trente-neuf, les susnommés se sont associés en nom collectif, pour faire le commerce sous la raison de *Rollier et
Larue.*

Tous deux sont administrateurs de la société et signeront
tous les actes qui la concerneront, sous la raison ci-dessus.

La société commencera le premier janvier mil huit cent
quarante, et doit finir le premier janvier mil huit cent
quarante-trois.

A Lille, le quinze décembre mil huit cent trente-neuf.

LARUE, ROLLIER.

LA CORRESPONDANCE

COMMERCIALE.

·

TROISIÈME PARTIE,

CONTENANT :

Tout ce qui a rapport à la Lettre de change, Billet à ordre, Mandat, etc., avec les formules qui sont relatives à ces objets, conformément au Titre VIII du Code de commerce, par demandes et par réponses; de plus, un nouveau Mode simplifié, pour dresser les Comptes d'intérêts; et une Méthode très-abrégée pour calculer partiellement les intérêts et escomptes, appliquée et employée avec beaucoup d'avantage aux comptes d'intérêts, etc.

SECTION PREMIÈRE.

Demande. Qu'est-ce qu'une lettre de change ?

Réponse. La lettre de change est un contrat écrit en style concis, pour transporter à un autre une somme qu'on a à sa disposition dans une ville, soit pour marchandises envoyées, ou de toute autre manière.

D. Quelle est la forme de la lettre de change, et que doit-elle contenir ?

R. 1º Elle doit être tirée d'un lieu sur un autre.

2º Elle doit être datée;

3º Elle doit énoncer la somme à payer;

4º Le nom de celui qui doit la payer;

5º L'époque du paiement;

6º Le lieu où le paiement doit s'effectuer;

7º Enoncer comment la valeur a été fournie, en espèces, en marchandises, en compte ou de toute autre manière;

8º Elle est à l'ordre d'un tiers, ou à l'ordre du tireur lui-même;

9º Elle peut être tirée en plusieurs exemplaires, comme par première, seconde, troisième, quatrième, etc., mais elle doit l'exprimer.

D. Comment nommez-vous celui qui fait et signe une lettre de change ?

R. Tireur ou créeur.

D. Comment nommez-vous celui à l'ordre de qui elle est faite, et qui en a fourni la valeur ?

R. Il prend le nom de porteur autant qu'il l'a entre les mains; s'il la négocie ou la remet à quelqu'un, il prend le nom d'endosseur.

D. Comment nommez-vous celui sur qui elle est tirée ?

R. Il se nomme le *tiré*, l'accepteur ou le payeur. Le *tiré*, parce que la lettre de change est tirée sur lui; *accepteur*, lorsqu'il a mis son acceptation ou son engagement de la payer; *payeur*, parce que c'est lui qui doit la payer.

D. En terme de lettres de change, que veut signifier le mot *provision* ?

R. La provision signifie l'argent qu'il faut pour faire le paiement des lettres de change.

D. Par qui la provision doit-elle être faite?

R. Par le tireur de la lettre de change, ou par celui pour le compte de qui la lettre de change est tirée.

D. Quand et comment suppose-t-on la provision faite ?

R. Si, à l'échéance de la lettre de change, celui sur qui elle est tirée est redevable au tireur, ou à celui pour le compte de qui elle est tirée, d'une somme au moins égale au montant de la lettre de change.

D. L'acceptation suppose-t-elle la provision?

R. Oui, et elle en établit la preuve à l'égard des endosseurs.

D. Qu'est-ce que l'acceptation ?

R. L'acceptation est un engagement de payer la lettre de change sur laquelle on met son acceptation.

D. Comment se fait l'acceptation ou l'engagement de payer ?

R. Par le mot *accepté*, et en signant son nom.

D. N'y a-t-il pas plusieurs sortes d'acceptations ?

R. On en compte de trois sortes ; savoir :

1º L'acceptation pure et simple, qui est celle, comme on

vient de le dire, qui se fait par le mot *accepté* et en signant son nom;

2° L'acceptation conditionnelle;

3° L'acceptation par intervention.

D. Qu'est-ce que l'acceptation conditionnelle ?

R. Le Code de commerce (Art. 124) dit que l'acceptation ne peut être conditionnelle, mais qu'elle peut être res-
treinte quant à la somme acceptée. Dans ce cas, le porteur
est tenu de faire protester la lettre de change pour le surplus.

D. Dans quel temps une lettre de change doit-elle être
acceptée ?

R. A sa présentation, ou au plus tard dans les vingt-
quatre heures de sa présentation. Après les vingt-quatre
heures, si elle n'est pas rendue acceptée ou non acceptée,
celui qui l'a retenue est passible de dommages et intérêts
envers le porteur. (Art. 125.)

D. Qu'est-ce que l'acceptation par intervention ?

R. Si celui sur qui une lettre de change est tirée se refuse de l'accepter, le porteur la fait protester : lors du protêt faute d'acceptation, un tiers peut se présenter et l'accepter pour l'honneur de la signature, soit du tireur ou
d'un endosseur. — L'intervention doit être mentionnée dans
l'acte du protêt et signée par l'intervenant, et l'intervenant est tenu de notifier, sans délai, son intervention à celui
pour qui il est intervenu. (Art. 127).

D. Qu'est-ce que l'échéance ?

R. L'échéance est le terme fixé pour opérer le paiement
d'une obligation.

D. A quelles échéances tire-t-on ordinairement les lettres
de change ?

R. A vue.

A un ou plusieurs jours	
A un ou plusieurs mois	de vue ;
A une ou plusieurs usances	
A un ou plusieurs jours	
A un ou plusieurs mois	de date ;
A une ou plusieurs usances	

A jour fixe ou à jour déterminé;

En foire.

D. A quelle époque est payable une lettre de change tirée
à vue ?

R. A sa présentation (Art. 130.)

D. Comment se fixe l'échéance d'une lettre de change tirée à un ou plusieurs jours

à un ou plusieurs mois } de vue ?

à une ou plusieurs usances

R. Elle est fixée par la date de l'acceptation, ou par celle du protêt faute d'acceptation. (Art. 131.)

D. Si une lettre de change tirée sur un particulier, à un ou plusieurs jours de vue, à un ou plusieurs mois, à une ou plusieurs usances de vue, n'avait point daté son acceptation, comment pourrait-on constater son échéance?

R. Dans ce cas, suivant l'article 122 du Code de commerce, le paiement en serait exigible au terme exprimé dans la lettre de change à compter de la date.

D. Donnez-moi un exemple sur cette disposition ?

R. Par exemple, une lettre de change tirée sur un particulier, en date du 1er janvier 1840, à deux mois de vue, et qui lui serait présentée à l'acceptation le 25 janvier, s'il y mettait son acceptation sans la dater, l'échéance serait pour le 1er mars, au lieu qu'en la datant, elle n'écherrait que le 25 mars.

D. Qu'est-ce que l'usance ?

R. L'usance est un terme de paiement qui en France est constamment de 30 jours, qui commencent à courir du lendemain de la date de la lettre de change.

D. Et les mois ?

R. Ils sont tels qu'ils sont fixés par le calendrier grégorien, d'après l'article 132 du Code de Commerce.

D. Veuillez m'indiquer la manière de trouver l'échéance d'une lettre de change qui serait tirée à trois usances, du 10 mars?

R. 1º Il faut poser la date de la lettre. . 10 mars.

2º Les jours qui restent du mois dans lequel elle a été faite. . . . . . 21 mars.

3º Tous ceux du mois d'avril suivant. . 30

4º Tous ceux du mois de mai suivant. . 31

5º Ceux qu'il faut du mois de juin pour parfaire les trois usances ou 90 jours. 8 juin.

90 jours.

De sorte que cette lettre tirée à trois usances, du 10 mars, serait payable le 8 juin; et, si elle était tirée de la même date, à trois mois, elle serait payable seulement le 10 de juin.

D. Qu'est-ce que l'endossement?

R. L'endossement sert à transmettre la propriété d'une lettre de change. (Art. 136.)

D. Dites-moi ce que doit contenir l'endossement pour être valable, ou, en d'autres termes, pour transmettre la propriété d'une lettre de change?

R. L'endossement doit être daté. — Il doit exprimer la valeur fournie. — Il doit énoncer le nom de celui à l'ordre de qui il est passé. (Art. 137.)

D. S'il manquait une ou plusieurs formalités requises ci-dessus, comment serait considéré l'endossement?

R. Il n'opérerait pas le transport de la lettre de change, et ne serait considéré que comme une procuration, suivant l'article 138.

D. Est-il défendu d'antidater les ordres?

R. Oui, à peine de faux. (Art. 139.)

D. Donnez-moi la formule d'un endossement régulier, d'après l'article 137 du Code de commerce?

R. La voici : — Payez à l'ordre de M. Hachette, valeur reçue en espèces. A Lille, le 31 janvier 1840.

Signé CHAMBOR.

D. Ne peut-on pas mettre d'autres valeurs que celle : valeur reçue en espèces?

R. Oui, car d'après l'article 110 du Code de commerce, la valeur peut être exprimée en marchandises, en compte, ou de toute autre manière.

D. Donnez-moi quelques formules d'endossements irréguliers?

R. Les voici : — 1° Payez à l'ordre de M. Hachette, valeur reçue. A Lille, le 31 janvier 1840.

Signé CHAMBOR.

2° Payez à l'ordre de M. Hachette, valeur reçue en espèces. *Signé* CHAMBOR.

D. Qu'y a-t-il d'irrégulier dans le premier de ces endossements?

R. Parce qu'il n'y est pas indiqué en quoi la valeur a été reçue.

D. Qu'y a-t-il d'irrégulier dans le second?

R Parce qu'il n'est pas daté.

D. Tous ceux qui ont signé, accepté ou endossé une lettre de change, sont-ils tenus à la garantie solidaire envers le porteur?

R. Oui, d'après l'article 140 du Code de commerce.

D. Qu'est-ce que l'aval?

R. L'aval est la garantie que donne une personne pour assurer le paiement d'une lettre de change, et par conséquent s'en rendre responsable.

D. Que prescrivent les articles 141 et 142 du Code de commerce, relativement à l'aval?

R. Il y est dit : « Le paiement d'une lettre de change, indépendamment de l'acceptation et de l'endossement, peut être garanti par un aval; — que cette garantie est fournie par un tiers, sur la lettre même, ou par acte séparé; — que le donneur d'aval est tenu solidairement et par les mêmes voies que les tireurs et endosseurs, sauf les conventions différentes des parties. »

D. Quelle est la formule de l'aval, lorsqu'il se met sur la lettre de change?

R. Le donneur d'aval met ces mots sur la lettre : *Pour aval*, et signe ensuite son nom.

D. Comment se donne l'aval par acte séparé?

R. Lorsque l'aval se donne par acte séparé, on commence par copier l'effet que le donneur d'aval veut garantir, et ensuite on rédige l'aval suivant les conventions faites entre les parties, et il est signé par le donneur d'aval.

D. Donnez-moi la formule d'un aval par acte séparé?

R. La voici :

A Lille, le 1er janvier 18..   B. P. Fr. 2000.

« Au 31 mars prochain, payez par cette première de change, à l'ordre de Monsieur Boniface, la somme de deux mille francs, valeur reçue en espèces, et que vous passerez suivant l'avis de   CHAMBOR.

A Monsieur,
Monsieur Renaud, négociant,

   rue...   *A Paris.* »

Je soussigné, déclare et m'engage en mon propre et privé nom, garantir la lettre de change ci-dessus transcrite, et de la payer, en cas de protêt, à Monsieur Boniface, si le sieur Chambor, tireur, ne lui remboursait pas. En foi de quoi j'ai signé le présent aval. A Lille, le 1er janvier 18..

AMAND.

D. Comment doit se faire le paiement d'une lettre de change?

R. Une lettre de change doit être payée dans la monnaie qu'elle indique. (Art. 143.)

D. Celui qui paie une lettre de change avant son échéance est-il responsable de la validité du paiement?

R. Oui, suivant l'article 144.

D. Celui qui paie une lettre de change à son échéance, et sans opposition, est-il présumé valablement libéré?

R. Oui, d'après l'article 145.

D. Le porteur d'une lettre de change peut-il être contraint d'en recevoir le paiement avant son échéance?

R. Non, d'après l'article 146.

D. Le paiement d'une lettre de change fait sur une seconde, troisième, quatrième, etc., est-il valable?

R. Oui, lorsque la seconde, troisième, quatrième, etc., porte que ce paiement annule l'effet des autres. (Art. 147.)

D. Celui qui paie une lettre de change sur une seconde, troisième, quatrième, etc., sans retirer celle sur laquelle se trouve son acceptation, opère-t-il sa libération à l'égard du tiers porteur de son acceptation?

R. Non, d'après l'article 148.

D. Quelqu'un peut-il être admis à s'opposer au paiement d'une lettre de change?

R. Non, et il n'est admis d'opposition au paiement, qu'en cas de perte de la lettre de change, ou de la faillite du porteur. (Art. 149.)

D. En cas de perte d'une lettre de change *non acceptée*, celui à qui elle appartient peut-il en poursuivre le paiement, en vertu d'une seconde, troisième, quatrième, etc.

R. Oui, d'après l'article 150.

D. Et, dans le cas où la lettre de change perdue se trouverait acceptée, le porteur pourrait-il également en réclamer le paiement, sur une seconde, troisième, etc.?

R. Si la lettre de change perdue se trouve revêtue d'acceptation, le paiement ne peut en être exigé sur une seconde, troisième, quatrième, etc., que par ordonnance du juge et en donnant caution, suivant l'art. 151 du Code de commerce.

D. Celui qui a perdu une lettre, acceptée ou non acceptée, ne pouvant représenter la seconde, troisième, quatrième, etc., peut-il en demander le paiement, et l'obtenir par l'ordonnance du juge, en justifiant de sa propriété par ses livres et en donnant caution?

R. Si celui qui a perdu la lettre de change, qu'elle soit acceptée ou non, ne peut représenter la seconde, troisième, quatrième, etc., il peut demander le paiement de la lettre de change perdue, et l'obtenir par l'ordonnance du juge, en justifiant de sa propriété par ses livres, et en donnant caution. (Art. 152.)

D. Que doit faire le propriétaire de la lettre de change perdue, en cas de refus de paiement, sur la demande formée conformément aux articles 151 et 152 du Code de commerce, ci-dessus?

R. Le propriétaire de la lettre de change perdue conserve tous ses droits par un acte de protestation. — Cet acte doit être fait le lendemain de l'échéance de la lettre de change perdue. — Il doit être notifié au tireur et endosseur, dans les formes et délais prescrits pour la notification du protêt, suivant l'art. 153 du Code de commerce.

D. Quels sont les formes et délais prescrits par l'article 154 du Code de commerce?

R. Le propriétaire de la lettre de change égarée, doit, pour s'en procurer la seconde, s'adresser à son endosseur immédiat, qui est tenu de lui prêter son nom et ses soins, pour agir envers son propre endosseur, jusqu'au tireur de la lettre. Le propriétaire de la lettre de change égarée supportera les frais.

D. Que doit faire le propriétaire d'une lettre de change acceptée qu'il aurait égarée, afin d'en obtenir le paiement?

R. 1° Il devra faire mettre opposition entre les mains de l'accepteur, afin que celui-ci ne se dessaisisse des fonds qu'envers lui, propriétaire de la lettre de change égarée. — 2° Il présentera ensuite une requête au tribunal de commerce (ou au tribunal civil, s'il n'y avait pas de tribunal de commerce) du domicile de l'accepteur, pour requérir son autorité, afin d'obtenir le paiement de cette lettre perdue, en

offrant une bonne et suffisante caution à l'accepteur. — 3°
Le président, avant de faire droit, ordonne que la requête
du demandeur, ainsi que l'ordonnance, soient notifiées à
l'accepteur, avec assignation pour comparaître, devant le
tribunal.—4° Cette notification et cette assignation se font par
un huissier commis par le tribunal. — 5° Et enfin, intervient le jugement du tribunal, qui, dans ce cas, adjuge ordinairement les conclusions des demandeurs.

D. Dans combien de temps la caution donnée par le propriétaire de la lettre de change égarée, est-elle déchargée
de son cautionnement?

R. L'engagement de la caution, mentionnée dans les articles 151 et 152, est éteint après trois ans, si pendant ce
temps il n'y a eu ni demandes ni poursuites juridiques. (Article 155 du Code de commerce.)

D. Le porteur d'une lettre de change peut-il recevoir des
paiements faits à compte sur le montant d'une lettre de
change?

R. Oui, mais le porteur, suivant l'article 156 du Code
de commerce, est tenu de faire protester la lettre de change
pour le surplus.

D. Les juges peuvent-ils accorder quelque délai pour le
paiement d'une lettre de change?

R. Non, d'après l'article 157 du Code de commerce.

D. De quelle manière peut se payer une lettre de change
protestée?

R. Une lettre de change protestée peut se payer par tout
intervenant, pour le tireur ou pour l'un des endosseurs.

D. Qu'est-ce que l'intervenant?

R. L'intervenant est le particulier qui se présente pour
payer le montant de la lettre de change, soit pour le compte
du tireur ou pour celui de l'un des endosseurs.

D. Comment seront constatés l'intervention et le paiement
de la lettre de change?

R. L'intervention et le paiement seront constatés dans
l'acte de protêt ou à la suite de l'acte. (Art. 158.)

D. Quels sont les droits de celui qui paie une lettre de
change par intervention?

R. Celui qui paie une lettre de change par intervention
est subrogé aux droits du porteur, et tenu des mêmes devoirs pour les formalités à remplir.

D. Dites-moi de quelle manière celui qui paie une lettre de change par intervention, est subrogé aux droits du porteur?

R. Je veux dire qu'il est mis dans les droits du porteur, avec cette différence que le porteur peut avoir recours contre son cédant, tous les endosseurs antérieurs, le tireur et l'accepteur, tandis que l'intervenant n'a de recours que contre celui pour qui il paie et ceux qui le précèdent.

D. Par conséquent, si le paiement par intervention est fait pour le compte du tireur, tous les endosseurs sont-ils libérés?

R. Oui, d'après l'article 159.

D. Et si le paiement par intervention est fait par un endosseur, les endosseurs subséquents (ceux qui suivent, qui viennent après) sont-ils libérés?

R. Oui, d'après l'article 159.

D. S'il y a concurrence pour le paiement d'une lettre de change par intervention, lequel des intervenants doit-il être préféré?

R. Celui qui opère le plus de libérations. (Art. 159.)

D. Enfin, quel est celui qui doit être préféré sur tous les autres?

R. Celui sur qui la lettre de change était originairement tirée, et sur qui a été fait le protêt faute d'acceptation, s'il se présente pour la payer, doit être préféré sur tous les autres.

D. Quels sont les droits et les devoirs du porteur d'une lettre de change?

R. Le porteur d'une lettre de change tirée du continent et des îles de l'Europe, et payable dans les possessions européennes de la France, soit à vue, soit à un ou à plusieurs jours, ou mois ou usances de vue, doit en exiger le paiement ou l'acceptation dans les six mois de sa date, sous peine de perdre son recours sur les endosseurs, et même sur le tireur, si celui-ci a fait provision.

D. Quel est le délai pour les lettres de change tirées des Echelles du Levant et des côtes septentrionales de l'Afrique, sur les possessions européennes de la France, et réciproquement du continent et des îles d'Europe aux établissements français, aux Echelles du Levant et aux côtes septentrionales de l'Afrique?

R. de huit mois,

D. Quel est le délai de celles tirées des côtes occidentales de l'Afrique, jusques et y compris le Cap de Bonne-Espérance?

R. Il est d'un an.

D. Est-il aussi d'un an, pour les lettres de change tirées du continent et des îles des Indes occidentales sur les possessions européennes de la France, et réciproquement du continent et des îles de l'Europe, sur les possessions françaises ou établissements français aux côtes occidentales de l'Afrique, au continent et aux îles des Indes occidentales?

R. Oui, il est aussi d'un an.

D. Et pour celles tirées du continent et des îles des Indes orientales sur les possessions européennes de la France, et réciproquement du continent et des îles de l'Europe sur les possessions françaises ou établissements français, au continent et aux îles des Indes orientales?

R. Il est de deux ans.

D. Et en temps de guerre maritime, les délais ci-dessus, de huit mois, d'un et de deux ans, éprouvent-ils quelques changements?

R. Oui, ces délais dans ce cas sont doublés, d'après l'article 160 du Code de commerce.

D. Le porteur d'une lettre de change doit-il en exiger le paiement le jour de son échéance?

R. Oui, d'après l'article 161.

D. Comment se constate le refus de paiement?

R. Le refus de paiement se constate, le lendemain de l'échéance, par un acte que l'on nomme *protêt, faute de paiement*.

D. Quelle est la formule du protêt faute de paiement?

R. La voici : (*Voyez* la formule sous le n° IX, ci-après).

D. Si le jour du paiement était un jour férié légal, quand devrait-on faire le protêt?

R. Le jour suivant.

D. Quels sont les jours fériés légaux?

R. Les dimanches et les fêtes reconnues par le gouvernement, ainsi que le premier janvier de chaque année.

D. Le porteur d'une lettre de change est-il dispensé de faire faire le protêt faute de paiement ou faute d'acceptation par la mort ou faillite de celui sur qui la lettre de change est tirée?

R. Il n'est dispensé ni de l'un ni de l'autre, dans les deux cas, de mort ou de faillite.

D. Dans le cas de faillite de l'accepteur, avant l'échéance, le porteur doit-il faire protester la lettre de change et exercer son recours?

R. Oui, d'après l'article 163 du Code de commerce.

D. Le porteur d'une lettre de change protestée faute de paiement, peut-il exercer son action en garantie, — ou individuellement contre le tireur et chacun des endosseurs,— ou collectivement contre les endosseurs et le tireur?

R. Oui, d'après l'article 164.

D. La même faculté existe-t-elle pour chacun des endosseurs qui le précèdent?

R. Oui, d'après le même article 164.

D. Que doit faire le porteur qui exerce son recours individuellement, contre son cédant?

R. Il doit lui faire notifier le protêt, et, à défaut de remboursement, le faire citer en jugement, dans les quinze jours qui suivent la date du protêt, si celui-ci réside dans la distance de cinq myriamètres (dix lieues).

D. Ce délai, à l'égard du cédant, domicilié à plus de cinq myriamètres (dix lieues) de l'endroit où la lettre de change était payable, peut-il être augmenté?

R. Oui, il est augmenté d'un jour par deux myriamètres et demi (cinq lieues) excédant les cinq myriamètres (dix lieues).

D. Dans quels délais les tireurs et endosseurs de lettres de change protestées, tirées de France et payables hors du territoire continental, de la France en Europe, seront-ils poursuivis?

R. Dans les délais ci-après, savoir :

De deux mois pour celles qui étaient payables en Corse, dans l'île d'Elbe ou de Capraja, en Angleterre et dans les états limitrophes de la France;

De quatre mois pour celles qui étaient payables dans les autres états de l'Europe;

De six mois pour celles qui étaient payables aux Échelles du Levant et sur les côtes septentrionales de l'Afrique, jusques et y compris le Cap de Bonne-Espérance, et dans les Indes occidentales;

De deux ans pour celles qui étaient payables dans les Indes orientales.

D. Ces délais seront-ils observés dans les mêmes proportions pour le recours à exercer contre les tireurs et endosseurs résidant dans les possessions françaises situées hors de l'Europe?

R. Oui, ces délais y seront observés dans les mêmes proportions et de la même manière.

D. Dans le cas de guerre maritime, y aura-t-il du changement dans ces délais.

R. Oui, en cas de guerre maritime, ces délais seront doublés. (Art. 166.)

D. Si le porteur exerce son recours collectivement contre les endosseurs et le tireur, jouit-il, à l'égard de chacun d'eux, du délai déterminé par les articles précédents?

R. Oui, d'après l'article 167.

D. Chacun des endosseurs a-t-il le droit d'exercer le même recours, ou individuellement, ou collectivement, dans le même délai?

R. D'après l'article 167, le délai à leur égard, court du lendemain de la date de la citation en justice.

D. Après l'expiration des délais ci-dessus, pour la présentation de la lettre de change à vue, ou à un ou plusieurs jours, ou mois, ou usances de vue, pour le protêt faute de paiement, pour l'exercice de l'action en garantie, le porteur de la lettre de change est-il déchu de tous droits contre les endosseurs?

R. Oui, d'après l'article 168.

D. Et les endosseurs, sont-ils également déchus de toute action en garantie contre leurs cédants, après les délais ci-dessus prescrits.

R. Oui, d'après l'article 169, les endosseurs sont également déchus de toute action en garantie contre leurs cédants.

D. La même déchéance a-t-elle lieu contre le porteur et les endosseurs, à l'égard du tireur lui-même, si ce dernier justifie qu'il y avait *provision* à l'échéance de la lettre de change?

R. Dans ce cas, il ne conserve d'action, d'après l'art. 170, que contre celui sur qui la lettre était tirée.

D. Qu'est-ce que la provision?

R. La provision veut dire les fonds destinés pour le paiement d'une lettre de change.

D. Les effets de la déchéance prononcée par les trois articles 168, 169 et 170 ci-dessus, cessent-ils en faveur du porteur, contre le tireur, ou contre celui des endosseurs qui, après l'expiration des délais fixés pour le protêt, la notification du protêt, ou la citation en jugement, a reçu par compte, compensation ou autrement, les fonds destinés au paiement de la lettre de change?

R. Oui, les effets de la déchéance cessent en faveur du porteur, suivant l'article 171.

D. Indépendamment des formalités prescrites pour l'exercice de l'action en garantie, le porteur d'une lettre de change protestée faute de paiement peut-il, en obtenant la permission du juge, saisir conservatoirement les effets mobiliers des tireurs, accepteurs et endosseurs?

R. Oui, d'après l'article 172.

DES PROTÊTS.

D. Qu'est-ce qu'un protêt?

R. Le protêt est un acte de sommation que le porteur d'une lettre de change, etc., est obligé de faire à celui sur qui la lettre de change est tirée, s'il se refuse de l'accepter ou de la payer à l'échéance.

D. Par qui les protêts doivent-ils être faits?

R. Les protêts, faute d'acceptation ou de paiement, doivent être faits, 1º par deux notaires, 2º par un notaire et deux témoins; 3º ou enfin par un huissier et deux témoins.

D. Où le protêt doit-il être fait?

R. Le protêt doit être fait au domicile de celui sur qui la lettre de change était payable, ou à son dernier domicile connu; au domicile des personnes indiquées par la lettre de change pour la payer au besoin; — au domicile du tiers qui a accepté par intervention; le tout par un seul et même acte.

D. Dans le cas d'une fausse indication de domicile, que doit faire le porteur?

R. En cas de fausse indication de domicile, le protêt, suivant l'article 173, doit être précédé d'un acte de perquisition.

D. Que doit contenir l'acte de protêt?

R. L'acte de protêt doit contenir : — la transcription littérale de la lettre de change, de l'acceptation, des endossements et des recommandations qui y sont indiquées, la sommation de payer, le montant de la lettre de change.

D. Qu'énonce-t-il ensuite?

R. Suivant l'article 174, il énonce en outre la présence ou l'absence de celui qui doit payer, les motifs du refus de payer, et l'impuissance ou le refus de signer.

D. Quelque autre acte de la part du porteur peut-il suppléer à l'acte du protêt?

R. D'après l'article 175, nul acte, de la part du porteur, ne peut suppléer l'acte du protêt, hors le cas prévu par les articles 150 et suivants, touchant la perte de la lettre de change.

D. A quoi les notaires et les huissiers sont-ils tenus envers les parties, s'ils ne laissent pas copie exacte des protêts, et de les inscrire jour par jour sur un registre particulier?

R. D'après l'article 176 du Code de commerce, les notaires et les huissiers sont tenus, à peine de destitution, dépens, dommages-intérêts envers les parties, de laisser copie exacte des protêts, et de les inscrire en entier, jour par jour et par ordre de dates, dans un registre particulier, coté, paraphé et tenu dans les formes prescrites pour les répertoires.

D. Donnez-moi la formule des protêts?

R. Voyez ci-après les formules des protêts, sous les Nos VIII, IX.

DU RECHANGE.

D. Qu'est-ce que le rechange?

R. Le rechange est le prix du nouveau change dû, après le protêt d'une lettre de change, lorsqu'on fait une retraite.

D. Comment s'effectue le rechange?

R. Suivant l'art. 177, il s'effectue par une retraite.

D. Qu'est-ce qu'une retraite?

R. La retraite est une nouvelle lettre de change, au moyen de laquelle le porteur se rembourse sur le tireur, ou sur l'un des endosseurs, du principal de la lettre protestée, de ses frais et du nouveau change qu'il paie. (Art. 178.)

D. Comment se règle le rechange à l'égard du tireur?

R. Le rechange se règle, à l'égard du tireur, par le cours du change du lieu où la lettre de change était payable sur le lieu d'où elle a été tirée.

D. Ainsi, une lettre de change qui serait tirée par un négociant de Lille, sur un négociant de Paris, et qui viendrait à être protestée (quoiqu'ayant passé par plusieurs villes et plusieurs mains), le négociant de Lille ne devra-t-il rembourser que le rechange, qui sera constaté par le cours du change de Paris sur Lille, au moyen du certificat de l'agent de change qui doit être mis sur le compte de retour?

R. Le négociant de Lille ne devra rembourser que le rechange de Paris sur Lille, constaté par le certificat de l'agent de change.

D. Comment le rechange se règle-t-il à l'égard des endosseurs?

R. Le rechange se règle, à l'égard des endosseurs, par le cours du change du lieu où la lettre de change a été remise ou négociée par eux, sur le lieu où le remboursement s'effectue. (Art. 179.)

D. De quoi est accompagnée la retraite?

R. D'un compte de retour, suivant l'art. 180.

D. Donnez-moi la formule d'un compte de retour?

R. Voyez ci-après, le N° X.

D. Qu'est-ce que comprend le compte de retour?

R. Le compte de retour comprend : 1° Le principal de la lettre protestée ; 2° les frais de protêt et autres frais légitimes, tels que commission de banque, courtage, timbre et ports de lettres.

D. Qu'énonce-t-il encore?

R. Il énonce le nom de celui sur qui la traite est faite, et le prix du change auquel elle est négociée.

D. Par qui le compte de retour est-il certifié?

R. Il est certifié par un agent de change.

D. Dans les lieux où il n'y a pas d'agent de change, par qui est-il certifié?

R. Dans les lieux où il n'y a pas d'agent de change, il est certifié par deux commerçants.

D. De quoi doit être accompagné le compte de retour?

R. Le compte de retour doit être accompagné, 1° de la lettre de change protestée, 2° du protêt, ou d'une expédition de l'acte du protêt.

D. Dans le cas où la retraite est faite sur l'un des endosseurs, de quoi doit-elle être encore accompagnée?

R. Elle doit, en outre, être accompagnée d'un certificat qui constate le cours du change du lieu où la lettre de change était payable sur le lieu d'où elle a été tirée. (Art. 181.)

(Voir ci-après la note mise au bas du compte de retour, N° X.)

D. Peut-il être fait plusieurs comptes de retour sur une même lettre de change.

R. Non, il ne peut être fait plusieurs comptes de retour sur une même lettre de change.

D. Comment ce compte de retour est-il remboursé?

R. Ce compte de retour est remboursé d'endosseur en endosseur, respectivement et définitivement par le tireur, suivant l'art. 182.

D. Les rechanges peuvent-ils être cumulés?

R. Non, les rechanges ne peuvent être cumulés, et chaque endosseur n'en supporte qu'un seul, ainsi que le tireur, suivant l'art. 183.

D. Quand l'intérêt du principal de la lettre de change protestée faute de paiement est-il dû?

R. Suivant l'article 184, il est dû à compter du jour du protêt.

D. Quand l'intérêt des frais de protêt, rechanges et autres frais légitimes, est-il dû?

R. Suivant l'article 185, cet intérêt n'est dû qu'à compter du jour de la demande en justice.

D. Est-il dû un rechange, si le compte de retour n'est pas accompagné des certificats d'agents de change ou de commerçants, prescrits par l'article 181.

R. Non, dans ce cas, d'après l'article 186, il n'est pas dû de rechange.

FORMULES

DE LETTRES DE CHANGE, PROTÊTS, COMPTES DE RETOUR, ETC.

Nº I. *Lettre de change tirée à l'ordre d'un tiers, par première, seconde et troisième.*

Première.

A Troyes, le 1er mars 18... B. P. F. 1000.

A quarante jours de vue, payez par cette *première* de change, à l'ordre de Monsieur *Pierre*, la somme de mille francs, valeur reçue en espèces, et que vous passerez suivant l'avis de

JÉROME.

A M. ANDRÉ, négociant, rue..

à Paris.

Changement qu'il faut faire à la seconde.

Seconde.

A Troyes, le 1er mars 18... B. P. F. 1000.

A quarante jours de vue, payez, par cette *seconde* de change (la première ne l'étant) à l'ordre de Monsieur *Pierre*, la somme de mille francs, valeur reçue en espèces, et que vous passerez suivant l'avis de

JÉROME.

A M. ANDRÉ, négo-
ciant, rue....
A Paris.

Changement qu'il faut faire à la troisième.

Troisième.

A Troyes, le 1er mars 18... B. P F. 1000.

A quarante jours de vue, payez par cette *troisième* de change (la première et la seconde ne l'étant), à l'ordre de Monsieur *Pierre*, la somme de mille francs, valeur reçue en espèces, et que vous passerez suivant l'avis de

JÉROME.

A M. ANDRÉ, négo-
ciant, rue....
à Paris.

D. Par quel motif tire-t-on des lettres de change par première, seconde, troisième, etc.?

R. On tire les lettres de change par première, seconde, troisième, etc., par les motifs suivants :

1° Dans le cas où la première ou la seconde, etc., vienne à se perdre, et cela afin d'avoir un titre, sans être obligé de recourir à son cédant pour l'obtenir. — 2° Et, parce que, pour l'ordinaire, la lettre de change est payable à une échéance un peu éloignée, on est dans l'habitude d'envoyer la première à un correspondant de l'endroit où elle est payable, pour en obtenir l'acceptation sans l'endosser; et lorsqu'on a avis qu'elle est acceptée, on négocie la seconde qu'on endosse en faveur de la personne à laquelle on l'a cédée, en mettant au bas de la seconde : *la première se trouve acceptée chez un tel...*, ou bien, *la première est à l'accepta-*

tion chez un tel....; c'est ensuite au propriétaire de la seconde de faire retirer celle qui a été acceptée, pour la remettre, lors du paiement, avec celle qui est endossée, à
celui qui doit la payer.

D. Quelle précaution doit prendre celui qui a mis son
acceptation sur une lettre de change tirée par première, seconde, troisième, etc.?

R. Il doit bien se donner de garde de payer *celle* qui ne
serait pas acceptée, et par conséquent revêtue de son acceptation, car s'il le faisait, il serait dans le cas de la payer
deux fois.

Lettre payable à l'ordre du tireur lui-même.

D. Dans quel cas le tireur d'une lettre de change la fait-il
à son ordre propre?

R. Lorsque le tireur (nommé Charles), dont la formule
de la lettre de change est ci-bas, sous le No II, a fait cette
lettre, il ignorait encore à qui il la remettrait ou à qui il la
négocierait, voilà pourquoi il a mis *valeur en moi-même*,
puisqu'il n'en avait encore reçu la valeur de personne, et
ce n'est que lorsqu'il la négocie ou qu'il la remet à quelqu'un,
qu'il stipule dans l'endossement la valeur reçue comptant, en
compte ou de toute autre manière.

No II. *Formule d'une lettre de change faite à l'ordre du tireur lui-même.*

Première.

A Paris, le 1er mai 18... B. P. F. 1000.

A deux mois de vue, payez par cette première de change,
à mon ordre, la somme de mille francs, valeur en moi-
même, et que vous passerez suivant l'avis de

CHARLES.

A Monsieur
Monsieur CLAUDION, Négt.,
A Tours.

Lettre de Change tirée sur un individu, et payable au domicile d'un tiers.

D. Pourquoi tire-t-on des lettres de change sur un particulier, et payables au domicile d'un tiers?

R. Voici un cas particulier. Par exemple : Je me trouve

à Rouen, et avoir vendu à un particulier de Tours une partie de marchandises, sous condition qu'il me paierait en sa traite à trois mois, au domicile qu'il établit à Paris, chez un de ses amis ou chez un banquier; moi vendeur, je fais cette condition, attendu que le papier sur Paris me devient plus nécessaire et plus facile à placer que celui sur Tours; mais mon acheteur n'ayant point de correspondant sur lequel il puisse tirer, il fait sa traite payable au domicile d'un tiers, attendu que ce dernier ne peut être forcé à accepter, et qu'il ne paie qu'en concurrence des fonds qu'il reçoit pour acquitter la disposition de tel...

D. Donnez-moi la formule d'une pareille traite?

R. La voici :

N° III. *Première.*

————

A Rouen, le 5 juin 18... B. P. F. 2000.

A trois usances de vue, payez par cette première de change, à mon ordre, la somme de deux mille francs, valeur en moi-même (1) et que vous passerez suivant l'avis de

ANTOINE.

| A M. LECTOURE, négociant à Tours, payable à son domicile chez M. Jannin, négt., rue...
à Paris. | Vu et accepté le 15 juin 18.. payable à mon domicile ci-contre.
LECTOURE. |

D. Comment peut-on déterminer les échéances certaines des lettres de change ci-devant, n°s I, II et III, tirées à quarante jours, à deux mois et à trois usances de vue?

R. D'après l'article 122 du Code de commerce, il faut que l'acceptation soit datée pour en déterminer l'échéance, car à défaut de la date de l'acceptation, la lettre de change est exigible au terme qui s'y trouve exprimé, à compter de sa date (2).

———

(1) Voir, pour cette expression, l'explication du N° II, ci-devant.

(2) Il résulte de cette disposition, qu'une lettre tirée sur un particulier, en date du 1er janvier 1840, à deux mois de vue, et qui lui serait présentée à l'acceptation le 25 dudit mois, s'il y mettait son acceptation sans la dater, l'échéance serait pour le 1er mars; au lieu qu'en la datant, elle ne serait que pour le 25 dudit mois de mars.

D. Donnez quelques autres formules de lettres de change?
R. En voici :

IV. *Formule de Lettre de Change tirée par ordre et pour le compte d'un tiers.*

Première.

A Rouen, le deux (1) mars 18... B. P. F. 1000.

A trente-cinq jours de date, payez par cette première de change, à l'ordre de Monsieur PAUL, la somme de mille francs, valeur reçue en espèces, et que vous passerez au compte de B. C. (2), suivant l'avis de

ROLAND.

A Monsieur
Monsieur FRANÇOIS, Négt.
à Lille.

V. *Formule d'une Lettre de Change tirée, payable en foire, et stipulée valeur en compte.*

Première.

A Lille, le 1er août 18... B. P. F. 2000.

En foire d'octobre (3) prochain, payez par cette première de change, à l'ordre de Monsieur GERMAIN, la somme de deux mille francs, valeur en compte, et que vous passerez suivant l'avis de

GIRARD (4).

A Monsieur
Monsieur JACQUIN, Négt.
à Bordeaux.

---

(1) Lorsque les lettres de change sont tirées à plusieurs jours, à plusieurs mois et à plusieurs usances de date, il est essentiel de mettre en toutes lettres la date de leur création, afin d'en éviter la falsification.

(2) On peut mettre le nom de la personne pour le compte de laquelle la lettre de change est tirée, l'usage admet les lettres initiales de son nom, mais, au besoin le tireur serait obligé de la nommer.

(3) La foire d'octobre, de Bordeaux, s'ouvre le 15 du même mois, et dure quinze jours, de manière que cette lettre doit être payée, ou protestée le 29 de ce mois, veille du jour fixé pour la clôture de la foire. (Art. 133 du Code de commerce.)

(4) C'est-à-dire que Girard, tireur, est en compte ouvert avec Germain, à l'ordre de qui la lettre de change est tirée.

VI. *Lettre de Change tirée à deux mois de date, pro-testée faute d'acceptation, et acceptée par intervention au besoin indiqué.*

Première.

A Amiens, le 10 juin 18.. B. P. F. 2000.

A deux mois de date, payez par cette première, de change, à l'ordre de Monsieur DORMIEUX, la somme de deux mille francs, valeur reçue en marchandises, et que vous passerez suivant l'avis de

JEAN.

A Monsieur
Monsieur GASTON, négt.,
rue...
à Paris.

Au besoin, chez M. La-hure, rue......, pour le compte de D, premier endosseur (1). — Accepté S. P. (2) pour le compte de M. Dormieux, premier endosseur.

Endossements de la Lettre de Change N° **VI.**

Payez à l'ordre de Monsieur Charles, valeur en compte.
A Amiens, le 15 juin 18..

DORMIEUX.

Payez à l'ordre de Monsieur Etienne, valeur en compte.
A Rouen, le 19 juin 18..

CHARLES.

VII. *Lettre de Change avec son ordre, son acceptation, ses endossements, son acquit, etc., accompagnée d'un protêt faute de paiement, du compte de retour et de la retraite.*

Première.

A Lille, le 1er janvier 18... B. P. F. 2000.

A trois usances de date, payez par cette première de

_____

(1) Les négociants feraient bien de signer les besoins qu'ils mettent.
(2) Cette abréviation, S. P., veut dire *sous protêt.*

change, à l'ordre de Monsieur BERTRAND, la somme de deux mille francs, valeur reçue en espèces, et que vous passerez suivant l'avis de————————— RAIMOND.

A Monsieur   Accepté.

Monsieur SAUVAGE, nég^t.   SAUVAGE.

     à Paris.

Endossements de la lettre de change, N° VII.

Payez à l'ordre de Monsieur Anatole, valeur reçue en marchandises.

À Lille, le 5 janvier 18..

           BERTRAND.

Payez à l'ordre de Monsieur Justin, valeur en compte.

À Lille, le 31 janvier 18..

           Pour acquit.

           JUSTIN.

Voyez ci-après :

La formule du protêt faute d'acceptation et d'intervention à la lettre de change n° VI, sous le n° VIII.

Idem du protêt faute de paiement de la lettre de change n° VII, sous le n° IX.

Idem du compte de retour de la lettre de change n° VII, sous le n° X.

Idem de la retraite du compte de retour de la lettre de change n° VII, sous le n° XI.

VIII. *Formule du Protêt faute d'acceptation et d'intervention à la lettre de change n° VI.*

Ici transcrire littéralement la lettre de change n° VI, conformément à l'article 174 du Code de commerce, et dire :

« L'an mil huit cent quarante, le vingt-cinq de juin, à la requête de Monsieur Charles, négociant à Paris, demeurant rue...., ayant droit, par endossement, à la lettre

de change ci-dessus transcrite, et en vertu d'icelle, je, François Poitevin, huissier près le tribunal de commerce du département de la Seine, séant à Paris, y demeurant rue....,
n°...., soussigné, patenté en date du..., sous le n°..., et porteur des marques distinctives de mon ministère', me suis transporté accompagné des témoins ci-après nommés, au domicile du sieur *Gaston*, négociant, demeurant à Paris, rue.... où étant et parlant à lui-même, je lui ai fait sommation d'accepter ladite lettre de change, dont je lui ai présenté l'original pour en payer le montant à l'échéance; lequel m'a fait réponse, qu'il n'accepterait pas cette lettre, ne devant rien au tireur. Ce que prenant pour refus d'acceptation, j'ai protesté de tout ce que de droit, même de renvoi sur les lieux de ladite lettre de change, avec intérêts et frais, et pour que ledit sieur Gaston n'en ignore je lui ai aussi laissé le présent double de l'exploit, fait en présence (Ici les noms, prénoms et demeures des témoins), témoins requis, qui ont signé avec moi, huissier, les jour, mois et an susdits; le coût est de.... dont acte.

N. N. }
N. N. } témoins.   François POITEVIN.

« Et, le même jour, accompagné des témoins susdits, je me suis transporté au domicile du sieur Lahure, négociant, demeurant à Paris, rue... en vertu du besoin indiqué sur la lettre de change reprise en l'exploit ci-dessus, où étant et parlant à sa personne, je l'ai sommé de présentement accepter, pour payer à l'échéance, la susdite lettre de change, et qui lui a été présentée en original, et ce pour le compte du sieur Dormieux, premier endosseur, ou pour tout autre qu'il jugerait convenable; à quoi il m'a fait réponse qu'il accepterait ladite lettre de change et la paierait à son échéance, pour le compte du sieur Dormieux, ce qu'il a fait en apposant, en notre présence, son acceptation sur ladite lettre de change, et a signé avec nous le présent exploit, dont je lui ai remis le double pour lui servir ce que de droit.

Le coût est de.... dont acte. A Paris, le 25 juin 18.

Témoins : } N. N.
     } N. N.   François POITEVIN.
         LAHURE.

Nº IX. *Formule du Protêt faute de paiement dé la Lettre de change* nº **VII**.

Ici transcrire la lettre de change nº **VII**, et dire :

« L'an mil huit cent..., le premier d'avril, à la requête de Monsieur Justin, négociant à Paris, demeurant rue.... ayant droit, par endossement, à la lettre de change ci-dessus transcrite, et en vertu d'icelle, je, Pierre Frumence, huissier près le tribunal de commerce du département de la Seine, séant à Paris, y demeurant, rue..., nº..., soussigné, patenté de ma classe, en date du quatre mars dernier, sous le nº..., et porteur des marques distinctives de mon ministère, me suis transporté, accompagné des témoins ci-après nommés, au domicile du sieur *Sauvage*, négociant à Paris, rue.... où étant et parlant à sa personne, je l'ai interpellé et sommé de présentement me payer ladite lettre de change, que je lui ai exhibée en original, avec offre, en cas de paiement, de lui remettre bien et dûment acquittée de mondit sieur *Justin*; à quoi il m'a fait réponse qu'il n'avait pas de fonds pour l'acquitter, et n'a voulu signer, de ce interpellé; ce que prenant pour un refus, en conséquence, je, huissier susdit et soussigné, ai protesté tant contre les créeur, endosseurs, que tous autres qui sont obligés à ladite lettre de change et que la chose peut concerner, du renvoi sur les lieux, de prendre pareille somme en change et rechange, place et endroit, lettres et tous autres en résultant; le tout suivant les lois, et aux risques, périls et fortune, frais, dommages-intérêts de qui il appartiendra ; desquels protêt et lettre de change, j'ai audit sieur Sauvage, délivré copie comme dit est, en présence des nommés..... (Ici les noms, prénoms et demeures des témoins), tous deux demeurant à Paris, témoins requis, qui ont signé avec moi, les jour, mois et an que dessus; le coût est de six francs soixante-cinq centimes. Dont acte.

La signature des témoins. Pierre FRUMENCE.

Nº X. *Formule du Compte de retour de la lettre de change nº VII.*

COMPTE DE RETOUR *à une traite de deux mille fr.,
tirée par Raimond, de Lille, le 1er janvier 18., sur et
acceptée Sauvage, de Paris, échue le 1er avril courant,
à l'ordre de Bertrand, protestée faute de paiement.*

Capital.		F. 2000	
Protêt, timbres et enregistrement. . .	6 65		
Timbres de la retraite et du présent. .	5 58		
Courtage et certificat.	4 50	26 23	
Commission à ½ p. %.	10 »		
Ports de lettres.	1 50		
Rechange ou perte à la négociation de la retraite à 4 p. % (1).		2026 23	
		20 46	
		2046 69	

De laquelle somme de deux mille qua-
rante-six francs soixante-neuf centimes, je me rembourse
ce jour sur M. Anatole, de Lille, en ma traite à vue, à
l'ordre de M. Barthelemy.   A Paris, le 4 avril 18..

JUSTIN.

Je soussigné, agent de change à Paris, dûment patenté,
certifie avoir négocié à Monsieur Barthelemi, la retraite désignée au compte de retour ci-dessus, à un pour cent de
perte; en foi de quoi j'ai délivré le présent certificat pour
servir à qui de droit.   A Paris, le 4 avril 18.

André VACHIER (2).

D. Si la traite nº VII, au lieu d'être tirée de Lille, avait
été tirée de Calais, par exemple, et que la retraite ait été
faite sur Lille, comment l'agent de change aurait-il alors
rédigé son certificat?

R. De cette manière :

« Je soussigné, agent de change à Paris, dûment patenté,

---

(1) Règle de proportion :
    99 : 100 :: 2026 . 23 : X = 2046 . 69.

(2) Lorsqu'il n'y a pas d'agents de change, ce certificat est délivré
par deux commerçants. (Art. 481 du Code de commerce.)

certifie avoir négocié à M. Barthelemi, la retraite désignée au compte de retour ci-dessus, à un pour cent de perte, certifiant en outre, que le cours du change de Paris sur Calais (1) est à un et demi pour cent de perte ; en foi de quoi j'ai délivré le présent pour servir à qui de droit. »

A Paris, le 4 avril 18..

André VACHIER.

Nº XI. *Formule de la retraite du Compte de retour* nº X, *ci-dessus.*

A Paris, le 4 avril 18.. B. P. F. 2046. 69.

A vue (2), payez par cette première de change, à l'ordre de Monsieur Barthelemi, la somme de deux mille quarante-six francs soixante-neuf centimes, valeur reçue en espèces, et que vous passerez suivant l'avis de——JUSTIN.

A Monsieur,
Monsieur ANATOLE, négociant, à Lille.

SECONDE SECTION.

DU BILLET A ORDRE.

D. Qu'est-ce qu'un billet?

R. Le billet est une obligation par écrit, de payer à celui en faveur de qui elle a été consentie, ou à son ordre, une somme fixe, dans un temps déterminé ou indéterminé, selon la condition de la convention, comme pour les lettres de change.

D. Quelles sont les dispositions relatives au billet à ordre?

R. D'après l'article 187 du Code de commerce, « Toutes les dispositions relatives aux lettres de change, et concernant :

L'échéance,
L'endossement,
La solidarité,
L'aval,
Le paiement,
Le paiement par intervention,
Le protêt,
Les devoirs et les droits du porteur,
Le rechange ou les intérêts,

(1) Même article du Code, 181.
(2) Ou à présentation de la lettre de change.

sont applicables aux billets à ordre, sans préjudice des dispositions relatives aux cas prévus par les articles 636, 637 et 638 du Code civil.

D. Quelle est la forme ou la contexture du billet à ordre ?

R. D'après l'article 188 du Code de commerce,

Le billet à ordre est daté,

Il énonce : La somme à payer,

Le nom de celui à l'ordre de qui il est souscrit,

L'époque à laquelle le paiement doit s'effectuer,

La valeur qui a été fournie en espèces, en marchandises, en compte, ou de toute autre manière.

D. Donnez des formules des différents billets à ordre qui doivent circuler régulièrement dans le commerce?

R. Les formules de ces billets suivent.

FORMULES DE BILLETS A ORDRE.

N° I. *Billet stipulé valeur reçue en espèces.*

Au trente juin prochain, je paierai, à l'ordre de Monsieur Masson, la somme de mille francs, valeur reçue en espèces.

A Lille, le 1er avril 18.. LAURENT (1).

B. P. F. 1000.

N° II. *Billet stipulé valeur en compte.*

Au trente-un mars prochain, je paierai à l'ordre de Messieurs Soin et compagnie, la somme de quinze cent soixante francs, valeur en compte.

A Lille, le premier janvier 18.. SERVAIS (1).

B. P. F. 1560.

(1) C'est-à-dire que Laurent en a reçu la valeur en espèces.

(1) C'est-à-dire que Servais est en compte ouvert avec Soin et compagnie.

N° III. *Billet stipulé valeur reçue en marchandises.*

A trois mois de date, je paierai, à l'ordre de M. Saurin, la somme de quinze cent soixante-cinq francs cinquante centimes, valeur reçue en marchandises.

A Lille, le 1er janvier 18..   JACQUES (1).

B. P. F. 1565. 50 c.

N° IV. *Billet payable à un domicile autre que celui du créeur.*

Au trente novembre prochain, je paierai, à mon domicile ci-dessous indiqué, et à l'ordre de Monsieur CHAUVAIN, la somme de deux mille francs, valeur reçue en marchandises.   A Lille, le 2 septembre 18..   JABBUY.

Chez Monsieur BÉRANGER, Négo-
    ciant rue...   à Paris.

N° V. *Billet dont la valeur a été reçue en une lettre de change* (2).

Au trente et un juillet prochain, je paierai, à l'ordre de Monsieur GUILLEMAIN, la somme de trois mille francs, valeur reçue en une lettre de change de pareille somme (3) sur Paris, payable le trente juin prochain.

A Lille, le 1er mai 18..   DORMEAUX.

B. P. F. 3000.

(1) C'est-à-dire que Jacques a reçu des marchandises de Saurin.

(2) Ces sortes de billets étaient qualifiés billets de change par l'ordonnance de 1673, et assimilés aux lettres de change; mais le Code de commerce actuel n'en fait aucune mention; ils rentrent par conséquent dans la classe des billets à ordre.

(3) Ou toute autre somme.

TROISIÈME SECTION.

DE LA PRESCRIPTION.

D. Qu'est-ce que la prescription ?

R. La prescription est l'extinction d'une dette faute par le créancier d'avoir agi contre son débiteur dans le temps déterminé par la loi.

D. Qu'est-ce que prescrit à cet égard le Code de commerce ?

R. D'après l'article 189 dudit Code, « toutes actions relatives aux lettres de change, et à ceux des billets à ordre souscrits par des négociants, marchands ou banquiers, ou pour faits de commerce, se prescrivent par cinq ans, à compter du jour du protêt ou de la dernière poursuite juridique, s'il n'y a eu condamnation, ou si la dette n'a été reconnue par acte séparé. »

D. Dans ce cas quels sont les devoirs des prétendus débiteurs ?

R. D'après le même article 189 : « Les prétendus débiteurs seront tenus, s'ils en sont requis, d'affirmer, sous serment, qu'ils ne sont plus redevables ; et leurs veuve, héritiers ou ayant cause, qu'ils estiment de bonne foi qu'il n'est plus rien dû. »

QUATRIÈME SECTION.

DE L'ALLONGE.

D. Qu'est-ce qu'une allonge ?

R. Lorsque le dos d'une lettre de change ou d'un billet sont remplis d'endossements, et qu'ils doivent encore être cédés ou négociés, il est d'usage de coller une bande de papier de la largeur de la lettre de change ou du billet, et cette bande de papier se nomme *allonge*, et se colle à la suite du dernier endossement.

D. Quel moyen prendre pour éviter le danger ou le mauvais emploi que certaines personnes pourraient en faire ?

R. Il est de la prudence et de l'intérêt du particulier qui passe le premier ordre sur cette allonge, d'écrire sur l'envers, une description sommaire de l'effet pour lequel cette allonge doit servir. Supposons que le dos de la lettre de change N° VI soit totalement rempli d'ordres, et qu'Etienne, porteur, soit obligé d'y coller une allonge, pour passer son ordre à un autre, voici ce qu'il devra mettre à l'envers :

« Pour servir d'allonge à une lettre de change de deux mille francs, tirée d'Amiens, en date du dix juin mil huit cent quarante, par Jean, sur Gaston, de Paris, à l'ordre de Dormieux, payable à deux mois de date. »

D. Que font à cet égard quelques négociants?

R. Beaucoup de négociants se contentent de rayer l'envers de l'allonge, sans rien y ajouter; c'est une grande erreur de leur part et qui pourrait leur être très-préjudiciable, attendu que l'allonge pourrait se décoller et être mise sur une lettre de change d'une somme beaucoup plus considérable, et ils en deviendraient garants.

CINQUIÈME SECTION.

DU MANDAT COMMERCIAL.

D. Qu'est-ce que le mandat commercial?

. R. Le mandat commercial est une prière que fait un commerçant à son correspondant, de vouloir bien payer à un tel... qu'il dénomme dans le mandat.... ou à son ordre, la somme de... à une telle échéance... Ces sortes de mandats se font ordinairement pour de petites sommes, et souvent pour des appoints.

D. Quelle en est la formule?

R. La voici :

« Je prie Monsieur Durand, négociant à Paris, rue... de payer le 31 du courant, à Monsieur Pierre, ou à son ordre, la somme de trois cents francs, en ayant reçu la valeur en espèces; il voudra bien l'acquitter au débit de mon compte, suivant ou sans avis de son dévoué. »

A Lille, le 1er février 18..   LAURENT.

NOUVEAU
MODE SIMPLIFIÉ

POUR DRESSER

LES COMPTES D'INTÉRÊTS,

SANS CONNAITRE L'ÉPOQUE DE LA CLÔTURE DU COMPTE NI LE TAUX DE L'INTÉRÊT DE L'ANNÉE,

et

MÉTHODE TRÈS-ABRÉGÉE

Pour calculer partiellement les intérêts et escomptes, appli- . quée et employée avec beaucoup d'avantages aux comptes d'intérêts, pour lesquels il existe une très-grande abré-viation, tant sous le rapport d'éviter les longues multi-plications et additions de ces comptes, que pour les diviseurs.

ON Y A AJOUTÉ :

Indépendamment de la Méthode générale pour calculer les intérêts et escomptes, deux formules de Comptes d'intérêts avec la manière de les dresser d'après deux méthodes, l'une par mois, l'autre par jours; — une Table pour connaître le nombre de mois et de jours qui existent depuis le 1er de chaque mois de l'année jusqu'à la fin de chaque mois de l'année; — deux autres Tables pour connaître ce que tant pour cent par an fait pour cent par mois, et ce que tant pour cent par mois fait pour cent par an, avec la manière de dresser ces Tables et connaître les taux réciproques.

DÉDIÉ

A LA CHAMBRE DE COMMERCE DE LILLE.

DÉPARTEMENT DU NORD.

———

AVERTISSEMENT DE L'AUTEUR.

La méthode pour dresser les Comptes d'intérêts *jour par jour*, sans connaître l'époque de l'arrêté du compte ni le taux de l'intérêt que je propose actuellement, présentant des différences très-sensibles, tant sous le rapport de dresser les comptes que sous celui de présenter des calculs beaucoup plus abrégés, m'a déterminé à y donner de la publicité, présumant que cette nouvelle méthode sera très-utile à tous ceux qui se livrent aux négociations et au commerce de banque, ainsi qu'à tous les commerçants.

Ce petit ouvrage se trouve divisé en deux parties : la table qui le termine indiquera son contenu ; on pourra donc y avoir recours sans entrer dans de plus grands détails, et l'autorité respectable qui a bien voulu en accepter la dédicace, ne laisse aucun doute sur son utilité.

Voici la lettre que l'Auteur a reçue à ce sujet de M. le Président de la Chambre de Commerce de Lille :

« CHAMBRE DE COMMERCE DE LILLE.

» *Le Président de la Chambre de Commerce de Lille,*
  à M. REESS-LESTIENNE, *en ville.*

» Monsieur,

» La Chambre de Commerce de Lille accepte la dédicace
» de votre ouvrage intitulé : *Nouveau Mode simplifié pour*
» *dresser les Comptes d'intérêts*, et souscrit pour deux exem-
» plaires, qui seront déposés dans ses archives.

» Agréez, Monsieur, l'assurance de ma considération.

» *Le Président,*

» *Signé* Auguste LEFEBVRE.

» Lille, le 20 décembre 1831. »

NOUVEAU
MODE SIMPLIFIÉ

POUR DRESSER

LES COMPTES D'INTÉRÊTS,

et

MÉTHODE GÉNÉRALE POUR CALCULER PARTIELLEMENT LES INTÉRÊTS
ET ESCOMPTES, etc.

———◦◎◦———

PREMIÈRE PARTIE,

Contenant la nouvelle méthode appliquée aux comptes d'intérêts, son parallèle avec l'ancienne, et des exemples qui s'y rattachent; — une table des parties aliquotes et aliquantes du mois ou de trente jours, pour en faciliter l'usage; — une table pour faire connaître les nombres diviseurs d'après le nouveau mode; — l'instruction pour dresser les comptes d'intérêts, sans connaître le taux de l'intérêt ni l'époque de la fixation du compte, d'après deux méthodes; — deux comptes d'intérêts pour modèles, dressés d'après la méthode par mois, et l'autre par jours; — une table pour connaître le nombre de mois et de jours qui existent depuis le premier de chaque mois de l'année jusqu'à la fin de chaque mois de l'année.

———▼———

De l'Intérêt et de l'Escompte dans le commerce.

On sait dans le commerce que l'intérêt et l'escompte (1) se calculent à tant pour cent par mois, toujours composé de 30 jours, et par conséquent, l'année de 360 jours, ou 12 mois de 30 jours.

L'intérêt ou l'escompte se calcule d'après ce qu'on appelle la méthode anglaise (2), c'est-à-dire qu'on multiplie le capital par le nombre de jours pour lesquels on veut avoir l'intérêt ou l'escompte, et le produit se divise par un nombre

(1) On observe que l'intérêt augmente toujours la dette, et que l'escompte la diminue.

(2) Voyez le *Manuel du Teneur de Livres*, faisant partie de l'*Encyclopédie-Roret*.

qui change suivant le taux de l'intérêt ou de l'escompte. Ce diviseur se trouve en divisant 36,000 (1) par le taux de l'intérêt de l'année; ainsi, l'intérêt ou l'escompte étant à 6 p. %, par an, en divisant 36,000 par 6, on aura 6,000 au quotient pour diviseur : on agit de même à l'égard des autres taux d'intérêts. Il est facile de prévoir la longueur des multiplications et les nombres considérables qui en résultent lorsqu'il s'agit de dresser des comptes d'intérêt. Afin d'abréger considérablement ces calculs, je propose un nouveau mode, tant pour les comptes d'intérêts que pour les calculs partiels.

Ce nouveau mode consiste à multiplier les capitaux par les mois et les jours, en prenant pour ces derniers les parties aliquotes du mois ou de 30 jours (lorsqu'il y a des jours joints aux mois). On évitera, par ce moyen, ces longues multiplications qui rebutent souvent par le grand nombre de chiffres qui les composent, et les diviseurs seront aussi beaucoup moins grands, sans pour cela changer la manière d'opérer.

Ainsi, pour trouver le nombre diviseur par cette nouvelle méthode, il s'agit de diviser 1200 (2) par le taux de l'intérêt de l'année, et le quotient donne le diviseur cherché; tandis que par l'ancienne méthode on divise 36,000 par le taux de l'intérêt de l'année : par conséquent, en supposant l'intérêt à 6 pour 100 par an, en divisant 36,000 par 6, on aura (comme on l'a dit tout-à-l'heure) 6,000 pour diviseur, et, par la nouvelle méthode, en divisant 1,200 par 6, on aura seulement 200 pour diviseur : on doit juger, par ce seul examen, de quel côté doit être l'avantage. Mais, pour pouvoir apprécier un peu mieux cette nouvelle méthode, je vais exécuter quelques opérations partielles (3) avec l'une et l'autre méthodes.

(1) Ces 36,000 proviennent de 360 jours (dont l'année est composée) multipliés par 100 fr. de capital. Il est facile de voir qu'en multipliant les capitaux par les jours, on réduit tous les capitaux à un jour d'intérêt. En effet, si l'on tire l'intérêt d'un jour sur un capital de 36,000 fr., on aura 6 fr. d'intérêt, comme si l'on prenait l'intérêt de 360 jours sur un capital de 100 fr., on aurait également 6 fr. d'intérêts.

(2) Ces 1200 proviennent de 12 mois (de 30 jours) dont l'année est composée, multipliés par un capital de 100 francs.

(3) J'indiquerai dans la seconde partie une méthode très-abrégée pour les calculs partiels des intérêts ou escomptes, sans avoir besoin de nombres diviseurs artificiels. (*Voyez ci-après, page* 320.)

Exemple. Quel sera l'intérêt ou l'escompte sur un capital de 6,945 fr., pour 145 jours (ou 4 mois 25 jours), l'intérêt ou l'escompte étant à 6 pour 100 par an?

Réponse : 167 fr. 83 c.

Calcul d'après l'ancienne méthode.

Capital · 6945 à multiplier
par 145 jours.
———————
34725
27780
6945
———————
1007025 | 6000
40702 | —————
47025 | 167 fr. 83 c.
50250
22500
Reste à négliger 4500

Calcul d'après la nouvelle méthode.

Capital 6945 à multiplier
par 4 mois 25 jours.
—————
27780
Pour 10 jours, le tiers 2315 du capital.
10 jours, le tiers 2315 *idem.*
5 jours, la moitié 1157 d'un de ces tiers.
—————
33567 | 200

La demie 167,83. A couper deux chiffres sur la droite pour les deux zéros, il vient pour réponse 167 fr. 83 c., comme à l'opération précédente.

Dans l'exemple ci-dessus j'ai choisi à dessein un nombre qui devient fractionnaire pour la nouvelle méthode, et cependant le plus long qui puisse exister; néanmoins, elle a bien de l'avantage sur l'autre. Mais qu'on juge encore de l'abréviation si les jours faisaient un nombre juste de mois.

Je reprends l'exemple ci-dessus, mais pour 210 jours d'intérêt, soit 7 mois.

Opération d'après l'ancienne méthode.

```
Capital      6945
Jours         210
         ─────────
             69450
             13890
         ─────────
           1458450  │  6000
             25845  │  ─────────
             18450  │  243 fr. 07 c.
             45000
Reste à négliger  5000
```

Opération par la nouvelle méthode.

```
Capital      6945
Mois            7
         ─────────
             48615  │  200
         ─────────
La demie   243,07   │  Réponse 243 fr. 07 c.
```

Mais on conçoit que cette abréviation est bien plus apparente dans les comptes d'intérêts. J'en ai dressé un d'après
l'ancienne méthode et un d'après la nouvelle; on pourra
par-là juger de la différence.

Comme le nouveau mode, lorsqu'il y a des jours joints
aux mois, demande quelques explications pour faire entrer
les jours dans le calcul, on va dire ce que c'est que les parties aliquotes et aliquantes d'une quantité.

On appelle parties aliquotes d'une quantité celles qui,
étant prises ou répétées deux ou plusieurs fois, absorbent
cette quantité, ou, en d'autres termes, les parties aliquotes
d'une quantité sont celles qui la divisent exactement et sans
reste. Il suit de là, que la moitié d'une quantité en est toujours la plus grande partie aliquote. Ainsi, 15 jours sont
une partie aliquote du mois, qui est compté par 30 jours,
parce que 15 jours pris deux fois font 30 jours, et que 30
jours se divisent exactement par 15 ; 10 jours, par la même
raison, sont une partie aliquote du mois, c'en est le tiers.
On en dira de même de 3 jours, 5 jours, 6 jours, etc.,
parce que ces nombres divisent 30 exactement et sans reste.

Les parties aliquantes d'une quantité sont celles qui ne

la divisent pas exactement et sans reste. Ainsi, 12 jours forment une partie aliquante de 30, parce que 12 ne divisent pas 30 exactement ; mais on peut réduire les parties aliquantes en parties aliquotes, en démembrant les parties aliquantes pour en former des parties aliquotes : 12, par exemple, peuvent se démembrer en 10 plus 2 ; ainsi, 10 jours forment le tiers de 30 jours, et 2 le cinquième du produit de 10, ou le quinzième de 30 ; ainsi des autres parties aliquantes du mois.

On prendra donc :

Pour 1 jour, le trentième ⎫
    2 jours, le quinzième ⎬ du capital.
    3 jours, le dixième ⎭

    4 jours, le dixième du capital pour 3 jours, et le tiers du dixième pour 1 jour.

    5 jours, le sixième ⎫ du capital.
    6 jours, le cinquième ⎭

    7 jours, pour 6, le cinquième du capital, plus le sixième de ce cinquième pour 1 jour.

    8 jours, pour 6, le cinquième du capital, plus le tiers de ce cinquième pour 2 jours.

    9 jours, pour 6, le cinquième du capital, plus la moitié de ce cinquième pour 3 jours.

    10 jours, le tiers du capital.

    11 jours, pour 10, le tiers du capital, plus le dixième de ce tiers pour 1 jour.

    12 jours, deux fois le cinquième du capital.

    13 jours, pour 10, le tiers du capital, le cinquième de ce tiers pour 2 jours, et la moitié de ce tiers pour 1 jour.

    14 jours, pour 10, le tiers du capital, plus deux fois le cinquième de ce tiers pour les 4 jours.

    15 jours, la moitié du capital.

On ne s'étendra pas davantage sur cet objet, et pour peu qu'on ait l'habitude de la multiplication composée, on ne sera nullement embarrassé.

TABLE

Donnant les nombres diviseurs pour la nouvelle méthode.

En divisant, comme on l'a dit ci-devant, page 314, par le taux de l'intérêt de l'année, on aura :

A	2 pour 100 par an. . . .	600	
	2 ¹/₂.	480	
	3	400	
	3 ¹/₂.	343	
	4	300	
	4 ¹/₂.	267	
	5	240	
	5 ¹/₂.	218	
	6	200	
	6 ¹/₄.	192	
	6 ¹/₂.	184	
	7	171	pour diviseurs.
	7 ¹/₂.	160	
	8	150	
	8 ¹/₂.	141	
	9	133	
	9 ¹/₂.	126	
	10	120	
	10 ¹/₂.	114	
	11	109	
	11 ¹/₂.	104	
	12	100	
	12 ¹/₂.	96	

INSTRUCTION

Pour dresser les Comptes d'intérêts, sans connaître le taux de l'intérêt ni l'époque de la fixation du compte (1)

(NOUVELLE MÉTHODE.)

Après avoir ligné et dressé le compte d'intérêts comme à la formule n° I ci-après, il faudra :

(1) Voyez l'avertissement de l'Auteur mis en tête de l'Ouvrage.

1º Chercher une date quelconque pour servir de point de départ, tant au débit qu'au crédit, en ayant soin de choisir toujours celle la plus reculée du compte que l'on veut dresser. Au compte nº I, j'ai pris pour point de départ le 1ᵉʳ janvier 1840 (première date de ce compte) [1].

2º Compter ensuite le nombre de mois ou de mois et de jours qui existent depuis le 1ᵉʳ janvier jusqu'à l'échéance de chaque somme, tant au débit qu'au crédit, et mettre ce nombre de mois et de jours vis-à-vis de chaque somme dans les colonnes destinées à cet usage.

3º On multiplie ensuite les capitaux par les mois et les jours (d'après ma nouvelle méthode indiquée pages 315 et 316 ci-devant, et page 320 ci-après), et les produits se mettent dans les colonnes destinées à cet usage, et intitulées *Nombres*, tant au débit qu'au crédit, jusqu'au moment où l'on veut arrêter ou envoyer le compte courant et d'intérêts.

4º Lorsqu'on veut arrêter le compte, il faut additionner les capitaux, tant au débit qu'au crédit, afin de connaître si le compte est débiteur ou créditeur, et lorsque la solde ou la balance des capitaux sera connue, on cherchera le nombre de mois et de jours qui existent depuis la première date du compte (ou tout autre servant de point de départ) jusqu'à l'époque où l'on veut fixer la valeur de la solde, et l'on posera le nombre trouvé du côté où doit se trouver la balance des capitaux.

5º Ainsi, dans le compte nº I ci-après, que le total des capitaux du débit excède le total des capitaux du crédit de 509 fr., et voulant fixer l'arrêté du compte au 31 décembre 1840, on compte le nombre de mois et de jours qui existent depuis le 1ᵉʳ janvier de la même année, on trouve 12 mois 5 jours; en faisant la multiplication, il en résulte 3759 : on pose alors les mois, les jours et le nombre trouvé dans leurs colonnes respectives.

6º Après cette opération terminée, on additionne les nombres, tant au débit qu'au crédit, et on porte la balance trouvée du côté du plus faible, afin d'égaler le plus fort,

---

[1] On fera attention que s'il y avait déjà eu un compte courant et d'intérêts d'arrêté précédemment, on partirait de l'époque de la fixation de la solde, si toutefois cette fixation était antérieure aux échéances du compte qu'on se propose de continuer; dans le cas contraire, on reviendrait à la première date du compte, car il faut toujours prendre pour point de départ l'époque la plus reculée du compte.

et l'on tire l'intérêt sur cette différence, que l'on porte dans la colonne des capitaux. Ainsi, dans le compte n° I ci-après, *l'avoir* des nombres est plus fort que le *doit*, de 11,838; on a porté cette somme au débit dans la colonne des nombres, et l'intérêt de ce produit, montant à 59 fr. 19 c., dans la colonne des capitaux; ensuite, faisant l'addition des capitaux, on trouve que le compte est débiteur de 368 fr. 19 c., et on termine ce compte comme la formule n° I.

Le compte n° II, dont la formule est ci-après, étant basé sur les mêmes principes que celui n° I ci-dessus, on aura recours aux instructions précédentes pour le former, en faisant seulement attention qu'il y existe des jours au lieu de mois, et le produit des capitaux multipliés par les jours au lieu de l'être par les mois. Au reste, je vais opérer quelques calculs par l'une et l'autre méthodes.

Multiplications du compte.	*Multiplications du compte.*
N° I.	**N° II.**
(Nouvelle méthode.)	(Ancienne méthode.)
2450	2450
5 mois.	90 jours.
7350	220500
3620	3620
4 mois.	120 jours.
14480	72400
	3620
	434400
2400	2400
8 mois 3 j.	243 jours.
19200	7200
P. 5 jrs., 240 le 10e du cl.	9600
	4800
19440	583200

Multiplications du compte.	*Multiplications du compte.*
Nº I.	**Nº II.**
(Nouvelle méthode.)	(Ancienne méthode.)
4600	4600
9 mois 5 j.	275 jours.
————	————
414000	13800
P. 5 jrs., 460 le 10e du cl.	32200
	9200
————	————
41860	1255800

Je crois inutile de multiplier ces exemples pour faire voir laquelle des deux méthodes est préférable.

————

(N° I.) *Formule d'un compte courant et*

DOIT.   Monsieur DOMBES , à Paris S/Cte. C^t.

DATES.		ÉCHÉANCES.	MOIS.	JOURS.	NOMBRES.	CAPITAUX.	
1840.		**1840.**					
Janv.	1	Ma facture, valeur au	31 mars.	5	»	7350	2450	»
	25	Autre. . . .	30 avril.	4	»	14480	3620	»
	31	Autre. . . .	29 juin.	6	»	11040	1840	»
Fév.	21	Autre. . . .	16 juillet.	6	17	12870	1960	»
	28	Autre. . . .	25 ditò.	6	26	19913	2900	»
Mars.	5	Autre. . . .	29 dito.	7	»	26600	3800	»
	15	Autre. . . .	18 août.	7	20	12496	1630	»
	31	Autre. . .	31 dito.	8	5	15228	1880	»
Avril.	15	Autre. . . .	30 sept.	9	5	7644	840	»
	30	Autre. . . .	31 octob.	10	4	12768	1260	»
Mai.	5	Autre. . . .	26 nov.	11	»	13959	1269	»
		Balance des intérêts à 6 p. % l'an, div. 200.				11838		
							59	19
						166186	23508	19
Déc.	31	Solde en ma faveur à ce jour.	31 décem.				368	19

d'intérêts, d'après la nouvelle méthode.

et d'intérêts, avec RODOLPHE, à Lille. *AVOIR.*

DATES.		ÉCHÉANCES.	MOIS.	JOURS.	NOMBRES.	CAPITAUX.	
1840.	·	1840.					
Janv 20	Ma traite sur lui au	31 mars.	3	»	19320	6440	»
31	Autre. . . .	30 avril.	4	»	14400	3600	»
Fév. 15	Autre. . . .	31 août.	8	3	19440	2400	»
28	Autre. . . .	0 sept.	9	3	41860	4600	»
Mars. 15	Autre. . . .	21 octob.	10	4	12160	1200	»
31	Autre. . . .	30 nov.	12	4	40080	3600	»
Avril. 30	Autre. . . .	16 déc.	11	20	15167	1300	»
Déc. 31	Solde du principal , 309 du 1er janvier à ce jour. . . .	31 déc.	12	5	3759	»	»
	Solde en ma faveur.	»	»	»	»	368	19
					166186	23308	19

Sauf erreur ou omission.

A Lille, le 31 décembre 1840.

RODOLPHE.

(N° II.) *Formule d'un compte courant*

DOIT.   Monsieur DOMBES, à Paris, S/Cte. Ct.

DATES			ÉCHÉANCES.	JOURS.	NOMBRES.	CAPITAUX.	
1840.			1840.		.		
Janv.	1	Ma facture, valeur au	31 mars.	90	220500	2450	»
	25	Autre. . . .					
	31	Autre. . . .	30 avril.	120	434400	3620	»
Fév.	21	Autre. . . .	29 juin.	180	331200	1840	»
	28	Autre. . . .	16 juillet.	197	386120	1960	»
Mars	3	Autre. . . .	25 dito.	206	597400	2900	»
	15	Autre. . . .	29 dito.	210	798000	3800	»
	31	Autre. . . .	18 août.	230	374900	1630	»
Avril	15	Autre. . . .	31 dito.	245	456840	1880	»
	30	Autre. . . .	30 sept.	273	229320	840	»
Mai.	3	Autre. . . .	31 octob.	304	385040	1260	»
		Balance des intérêts, divis. 6000. ou 6 p. °/₀	26 nov.	330	418770	1269	»
			»	»	355095	59	19
					4985585	23508	19
Déc.	31	Solde en ma faveur, val. à ce jour. .	»	»	»	368	19

et d'intérêts, d'après la méthode ancienne.

et d'intérêts avec RODOLPHE, à Lille. *AVOIR.*

DATES.		ÉCHÉANCES.	JOURS.	NOMBRES.	CAPITAUX.	
1840.		1840.				
Janv.	30	Ma traite sur lui au.... 31 mar .	90	579600	6440	»
	31	Autre.... 30 avril.	120	432000	3600	»
Fév.	15	Autre.... 31 août.	243	583200	2400	»
	28	Autre.... 30 sept.	273	1255800	4600	»
Mars	15	Autre.... 31 octob.	304	364800	1200	»
	31	Autre.... 30 nov.	334	1202400	3600	»
Avril	30	Autre.... 16 déc.	350	455000	1300	»
Déc.	31	Solde du principal , 309 fr., du 1er janvier à ce jour. »	365	112785	»	»
		Solde en ma faveur, val. à ce jour. »	»	»	368	19
				4985585	23508	19

Sauf erreur ou omission.

A Lille , le 31 décembre 1840.

RODOLPHE.

Corresp. Commerciale. 23

TABLE contenant le nombre de mois et do jours qui existent depuis le 1er de chaque mois de l'année jusqu'à la fin de chaque mois de l'année, pour l'année ordinaire composée de 365 jours.

DRESSÉE POUR LA NOUVELLE MÉTHODE.

du 1er au	JANVIER.	m.	j.	FÉVRIER.	m.	j.	MARS.	m.	j.	AVRIL.	m.	j.	MAI.	m.	j.	JUIN.	m.	j.
	31 Janvier.	1	1	28 Février.	»	28	31 Mars.	1	1	30 Avril.	1	1	31 Mai.	1	»	30 Juin.	1	»
	28 Février.	1	29	31 Mars.	1	29	30 Avril.	2	1	31 Mai.	2	1	30 Juin.	2	1	31 Juillet.	2	1
	31 Mars.	3	»	30 Avril.	2	29	31 Mai.	3	2	30 Juin.	3	1	31 Juillet.	3	2	31 Août.	3	2
	30 Avril.	4	»	31 Mai.	4	»	30 Juin.	4	»	31 Juillet.	4	2	31 Août.	4	3	30 Sept.	4	2
	31 Mai.	5	1	30 Juin.	5	»	31 Juillet.	5	3	31 Août.	5	3	30 Sept.	5	3	31 Octob.	5	3
au	30 Juin.	6	1	31 Juillet.	6	1	31 Août.	6	4	30 Sept.	6	3	31 Octob.	6	3	30 Nov.	6	3
	31 Juillet.	7	2	31 Août.	7	2	30 Sept.	7	4	31 Octob.	7	4	30 Nov.	7	4	31 Déc.	7	4
	31 Août.	8	3	30 Sept.	8	2	31 Octob.	8	5	30 Nov.	8	4	31 Déc.	8	5	31 Janvier.	8	5
	30 Sept.	9	3	31 Octob.	9	3	30 Nov.	9	5	31 Déc.	9	5	31 Janv er.	9	6	28 Février.	9	6
	31 Octobre.	10	4	30 Nov.	10	3	31 Déc.	10	6	31 Janvier.	10	6	28 Février.	10	6	31 Mars.	10	4
	30 Nov.	11	4	31 Déc.	11	4	31 Janvier.	11	7	28 Février.	11	4	31 Mars.	11	5	30 Avril.	11	4
	31 Déc.	12	5	31 Janvier.	12	5	28 Février.	12	5	31 Mars.	12	5	30 Avril.	12	5	31 Mai.	12	5

	JUILLET.	m.	j.	AOÛT.	m.	j.	SEPTEMBRE.	m.	j.	OCTOBRE.	m.	j.	NOVEMBRE.	m.	j.	DÉCEMBRE.	m.	j.
	31 Juillet.	1	1	31 Août.	1	1	30 Sept.	1	»	31 Octob.	1	1	30 Nov.	1	»	31 Déc.	1	1
	31 Août.	2	2	30 Sept.	2	1	31 Oct.	2	1	30 Nov.	2	1	31 Déc.	2	1	31 Janvier.	2	2
	30 Sept.	3	2	31 Octob.	3	2	31 Nov.	3	1	31 Déc.	3	2	31 Janvier.	3	2	28 Février.	3	»
	31 Octob.	4	3	30 Nov.	4	2	31 Déc.	4	2	31 Janvier.	4	3	28 Février.	4	»	31 Mars.	4	1
	30 Nov.	5	3	31 Déc.	5	3	31 Janvier.	5	3	28 Février.	5	1	31 Mars.	5	1	30 Avril.	5	1
au	31 Déc.	6	4	31 Janvier.	6	4	28 Février.	6	4	31 Mars.	6	1	30 Avril.	6	2	31 Mai.	6	2
	31 Janvier.	7	5	28 Février.	7	2	31 Mars.	7	2	30 Avril.	7	2	31 Mai.	7	2	30 Juin.	7	2
	28 Février.	8	3	31 Mars.	8	3	30 Avril.	8	2	31 Mai.	8	2	30 Juin.	8	3	31 Juillet.	8	3
	31 Mars.	9	4	30 Avril.	9	3	31 Mai.	9	3	30 Juin.	9	3	31 Juillet.	9	3	31 Août.	9	4
	30 Avril.	10	4	31 Mai.	10	4	30 Juin.	10	3	31 Juillet.	10	4	31 Août.	10	4	30 Sept.	10	4
	31 Mai.	11	5	30 Juin.	11	4	31 Juillet.	11	4	31 Août.	11	4	30 Sept.	11	4	31 Octob.	11	5
	30 Juin.	12	5	31 Juillet.	12	5	31 Août.	12	5	30 Sept.	12	5	31 Octob.	12	5	30 Nov.	12	5

SECONDE PARTIE,

Contenant une nouvelle Méthode générale pour calculer partiellement les intérêts et escomptes, précédée de deux tables, dont l'une sert à faire connaître ce que tant pour cent par an fait pour cent par mois, et ce que tant pour cent par mois fait pour cent par an; avec une instruction au bas de chaque table pour les former soi-même.

(I) *TABLE faisant connaître ce que tant pour cent par an fait pour cent par mois.*

L'intérêt ou l'escompte étant

à 3 p. % par an, fait	0	1/4	p. % par mois.
3 1/4.	0	13/48	—
3 1/2.	0	7/24	—
4	0	1/3	—
4 1/4.	0	17/48	—
4 1/2.	0	3/8	—
4 3/4.	0	19/48	—
5	0	5/12	—
5 1/4.	0	7/16	—
5 1/2.	0	11/24	—
5 3/4.	0	23/48	—
6	0	1/2	—
6 1/4.	0	25/48	—
6 1/2.	0	13/24	—
6 3/4.	0	9/16	—
7	0	7/12	—
7 1/4.	0	29/48	—
7 1/2.	0	5/8	—
8	0	2/3	—
8 1/4.	0	11/16	—
8 1/2.	0	17/24	—
8 3/4.	0	35/48	—
9	0	3/4	—
9 1/4.	0	37/48	—
9 1/2.	0	19/24	—
9 3/4.	0	39/48	—
10	0	5/6	—

à 10 $\frac{1}{4}$ p. $^0/_0$ par an, fait	0	$^{41}/_{48}$ p. $^0/_0$ par mois.
10 $\frac{1}{2}$.	0	$7/_8$ —
10 $\frac{3}{4}$.	0	$^{45}/_{48}$ —
11	0	$^{11}/_{12}$ —
11 $\frac{1}{4}$.	0	$^{15}/_{16}$ —
11 $\frac{1}{2}$	0	$^{23}/_{24}$ —
11 $\frac{3}{4}$.	0	$^{47}/_{48}$ —
12	1	» —
12 $\frac{1}{4}$.	1	$^1/_{48}$ —
12 $\frac{1}{2}$.	1	$^1/_{24}$ —
12 $\frac{3}{4}$.	1	$^1/_{16}$ —
13	1	$^1/_{12}$ —
13 $\frac{1}{4}$.	1	$^5/_{48}$ —

INSTRUCTION

Pour connaître l'intérêt ou l'escompte à tant pour cent par mois, ayant la connaissance du taux de l'intérêt ou de l'escompte à tant pour cent par an.

Pour y parvenir, on forme une fraction dont le numérateur est le taux de l'intérêt de l'année, et le dénominateur 12, qui est la quantité de mois dont l'année se compose, et cette fraction, réduite à sa plus simple expression (si elle est réductible), indique l'intérêt à tant pour cent par mois.

PREMIER EXEMPLE.

L'intérêt ou l'escompte étant à 6 pour 100 par an, combien cela fera-t-il pour 100 par mois?

Opération.

Taux de l'intérêt de l'année. 6

Mois dont l'année est composée. . . . 12

Cette fraction, réduite à sa plus simple expression, est égale à $\frac{1}{2}$, ce qui fait un demi pour cent par mois?

SECOND EXEMPLE,

Où l'intérêt de l'année contient un entier et une fraction.

L'intérêt ou l'escompte étant à 6 $\frac{3}{4}$ pour 100 par an, quel sera l'intérêt ou l'escompte à tant pour 100 par mois?

Opération.

Par an. . . . . . . 6 3/4   6×4   27

Mois dont l'an est ——— = ——— = 24×3 = —— : 3 = 9/16

composé. . . . 12   12×4   48

Ce qui fait 9/16 pour 100 par mois, lorsque la fraction 27/48 a été réduite à sa plus simple expression.

Les signes employés dans la formule ci-dessus sont : = qui signifie *égal à*; × signifie *multiplié par*; + signifie *plus*; et ⁚ signifie *divisé par*.

(II) TABLE *faisant connaître ce que tant pour cent par mois fait pour cent par an.*

L'intérêt ou l'escompte étant

à 0 1/4 p. % par mois, cela fait   3 » p. % par an.

0 13/48	. . . .	3 1/4 —
0 7/24	. . . .	3 1/2 —
0 1/3	. . . .	4 —
0 17/48	. . . .	4 1/4 —
0 3/8	. . . .	4 1/2 —
0 19/48	. . . .	4 3/4 —
0 5/12	. . . .	5 —
0 7/16	. . . .	5 1/4 —
0 11/24	. . . .	5 1/2 —
0 23/48	. . . .	5 3/4 —
0 1/2	. . . .	6 —
0 25/48	. . . .	6 1/4 —
0 13/24	. . . .	6 1/2 —
0 9/16	. . . .	6 3/4 —
0 7/12	. . . .	7 —
0 29/48	. . . .	7 1/4 —
0 5/8	. . . .	7 1/2 —
0 2/3	. . . .	8 —
0 11/16	. . . .	8 1/4 —
0 17/24	. . . .	8 1/2 —
0 35/48	. . . .	8 3/4 —
0 3/4	. . . .	9 —
0 37/48	. . . .	9 1/4 —
0 19/24	. . . .	9 1/2 —

à 0 $^{13}/_{16}$. p. $^0/_0$ par mois, cela fait 9 $^3/_4$ p. $^0/_0$ par an.

0	$^5/_6$	.	.	.	.	.	.	.	.	10		—
0	$^{41}/_{48}$	.	.	.	.	.	.	.	.	10 $^1/_4$		—
0	$^7/_8$	.	.	.	.	.	.	.	.	10 $^1/_2$		—
0	$^{43}/_{48}$	.	.	.	.	.	.	.	.	10 $^3/_4$		—
0	$^{11}/_{12}$	.	.	.	.	.	.	.	.	11		—
0	$^{15}/_{16}$	.	.	.	.	.	.	.	.	11 $^1/_4$		—
0	$^{23}/_{24}$	.	.	.	.	.	.	.	.	11 $^1/_2$		—
0	$^{47}/_{48}$	.	.	.	.	.	.	.	.	11 $^3/_4$		—
1	»	.	.	.	.	.	.	.	.	12		—
1	$^1/_{48}$	.	.	.	.	.	.	.	.	12 $^1/_4$		—
1	$^1/_{24}$	.	.	.	.	.	.	.	.	12 $^1/_2$		—
1	$^1/_{16}$	.	.	.	.	.	.	.	.	12 $^3/_4$		—
1	$^1/_{12}$	.	.	.	.	.	.	.	.	13		—
1	$^5/_{48}$	.	.	.	.	.	.	.	.	13 $^1/_4$		—

INSTRUCTION

Pour connaître l'intérêt ou l'escompte à tant pour cent par an, ayant la connaissance du taux de l'intérêt ou de l'escompte à tant pour cent par mois.

Pour y parvenir, on multiplie les 12 mois dont l'année est composée, par le taux de l'intérêt ou de l'escompte d'un mois; le produit donne une fraction qu'on réduit en entier par le procédé ordinaire.

PREMIER EXEMPLE.

L'intérêt ou l'escompte étant à $^1/_2$ pour 100 par 30 jours, combien sera-t-il pour 100 par an?

Opération.

$$12 \times ^1/_2 = \frac{12}{1} \times ^1/_2 = \frac{12}{2} : 2 = 6.$$

Ce qui fait 6 pour 100 par an.

SECOND EXEMPLE.

L'intérêt ou l'escompte étant à $^9/_{16}$ pour 100 par mois, combien sera-t-il pour 100 par an?

Opération.

$$12\times{}^9/_{16}=\frac{\overset{12}{\cancel{}}}{1}\times{}^9/_{16}=\frac{\overset{108}{\cancel{}}}{16} : 16=6+{}^{12}/_{16}=6+{}^3/_4$$

Ce qui fait 6 ³/₄ pour 100 par an.

MÉTHODE GÉNÉRALE

Pour calculer partiellement les intérêts ou escomptes d'après mon nouveau procédé.

INSTRUCTION.

On prend l'intérêt ou l'escompte à tant pour cent par mois sur le capital proposé ; on multiplie le résultat par le nombre de mois et de jours dont on veut avoir l'intérêt ou l'escompte ; on coupe du produit deux chiffres sur la droite : les chiffres coupés à gauche donnent des francs, et les deux sur la droite des centimes.

EXEMPLE.

Quel sera l'intérêt ou l'escompte sur un capital de 6,444 fr., pour 3 mois, à ¹/₄ pour 100 par mois ou 3 pour 100 par an ?

Opération.

Capital.	6444 fr.
Le ¹/₄	1611
A multiplier par.	3 mois,
Produit.	48,33.

Et en coupant deux chiffres sur la droite, on aura 48 fr. 33 cent. pour l'intérêt ou l'escompte.

AUTRE EXEMPLE.

Quel sera l'intérêt ou l'escompte, sur un capital de 7,560 fr., pour 2 mois 15 jours, à ¹³/₄₈ pour 100 par mois ou 3 ¹/₄ pour 100 par an ?

Opération.

Capital. . . . . 7560 fr.

Pour ¹²/₄₈ . . . . 1890 le quart.
Pour ¹/₄₈ . . . . 158 le douzième du quart.

                    2048
A multiplier par. . .   2 mois 15 jours.

                    4096
Pour 15 jours.   1024 la demie.

         Produit.   51,20 Et en coupant deux chiffres sur la droite, on aura 51 fr. 20 c. pour l'intérêt ou l'escompte.

AUTRE EXEMPLE.

Quel sera l'intérêt ou l'escompte, sur un capital de 8360 fr., pour 3 mois 6 jours, à ⁷/₂₄ pour 100 par mois ou ³/₁₂ pour 100 par an?

Opération.

Capital. 8360

Pour ⁶/₂₄ le ¹/₄ . . . . 2090 du capital.
Pour ¹/₂₄ le ¹/₆ . . . . 348 du quart.

                    2438
A multiplier par. . .   3 mois 6 jours.

                    7314
Pour 6 jours le ¹/₅   488 du pr. du mois 2438.

         Produit. . . . 78,02. Et en coupant deux chiffres sur la droite, on aura 78 fr. 02 c. pour l'intérêt ou l'escompte.

AUTRE EXEMPLE.

Quel sera l'intérêt ou l'escompte sur un capital de 4500 fr., pour 2 mois 24 jours, à ¹/₃ pour 100 par mois ou 4 pour 100 par an?

Opération.

Capital. . . . . 4500 fr.

Le $\frac{1}{3}$ 1500

A multiplier par. . . . 2 mois 24 jours.

3000

(1) $\begin{cases} \text{Pour 10 jours le } \frac{1}{3}. \text{ . . } & 500 \text{ de 1500} \\ \text{Pour 10 jours } idem. \text{ . . } & 500 \quad idem. \\ \text{Pour } \;\, 2 \text{ jours le } \frac{1}{5}. \text{ . . } & 100 \text{ du tiers.} \\ \text{Pour } \;\, 2 \text{ jours } idem. \text{ . . } & 100 \quad idem. \end{cases}$

42,00 Et en coupant deux chiffres sur la droite, on aura 42 fr. pour l'intérêt ou l'escompte.

On voit par les exemples qui précédent, que la méthode est toujours la même ; par conséquent, je crois inutile de donner de nouveaux exemples détaillés : je vais seulement en proposer d'autres analogues avec leurs solutions, pour servir d'exercice.

AUTRES EXEMPLES AVEC LEURS SOLUTIONS.

Quels seront les intérêts ou escomptes sur les capitaux, mois et jours suivants? Savoir :

1º Sur 3,700 fr. de capital, pour 2 mois 17 jours, à $\frac{17}{48}$ pour 100 par mois ou 4 $\frac{1}{4}$ pour 100 par an?

Réponse 33 fr. 62 c.

2º Sur 4,900 fr. de capital, pour 1 mois 17 jours. à $\frac{3}{8}$ pour 100 par mois ou 4 $\frac{1}{2}$ pour 100 par an?

Réponse 28 fr. 78 c.

3º Sur 4,800 fr. de capital, pour 2 mois 5 jours, à $\frac{19}{48}$ pour 100 par mois ou 4 $\frac{3}{4}$ pour 100 par an?

Réponse 41 fr 17 c.

4º Sur 4,400 fr. de capital, pour 1 mois 17 jours à $\frac{5}{12}$ pour 100 par mois ou 5 pour 100 par an?

Réponse 28 fr. 72 c.

5º Sur 5,890 fr. de capital, pour un mois 26 jours à $\frac{7}{16}$ pour 100 par mois ou 5 $\frac{1}{4}$ pour 100 par an?

Réponse 48 fr. 08 c.

_____

(1) Voyez la table des parties aliquotes et aliquantes du mois, ci-devant page 317.

6° Sur 7,700 fr. de capital, pour 2 mois 4 jours, à $^{11}/_{24}$ pour 100 par mois ou 5 $^1/_2$ pour 100 par an?

Réponse 75 fr. 26 c.

7° Sur 5,600 fr. de capital, pour 2 mois 2 jours, à $^{23}/_{48}$ pour 100 par mois ou 5 $^3/_4$ pour 100 par an?

Réponse 55 fr. 45 c.

8° Sur 5,900 fr. de capital, pour 1 mois 13 jours à $^1/_2$ pour 100 par mois ou 6 pour 100 par an?

Réponse 42 fr. 28 c.

9° Sur 4,800 fr. de capital, pour 2 mois 13 jours, à $^{25}/_{48}$ pour 100 par mois ou 6 $^1/_4$ pour 100 par an?

Réponse 60 fr. 83 c.

10° Sur 7,600 fr. de capital, pour 2 mois 11 jours, à $^{13}/_{24}$ pour 100 par mois ou 6 $^1/_2$ pour 100 par an?

Réponse 97 fr. 41 c.

11° Sur 2,800 fr. de capital, pour 2 mois 9 jours, à $^9/_{16}$ pour 100 par mois ou 6 $^3/_4$ pour 100 par an?

Réponse 36 fr. 23 c.

12° Sur 1,400 fr. de capital, pour 2 mois 8 jours, à $^7/_{12}$ pour 100 par mois ou 7 pour 100 par an?

Réponse 18 fr. 50 c.

13° Sur 2,300 fr. de capital, pour 2 mois 21 jours, à $^{29}/_{48}$ pour 100 par mois ou 7 $^1/_4$ pour 100 par an?

Réponse 37 fr. 56 c.

14° Sur 4,250 fr. de capital, pour 2 mois 19 jours, à $^5/_8$ pour 100 par mois ou $^7/_{12}$ pour 100 par an?

Réponse 69 fr. 94 c.

15° Sur 7,500 fr. de capital, pour 2 mois 10 jours, à $^2/_5$ pour 100 par mois ou 8 $^1/_2$ pour 100 par an?

Réponse 116 fr. 67 c.

16° Sur 4,500 fr. de capital, pour 2 mois 14 jours, à $^{11}/_{16}$ pour 100 par mois ou 8 $^1/_4$ pour 100 par an?

Réponse 76 fr. 29 c.

17° Sur 6,750 fr. de capital, pour 2 mois 13 jours, à $^{17}/_{24}$ pour 100 par mois ou 8 $^1/_2$ pour 100 par an?

Réponse 116 fr. 31 c.

18° Sur 3,560 fr. de capital, pour 2 mois 12 jours, à $^{35}/_{48}$ pour 100 par mois ou 8 $^3/_4$ pour 100 par an?

Réponse 62 fr. 28 c.

19° Sur 2,800 fr. de capital, pour 2 mois 7 jours, à $^3/_4$ pour 100 par mois ou 9 pour 100 par an?

Réponse 46 fr. 90 c.

TABLE DES MATIÈRES.

Formules dont il est fait mention dans la première et la seconde Partie.

SAVOIR :

SECONDE PARTIE.

TROISIÈME PARTIE.

PREMIÈRE PARTIE.

SECONDE PARTIE.

FIN DÉ LA TABLE DES MATIÈRES.

BAR-SUR-SEINE.— IMP. DE SAILLARD.

www.ingramcontent.com/pod-product-compliance
Lightning Source LLC
Chambersburg PA
CBHW060137200326
41518CB00008B/1057